씽커스

THINKERS
씽 커 스

20세기를 창조한 12명의 지식 정복자들

헤닝 리터 지음 | 이지혜 옮김

21세기북스

차 례

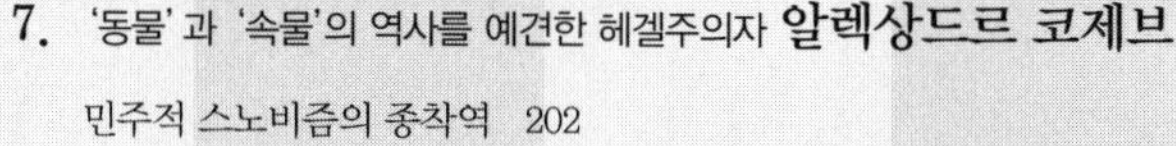

프로이트Sigmund Freud를 정복자라 부를 수 있는가? 베를린Berlin에 살던 친구 빌헬름 플리스Wilhelm Fließ와 주고받은 편지에서 그는 자신을 일컬어 '정복자의 기질'을 갖춘 인물로 표현했다. 이렇듯 그는 스스로 학자라기보다 정복자라고 느꼈으며 이러한 입장을 청소년기부터 50세가 되던 무렵까지 고수했다. 1870년대 중반에는 영국의 찰스 W. 톰슨Charles W. Thomson 경이 쓴《심해The Depths of the Sea》를 읽고 자신도 그러한 해양탐사에 동행하고 싶다는 소망에 사로잡히기도 했다.《심해》는 이후 챌린저H. M. S. Challenger호(영국 해양탐사선의 이름_역주)가 해저 생물의 보고를 연구하고자 3년 반에 걸친 세계 일주 항해에 나서는 데 서막을 연 작품이다. 당시에 연구란 곧 모험이었다. 이전까지만 해도 사람들은 바다 속 깊이 생명체가 존재한다는 사실조차 알지 못했으나, 이제 심해와 같은 미지의 장소가 곳곳에 존재할 것이라는 생각이 점점 더 번지고 있었다.

역사적 인물 중에서 프로이트가 자신과 동일시했던 인물로는 로마 정복을 꿈꾸었던 한니발Hannibal이 있다. 한니발은 프로이트에게 가장 강력한 자기 동일화의 욕구를 부여했다. 로마를 동경하면서도 갈 수 없던 '프로이트의 꿈'도 한니발의 '실패한 로마 정복에의 꿈'과 같은 맥락에서 이해할 수 있다. 이로부터 우리는, 무의식이라는 거대한 대륙의 발견자가 되기까지 프로이트의 탐구정신이 형성된 경로를 더듬어 나갈 수 있게 된다. 프로이트가 등장하기 전까지 어렴풋이나마 무의식의 존재를 느낀 사람은 소수에 불과했다. 프로이트는 전 생애를 바로 탐구 정신의 행로 위에서 보냈으며, 심지어 자신이 이루어낸 이론적 성과를 확립하는 기간에도 지속적인 탐구심을 유지했다. 절제가 있으면서도 정력이 넘치는 그의 기질은 무엇보다도 그가 쓴 산문에 잘 드러난다.

이 책에서 다루고 있는 다른 사상가들 역시, 보다 차분한 사유의 궤도로 사고방식을 전환하기 전까지는 한결같이 정복을 꿈꾸고 있었다. 명망 있는 문학가이자 미술사학자였던 앙드레 말로André Malraux는 청년 시절까지만 해도 고고학 유물을 도굴하기도 했던 모험가였다. 당시 그의 활동무대는 아시아에 있던 프랑스령 식민지였다. 청년 말로는 이곳에서 그때 이미 서서히 진행되고 있던 식민지 붕괴를 눈으로 확인할 수 있었다. 이 쇠락과 불확실성의 체험은 또한 그가 동아시아 예술의 영속성, 나아가 모든 예술에서 나타나는 초超시간성의 진가를 다시금 열렬히 찬미하게 된 계기였음에 틀림없다. 또한 모험가들은 모든 것을 자신에게 귀속시키려는 꿈을 품고 있는데, 말로의 경우 가상 박물관을 구상함으로써 이 꿈을 한층 승화된 형태로 구체화했다. 이 상상의 박물관에는 세상에 존재하는 예술의 모든 양식들이 하나의 총체로서 집결해 있었다.

이들이 쌓은 정신적 업적에 물질적 요소가 원동력으로 작용한 듯 느껴지는 것은, 알고 보면 그다지 놀라운 일이 아니다. 사실 이론적 영감이나 가설들은 대부분의 경우 비이성적 근원에서 비롯된 산물이기 때문이다. 그것이 정리된 형태로 세상에 등장했을 때 비로소 사람들은 이를 순수한 사유의 결과물로 대접하며 그에 관해 논의하기 시작한다. 혹독하고 냉정한 심문을 거쳐 그 이론이 유효한지를 시험하려 들기도 한다. 그러는 동안 이 놀랍고도 새로운 이론이 탄생하기까지의 동인動因들은 어느새 잊히게 마련이다. 새로운 진리를 발견하기까지의 역사가 그 진리를 성문화成文化하려는 시도 때문에 묻혀버리는 셈이다. 그러나 군중 연구자였던 엘리아스 카네티Elias Canetti 같은 비주류에게는 이러한 규제의 강도가 그나마 덜했다. 따라서 그 구상안을 그것이 착안된 방식 그대로 따르려는 자세도 비교적 견고하게 형성되어 있었다. 대신에 그들이 획득한 지식에 할당되는 비중도 그만큼 적었는데, 그렇게 되면 그들이 깨달음을 통해 이루어낸 업적이 간과될 위험이 있다. 무엇보다 큰 문제는, 해당 분야에서 연구가 거듭되는 동안 막상 그들이 애초에 내놓은 화두는 제대로 인지되지 않았다는 점이다. 카네티의 연구에서 엿보이는 다소 극단적인 면모 역시 그가 살았던 시대로 거슬러 올라가야 비로소 제대로 이해할 수 있다. 주위를 둘러싼 모든 것이 혹독한 고난이었던 그 당시, 카네티는 인간 생존 문제에 관해 숙고하지 않을 수 없었던 것이다(카네티는 청년 시절 세계 경제 대공황 및 두 차례의 세계대전을 몸소 겪었으며, 그때의 체험은 생존과 권력에 관한 그의 사상에 지대한 영향을 미쳤다. 이는 노벨문학상 수상작인 《군중과 권력 Masse und Macht》에 잘 드러난다_역주).

20세기 사상가들의 이론이 발전해온 과정을 일직선상에서 바라봄으로써 한 가지 공통의 특성을 발견할 수 있다고 가정할 때, 이 책에 실린 모든 평론에 일관되게 등장하는 주제 역시 유추된다. 그러한 공통점이 바로 이 책의 테마이기 때문이다. 그러나 이 글들은 무언가를 학술적으로 논증할 목적에서 쓰인 것은 아니다. 대부분의 평론은 원래 해당 인물의 탄생일이나 기타 기념일에 사용된 일종의 찬사의 글, 다시 말해 일종의 인물평론이었다. 오늘날 일간지나 잡지에서도 흔히 볼 수 있는 이 장르의 기원은 최소한 두 세기 이전으로 거슬러 올라가, 18세기 계몽주의 시대에 특정 지식인에 관해 쓴 인물평론에 뿌리를 두고 있다. '엘로쥬Éloge'(기념회의 주인공에 대한 찬사 연설_역주)라고도 불린 이것은 하나의 문학 장르로서 학사회académie와 그 밖의 학술 협회들을 통해 발전했다. 지식인을 향해 찬사의 말을 던지는 것은 명예를 근간으로 하는 당시의 사회체제를 근본부터 뒤흔든 하나의 파장이자 지배계층의 극적인 교체라는 의미를 지니기도 했다. 이를 의식적으로 장려하고 주동한 것은 바로 계몽사상이었다. 전쟁 영웅이나 권력을 가진 자가 명예의 전당을 메우던 시대는 가고, 사회적 지위에 상관없이 사유하는 존재로서의 개인이 그 자리를 대신하기 시작했다. 명예는 남녀를 막론하고 자신의 활동 분야에서 업적을 이룬 이들, 특히 사유 능력을 활용해 주목받게 된 모든 이들의 것이었다. 사람들은 진정으로 가치 있는 성과를 인정받음으로써 명예의 민주화가 달성되길 꿈꾸었다.

학자와 문학가들에 대한 인물평이 신문이나 잡지 등 대중매체의 문예란을 휩쓸며 이른바 '명예로운 영역'을 나누어 차지한 것도 이때부터였다. 이러한 관습은 오늘날까지도 유지되고 있다. 그러나 당시에는 개개인의 업적 자체가 관심사였을 뿐, 그들의 전문분야를 엄격히 구분하는 잣대는 존재하지 않았다. 당시에 작가와 학자라는 개념은 오늘날 쓰이는 것보다 그 의미가 더 가까웠다. 학자인 동시에 저술가이기도 했던 뷔퐁Georges-Louis Leclerc Buffon이나 훔볼트Alexander von Humboldt, 몸젠Theodor Mommsen 등이 이 사실을 입증한다. 우연히 한 시대에 태어남으로써 이 한 권의 책에 나란히 이름을 싣게 된 사상가들은 유례없이 규율이 엄격해진 근대 학계의 조건 아래에서도 문학적·학문적 역동성이 하나로 녹아드는 일이 가능함을 증명해 보였다. 비트겐슈타인Ludwig Wittgenstein이나 아비 바부르크Aby Warburg, 코제프Alexandre Kojève, 칼 슈미트Carl Schmitt 등은 저마다 다른 분야에서 활동한 인물들이다. 각 분야의 발전사에서 그들에게 운명적으로 부과되었던 역할이 무엇이었든, 각자가 최종적으로 일궈낸 성과물은 저마다 고유의 상像을 지니고 있다. 아무런 사전 지식 없이 그러한 상을 접하는 이에게는 그 특성을 인지해내는 과제가 주어진다. 이 과제를 풀기 위해서는 결코 사상가와 사상을 별개로 봐서는 안 된다. 그 사상이 현재 얼마나 다양한 방식으로 분파되어 있든 마찬가지이다.

오늘날의 학문은 형식에 있어 점점 더 엄격한 틀을 요구한다. 이러한 문제에 직면한 이들은 학술 저서의 집필 과정에서 문학적 생명력은 약화될 수밖에 없다고 생각할지 모른다. 그러나 어떤 학문 연구의 성과로부터 '보편적 자의식'을 얻어내고자 할 때 문학적 역동성은 오히려 한층 강화된다. 비트겐슈타인의 경우가 그 대표적인 사례이다. 그의 사상이 20세기 철학의 역사에서 발휘하는 영향력이 커질수록 당대 문학의 한 부분으로서 그것이 차지하는 입지 역시 증명되었다. 심지어 문학계의 작가들은 비트겐슈타인의 사상과 아무 상관관계도 없는 분야에 관해 집필할 때조차 비트겐슈타인 특유의 언어를 빌려 썼을 정도였다. 종국에 비트겐슈타인 자신은 하나의 언어사적 위인으로, 그의 연구 업적은 언어학적 창작물로 간주되었으며, 이 창작물은 철학적 맥락 속에서 형성되었지만 엄격히 따지면 철학과는 별개의 것이기도 하다. 하나의 사상을 연구할 때, 우리는 이러한 관찰방식을 취할 필요가 있다. 즉, 사상가 개인과 그의 사상을 모두 고려해 하나의 종합적인 상을 형성하면 이러한 안목도 자연히 가능해진다.

하나의 사상을 둘러싼 관점의 차이는 무궁무진하며, 각 관점은 저마다 다른 부분에 중점을 두고 있다. 그러나 이는 그 사상의 사후 명성 여부가 결정되는 시점에 이르면 필연적으로 변하게 마련이다. 그러한 시점은 일반적으로 해당 사상이 탄생한 지 100년을 전후한 시기가 된다. 따라서 '탄생 100주년'은 한 시대의 주요 사상들이 후세까지 살아남기 위해 치러야 하는 시험이자, 그들이 넘어야 할 첫 번째 장벽이라고도 할 수 있다. 특정 사상의 사후 명성이 어떤 형태로 이루어질 것인가, 또는 얼마나 오랜 명성을 누릴 것인가는 보통 100년 이내에 결정되기 때문이다. 각 사상은 당대 학술사에서 저마다 나름의 입지를 차지하고 있는데, 시대를 초월해 사람들의 보편적 자의식 내에 상존하려면 차별화된 정신적 비축물을 지닐 필요가 있다. 각 사상이 이러한 정신적 비축물을 가졌는지 여부 역시 탄생 후 100년 안에 판가름 난다.

저 유명한 '영국인 스파이들'(케임브리지 대학 출신의 엘리트로서 2차 세계대전 중에 소련의 스파이로 활동하다 발각된 다섯 명의 영국인들_역주)을 제외하면, 이 책에 소개된 사상가들은 모두 지속적으로 명성을 유시하는 행운을 얻었다. '영국인 스파이들'은 공신주의를 향한 호감 때문에 그들 세대에 퍼져 있던 정치적 착각의 벽을 넘지 못한 경우이다. 이 책에서는 권위 있는 미술사학자이기도 했던 앤서니 블런트Anthony Blunt를 예로 들어 이들의 정신세계에 관해 다룬다. 여타 사상가들이 명성을 유지할 수 있던 근거는 앞서 언급한 정신적 비축물 덕택이었다. 그들은 이것을 통해 자신의 이론이 갖는 한계를 극복할 수도 있었다. 각각의 사상을 둘러싼 학술적 논쟁이 어느 정도 종결될 무렵이면 이제 그 사상이 사후 명성을 유지하도록 도와줄 버팀목이 무엇인지 제시하는 일이 가장 시급한 문제가 된다. 이쯤 되면 그토록 꼼꼼히 검토된 이론에조차 여전히 미흡한 부분이 있음이 입증된다. 그러한 결점은 대개 눈에 잘 띄지 않는 세부항목의 틈새에 숨어 있기 때문에 오랜 시간이 흐른 뒤라야 비로소 발견되는 일이 보통이다.

인류학자 클로드 레비-스트로스Claude Lévi-Strauss는 자신이 속한 문화에 대한 가차 없는 비판가에서 그 문화의 철통같은 옹호자로 변신한 바 있으며, 이러한 입장 변화를 단 몇 줄의 글로 피력했다. 이는 한 개인의 깨우침이라는 체험적 기록 이상의 의미를 지닌다. 말하자면 사상가 본인이 자신의 이론을 재고함으로써 그 이론을 어떤 사건 즉 그를 둘러싼 논쟁이 벌어지는 하나의 현장으로 변모시킨 것이다. 이 과정에서 옛 이론의 정확성에 대해 의문을 품거나 굳이 수정을 가할 필요성은 발생하지 않는다. 기존의 이론은 이 '현장' 내에 존재하면서도 논쟁의 과정을 거치는 동안 그 현장을 초월해 발전해 나아간다. 이 인류학자가 자신의 입지를 재검토하는데 이르기까지의 과정이 마침내 그의 이론을 대하는 사람들의 관점에 극적인 전환을 유도한 것이다. 이러한 현상은 원래의 이론 안에서는 나타나지 않던 것이다. 우리는 이것을 문학적 표현에 관한 문제로 이해할 수 있다. 학문적으로 논란의 여지가 없어 보이는 이론을 처음부터 완전히 새로 성찰하기 위해서는 이 '문학적 제스처'가 요구된다. 예컨대 클로드 레비-스트로스는 문화 비평을 통해 '학문적 탐구열과 폭력적 정복욕의 상호 연계성'에 관해 연구한 바있다. 후세 사람들은 이 이론을 습득한 것은 물론, 나아가 레비-스트로스가 훗날 자신의 입지를 변경한 이유 역시도 유용하게 탐구할 수 있는 소득을 얻었다. 레비-스트로스가 애초에 이러한 화두로 연구를 시작하지 않았더라면 그의 입지 변화도 후대의 연구가들에게 아무런 학문적 의미를 갖지 못했을 터이다.

하나의 사상이 남긴 작품은 외관상 그것 자체로 마무리된 듯 보인다. 그러나 그 사상의 후광은 지속적으로 효력을 발휘하여, 바로 이 책과 같은 사상적 재고가 지속적으로 이루어지게 한다. 주요 사상가들이 이루어낸 인식의 성과물들이 점점 더 현재와 괴리되어가는 오늘날, 옛 사상을 새로이 읽고 재고해야 할 필요성은 그 어느 때보다도 절실하다.

프랑크푸르트에서

헤닝 리터

1

지그문트 프로이트

Sigmund Freud
1856.5.6-1939.9.23

현 세계의 정신적 변방에 서서

프로이트는 정신분석학에 대해 사람들이 느끼는 반감의 원인과 동기에 관해 단순히 고찰하는 일을 넘어, 자신의 이론에 반대하는 의견까지도 자신의 학설에 초석으로 삼은 인물이다. 반면에 그는 정신분석학을 향한 다수의 호응에 관해서는 별도로 연구하지 않았다. 그러나 지난 한 세기를 되돌아볼 때, 정작 그가 관심을 기울여야 했던 것은 대규모의 대중적 열광이었음을 우리는 깨닫게 된다. 또한 정신분석학의 사고 체계에 비판 정신이 결여되었다는 사실도 그러한 열광자들을 통해 발견할 수 있다. 이것은 정신분석학이 지닌 맹점이기도 했다. 오늘날에는 이토록 명백한 이 사실을 인지하기에 프로이트 생전의 시대는 시기상조였던 것일까? 정신분석학이 전 세계적으로 적용될 것이라는 기대는 이 학설이 세워진 초창기부터 이미 존재했다. 가톨릭교회에 필적하는 추종자들을 가진 학문적 세력이 탄생하는 순간이었다고도 할 수 있다. 프로이트 자신도 1909년 미국에서 행한 강연이 뜻밖의 반향을 불러일으킨 덕분에 자신이 세계적으로 어느 정도 영향력을 행사하게 될 것임을 예상할 수 있었다. 그러나 미국인들이 정신분석학을 수용하고, 이를 민주주의 집단문화의 초석이자 현대판 설화, 대중적 의사소통의 매체로까지 발전시킬 것이라고는 꿈도 꾸지 못했다.

미국 내 정신분석학의 전파는, 우선 심리요법이 사람들에게 주는 매력에 근거해 이루어졌다. 여기에, 특정한 심리적 상황에서 자연히 발생하는 '정신분석 대화psychoanalytic talk'의 우스꽝스러운 면은 이 이론의 확산을 더욱 촉진해 주었다. 우디 앨런Woody Allen은 정신분석학을 일상생활의 구성요소로 그럴듯하게 활용해, 이를 마르지 않는 희극의 원천으로까지 발전시켰다. 이는 해학의 근대적 양식이자 집단신앙이라고도 표현할 수 있다. 이 집단신앙의 열광사들은 심시어 사기 사신을 조롱하기도 한나. 해학을 통한 치료 효과를 지니고 있는 한, 정신분석학의 인기는 결코 소멸되지 않을 것이다. 이 학문은 해학에 영감을 제공할 뿐 아니라, 그 자체로도 해학적 효력을 끝없이 분출하는 근원이기 때문이다. 이러한 효과는 인간이 스스로를 낮추고 자신의 열정이나 충동을 풍자함으로써 발생한다. 말하자면 정신분석학의 인기는 프로이트가 추측한 것처럼 훌륭한 학문적 치료 성과만으로 얻어진 것은 아닌 셈이다.

1929년에 프로이트와 정신분석학에 관한 그의 강연을 처음으로 접한 토마스 만Thomas Mann은, 정신분석학이 의학적 영역으로부터 발전한 것이라는 프로이트의 설명에 의구심을 품었다. 더욱이 프로이트의 이론이 문학과 커다란 공통점을 갖는다는 놀라운 사실도 발견했다. 토마스 만이 그렇게 생각하는 데 계기를 제공한 것은 바로, 그의 문학작품에 지대한 관심을 보인 정신분석학자들의 태도였다. 이렇듯 정신분석학과 문학 사이의 연계성을 믿어 의심치 않은 토마스 만은 1936년 비엔나의 베어르그가세Berggasse에서 열린 프로이트의 80세 생일 축하 연설에서, 프로이트가 자신의 문학적 선행자들에 관해 전혀 알고 있지 못하는 데 대해 놀라움을 표시했다. 또 정신분석학의 교시에 관한 프로이트의 저서가 낭만주의와 노발리스Novalis, 쇼펜하우어Arthur Schopenhauer, 니체Friedrich Nietzsche를 상기시킨다고 언급하며, 프로이트의 이론이 이들의 연속선상에 있다는 견해를 피력했다. 토마스 만 자신도 이러한 여러 선先작품들을 통해 비로소 프로이트의 이론을 이해할 수 있었다.

그러나 이 작품들과 정신분석학 사이의 공통점에도 불구하고 정작 프로이트 본인은 여기에 별 관심을 보이지 않는다. 프로이트의 관심사는 학문 영역에 국한되어 있었기 때문에, 그 이외의 영역에서 굳이 자신의 사고와 사상적 조류 사이에 어떤 연결고리를 찾으려 들지 않았던 것이다. 하지만 우리는 토마스 만마저 간과했던 어떤 점에 주목할 필요가 있다. 바로 프로이트가 고대 그리스 신화에서 독일 고전에 이르기까지 다양한 문학 장르에 애착을 가지고 있었다는 사실이다. 이 점은 그가 자신의 이론을 서술하는 데에도 지대한 영향을 미쳤음에 틀림없다. 당시에는 그처럼 고상한 인용구를 남발하는 일이 워낙 일상적이었으므로 이 점이 특별히 사람들의 눈에 띄지 않았던 것도 어쩌면 당연한 일인지 모른다. 프로이트가 그리스 신화에 등장하는 이름을 따 오이디푸스 콤플렉스Oedipus complex라는 개념을 만들어냈을 때, 거기에는 상상력의 힘에 대한 그의 뿌리 깊은 믿음이 작용했음이 틀림없다. 오이디푸스 신화에서 최초로 형성된 그 비극적인 효과는 세월이 가도 덜해지지 않으며, 프로이트는 바로 이를 통해 인간의 내면 깊숙이 숨어 있는 더할 나위 없는 진실을 표현하고 있다.

자신이 인지한 바를 검증하는 데에도 프로이트는 문학을 이용했다. 셰익스피어William Shakespeare의 《햄릿Hamlet》에서 괴테Johann Wolfgang von Goethe의 《젊은 베르테르의 슬픔Die Leiden des jungen Werthers, 1774》을 거쳐 실러Friedrich von Schiller의 《도적떼Die Räuber, 1781》에 이르기까지, 그는 문학을 통해 자신의 아이디어와 이론이 갖는 설득력을 실험하고사 했나. 뿐만 아니라 미켈란젤로Michelangelo의 〈모세Moses〉 상이나 레오나르도 다 빈치Leonardo da Vinci의 〈모나리자Mona Lisa〉 같은 예술작품들도 그의 실험 대상이 되었다. 문학과 예술에 적용시켜 설명할 수 있다면 그 이론은 이미 검증된 것이나 다름없다. 프로이트는 산 피에트로San Pietro in Vincoli 성당에서 미켈란젤로의 〈모세〉 상을 향해 다가가던 순간을 묘사한 바 있다. 분노와 함께 체념의 빛을 띤 이 기독교의 창시자를 응시하는 동안, 그는 일종의 '천사와의 싸움'에서 이겨야 할 것 같은 감정에 휩싸였다(성경의 유다서에는 대천사 미카엘이 모세의 시신을 놓고 악마와 싸우는 장면이 등장하는데, 여기서는 천사와 싸워서라도 차지하고 싶을 만큼 뛰어난 〈모세〉 상의 예술성에 대한 감탄을 은유적으로 표현한 것으로 보인다_역주).

이것은 그야말로 단순한 미학적 감상의 차원을 넘어 예술의 역동적인 체험을 생생히 보여주는 장면이다. 이전에 본 그 어떤 예술작품에서도 그처럼 강렬한 느낌을 받은 적이 없다고 프로이트는 쓰고 있다. "저 볼품없는 코르소 카부르Corso Cavour와 맞닿은 비탈진 계단을 나는 얼마나 자주 걸어올라 갔던가. 계단 꼭대기의 텅 빈 광장 한가운데 황량하게 서 있는 교회 안에서, 나는 경멸과 분노에 찬 이 영웅의 시선을 마주보려 무진 애를 쓰다가 이내 그 어두컴컴한 공간에서 조심스럽게 물러나곤 했다. 마치 그 엄한 시선이 나에게로 향하고 있는 것처럼. 마치 나 자신이 신앙과 확신과 인내를 저버린, 그리고 우상을 향한 착각에 또다시 사로잡혀 환호하던 천한 백성이라도 되는 것처럼." 겸허와 자기 확신이 혼합되어 있는 이 서술에는 그가 살았던 시대의 고독감이 더할 나위 없이 명료히 드러난다. 또한 위대한 인류 역사의 증거물을 통해 자신의 이론을 검증하고, 그 이론의 설득력을 실험하고자 하는 프로이트의 의지 또한 엿보인다.

《꿈의 해석Die Traumdeutung, 1900》이 나오기 3년 전인 1896년에 이미 프로이트는 친구인 빌헬름 플리스에게 자신의 가장 비밀스러운 소망에 관해 고백했다. '우회로로 선택한 의사직'과 '생리학자로서 인간을 탐구하는 일'에 대한 이상理想으로부터 "철학이라는 본래의 목표로 전진해 나아가는" 일이 바로 그것이었다. 이러한 철학적 공명심을 가진 인물이 추종했을 위인으로 들기에 토마스 만이 언급했던 선행자들은 역부족인 듯하다. 프로이트가 염두에 두고 있던 바는 전적으로 그의 머릿속에서 구상한 것이자, 그 자신의 학문적 포부와도 조화를 이루는 철학이었기 때문이다. 그의 이론이 갖는 고립성 역시 프로이트의 이론과 다른 사상들 사이의 연계점이 결여된 데서 비롯된 것이 아니었다. 그는 청소년기에 그러한 사상들과 자신의 사고방식 사이에 존재하는 유사성을 감지한 바 있으나 기존의 사상을 좇는 것을 스스로 거부했다. 학창 시절의 어느 독서회 활동을 통해 쇼펜하우어와 에두아르드 폰 하르트만Eduard von Hartmann, 니체 등의 사상까지도 두루 섭렵했지만 이는 당시의 시대정신에 동화되는 차원에서 행한 일이었을 뿐이었다. 그 과정에서 깊이 있는 학문적 접근은 이루어지지 않았다.

그는 생리학자이자 의사라는 우회로를 통과하면서야 비로소 철학의 가치를 그토록 높이 평가하게 되었음에 틀림없다. 이러한 특징은 토마스 만과 같은 동시대인들이 그의 철학적 의도를 인지하는 것 자체를 매우 어렵게 만들었다. 나아가 스스로 고립되고자 한 프로이트의 의지는 그가 생각하는 바를 사람들에게 알리는 데 크나큰 방해요소였다. 고립으로 기울던 그의 태도에는, 보다 진보적인 60년대에 대한 기대가 무산되고 난 후 그가 경험한 직업적·정치적 제약에 대항하려는 의도가 숨어 있었다. 프로이트를 위시한 당시 합스부르크 왕국의 유대인들은 사회적 지위 향상을 추구하는 과정에서 번번이 이러한 제약들과 맞부딪혔던 것이다. 이때 프로이트가 체험한 고립은 그의 이론에 근간이 됐을 만큼 커다란 영향력을 발휘했다. 예컨대 1896년 플리스에게 보낸 한 편지에서는, 연구의 진행 상태는 만족스러우나 주위에서 자신을 적대시하고 있으며, 자신이 "마치 위대한 진리를 발견해내기라도 한 듯 철저히 고립되어" 있다고 썼을 정도였다. 진리를 발견한 자는 고독하다는 확신이 그가 감내해야 했던 모욕보다 더 강하게 작용한 셈이다. 그 확신이 훗날 학술사에 지대한 의미로 남을 깨달음으로 발전하리라는 사실 또한 이때 이미 예견된 것이나 다름없다.

빌헬름 플리스와 주고받은 서신들은 프로이트의 사상이 숙성되어 가던 시기에 관한 유일무이한 기록이다. 이 시기에는 그의 착상이나 가설들이 어디로 발전해 나아갈지 예측할 수 없었다. 후에 《꿈의 해석》에 실릴 내용의 윤곽이 잡힌 것은 플리스와 나눈 우정도 막바지에 다다랐을 때쯤에서였다. 두 사람에게서는 그야말로 온갖 공상적인 발상이 쏟아져 나왔는데, 그 발상들은 프로이트가 이론을 정립하고자 했던 병리학적 현상 분야에만 국한되지 않았다. 끊임없이 쏟아지는 온갖 착상과 추측의 산물에 지나치게 몰두하는 바람에, 그 모든 것이 무질서하고 자의적인 망상 같다는 인상도 피할 도리가 없었다.

그러나 프로이트가 이러한 격랑의 시기를 거친 뒤 《꿈의 해석》을 내놓으며 주목받게 되는 반면, 플리스는 비극적 실패자로 전락한다. 난해한 억측에 빠져 스스로도 갈피를 잡지 못하게 되고 만 것이다. 이때 그가 심취해 있던 연구 주제들은 그로부터 한참이 지나서야 비로소 세상의 관심을 끌게 되었다. 20세기에 성행했던 연구들, 예컨대 여성의 월경 주기 조절을 통한 산아제한, 태아의 성감별, 성性생리학이나 동성애 관련 연구들이 바로 그것이다. 그러나 정작 그러한 연구 과제들이 지닐 의미를 예지했던 플리스 자신은 그 중 무엇 하나로도 기반을 다지지 못했다. 그토록 열망하던 학문적 명성을 일구어 내는 일에 실패한 것도 어쩌면 필연이었다. 결국 그는 '여러 세대에 걸친 사망과 출생의 주기적 법칙' 따위의 근거 없는 추측에 갇힌 채 한 발짝도 나아갈 수 없게 되었다. 《꿈의 해석》을 집필 중이던 프로이트마저도 급기야는, 엉뚱한 주기이론을 내놓고 '생물학계의 케플러Johannes Kepler'를 자칭하는 플리스에게 회의를 품게 되었다. 인내심을 잃은 프로이트는 어느 날 그에게 '늙은 비스마르크Otto von Bismarck가 언제 죽을지 계산하라'는 짓궂은 문제를 냈는데, 그날은 바로 비스마르크 재상이 사망한 날이었다. 프로이트가 '현 세계의 정신적 변방'에 대해 논하는 동안 플리스는 '별나라의 변방'에 관해 늘어놓고 있던 셈이었다. 그리하여 마침내는 절친한 친구였던 프로이트조차 그를 점점 더 이해할 수 없게 되어버렸다.

그럼에도 불구하고 프로이트는 "미지의 영역에 대한 도전정신을 지닌 사람들"은 반드시 필요하다고 쓰고 있다. 비록 "아직은 명확히 증명해낼 수 없을지라도" 새로운 착상을 할 수 있다는 것 자체가 중요했다. 그것이 정신적 변방이든 별나라의 변방이든 마찬가지였다. 서신을 나누는 친구인 동시에 대화 상대였던 두 사람은 우정 어린 인내심을 지니고 상대방의 생각에 귀를 기울이며 서로 조언을 나누기도 했다. 그러나 두 사람 중 누구도 상대방의 착상이 옳거나 그른지 확신하지는 못했다. 나아가 자기 자신의 식견에 관해서도 마찬가지였다. 그들은 새로운 아이디어에 승부를 걸기로 결탁한 공모자로서, 두 사람 모두 전부를 얻거나 전부를 잃을 수 있는 처지였다. 프로이트는 수많은 착상들이 어떻게 떠오르고 사라지는지, 또 새로운 실마리 하나가 또 다른 착상으로 이어지기기까지 얼마나 인내심 있게 기다려야 했는지 서술하곤 했다. 심해에서 끌어올린 부산물을 모래사장 위에 남겨두고 물러가는 파도에 이것을 비유한 적도 있다. 일례로 "지난 파도에 휩쓸려 해안으로 밀려온 몇 가지 파편을 첨가하네."와 같은 글귀라든가, 혹은 다음과 같이 좀 더 긴 인용문도 이에 해당된다. "그 밖에도 기묘한 밀물과 썰물이 나를 높고 안전한 곳으로 끌어올려놓고는 순식간에 빠져나가버리곤 하네. 그러면 나는 어느새 맨 땅바닥에 앉아 있지. 하지만 나는 바다란 바로 그 밑바닥에 있는 땅으로부터 양분을 얻는다고 믿고 있다네."

그는 파리에 체류하던 중에 샤르코Jean-Martin Charcot로부터, 하나의 사물이 스스로 자신의 비밀스런 속성을 드러낼 때까지 응시하는 법을 배웠다. 이러한 인식법은 얼핏 수동적으로 보이지만 실은 '모험적 기질'이나 탐험가다운 '호기심과 대담함, 완고함'과 맞아떨어지는 것이었다. 그리고 프로이트에게서 이러한 '소년의 꿈'을 실현시켜줄 수 있는 수단은 학문이었다. 어느 편지에서 그는 '머릿속에 떠도는 생각들'에 관해 다음과 같이 묘사했다. "수많은 사물들이 서로 얽히고설키며 복잡한 관계를 맺어 간다." 하지만 이러한 현상이 단순히 환상이었는지, 아니면 새로운 무언가를 인식한 것이었는지는 본인도 답을 모를 때가 많았다. 플리스에게 쓴 서신들이 그토록 훌륭한 문헌인 이유도 바로 여기에 있다. 이 편지들은 아무런 기준 없이 진행된 자아성찰과 자아인식 과정의 기록이며, 그 목적과 양식이 무엇인지 딱히 정의내리기도 어렵다. 분명한 것은 이 중에서 천재적인 사고의 단편들이 걸러져 나와 극도로 학문적인 《꿈의 해석》에 이르게 되었다는 사실이다. 여기에는 견고하게 정신적으로 무장하고 미지의 대륙을 한 걸음씩 헤치고 나아가는 노력이 엿보인다. 수없이 많고도 독특한 아이디어들은 최후의 걸작을 위한 사상적 비축물로서 탄생한 것이었다.

예킨대 인류 최초의 해방에 관한 발상도 그 기운데 하니이디. 인간은 '후각을 통해 감지되는 화학적 경로'로부터 자유로운 유일한 동물이다. 인류가 오늘날의 모습을 갖출 수 있었던 것도 이러한 '후각으로부터의 해방'을 통해서였다. 냄새의 흔적을 좇는 행위에서 해방되어 코를 치켜듦으로써 인류는 직립 보행이라는 차별화를 이룰 수 있었다. 인간에게 자유란, 우선적으로 후각의 지배에서 해방되고 시각과 청각이 지배적이어야 함을 의미한다. 이와 관련해 프로이트는 1897년 초에 플리스에게 보내는 편지에 이렇게 적었다. "인간에게서는 퇴보하고 있는 감각인 후각이 동물에게는 여전히 가장 지배적인 감각(성性과 관련된 사항에서도 마찬가지로)이라는 사실을 상기해야 하네."

후각이나 미각이 지배적이었던 시대에는 "대소변이나 신체의 모든 부위, 심지어 혈액마저도 성욕을 불러일으켰기” 때문이다. 후각에 지배당하지 않고 향기에 현혹되지 않을 수 있어야 비로소 문명화된 인간이라고 할 수 있다. 한층 문명화된 이들에게 ‘프로파눔 불구스profanum vulgus’(‘저속한 군중’이라는 뜻의 라틴어로 고대 로마의 시인 호라티우스가 말한 “나는 저속한 군중을 혐오하여 멀리한다odi profanum vulgus et arceo”라는 문장에서 인용한 것_역주)는 ‘역한 냄새가 나는’ 존재이다.

“통찰력을 지닌 이의 단호한 행동.” 프로이트는 파격적인 사유를 통한 깨달음의 과정을 서신에서 이렇게 표현하고 있다. 꿈에 관한 학문은 이처럼 학문을 향한 꿈에서 탄생했다. 여기에서는 예지력과 공상이 뒤섞여 탄생한 인식들의 흔적이 수없이 발견된다. 심지어 이 분야에 대한 학구적 관심은 이미 빛이 바랬음에도 그것이 세인에게 미치는 영향력만은 여전히 남아 있다. 의심할 여지없이 《꿈의 해석》은, 학구적 설득력이나 영향력 여부와는 별개로 점점 더 의미가 커져갈 저서들 가운데 하나임이 분명하다.

프로이트의 이론은 또한 문학적 친화력을 지니고 있었다. 토마스 만은 이 사실을 간과하지 않으면서도 프로이트의 작품 자체를 문학적이라고 칭하는 일은 망설였지만, 어쨌든 문학에서 정신분석학이 차지하는 비중은 점점 커져갔다. 물론 정신분석학이 문학 작품을 다룸으로써 문학 해석 일반에 영향을 미쳤다는 점도 무시할 수 없다. 문학가들은 곧 정신분석학 원문들을 다른 문학 장르와 마찬가지로 탐독하기 시작했다. 정신분석학뿐 아니라 다른 모든 분야의 뛰어난 학술 서적들은 예외 없이 이러한 과정을 거친다. 어떤 연구 성과가 발표되면 일단은 그것이 학문적으로 옳고 그른지에 관해 논쟁이 벌어진다. 그리고 이 논쟁이 긍정적인 방향으로 결론 내려질 즈음이면 사람들은 그것을 탐독하기 시작하며, 이를 기점으로 작품의 사후 명성이 시작되는 것이다. 프로이트의 분석서도 같은 과정을 거쳐, 나중에는 이것을 문화사적으로 해석하고 고찰하여 더할 나위 없이 훌륭하게 설명할 수 있는 이들도 나타났다. 칼 쇼스케Carl E. Schorske와 윌리엄 맥그래스William McGrath는 그중에서도 대표적인 인물이다.

프로이트의 작품이 합스부르크 공국의 정치적 위기에 대한 반응으로 탄생한 것이라는 주장도 이때 나온 가설들 가운데 하나이다. 이 정치적 상황은 특히 유대 소수민족에게 직접적인 타격을 입혔다. 당시는 진보의 시대가 막 저물어감과 동시에 해방과 사회적 진보를 향한 장밋빛 약속도 무산될 무렵이었다. 그러자 그 자리를 급진 정당들과 급진적 정치 동향이 대신했다. 이들은 군중에게 정치적·이념적 환상을 심어줌으로써 영향력을 행사할 수 있었다. 칼 쇼스케는 이와 같은 현상을 가리키는 '환상의 정치politics of phantasy'라는 용어를 도입했다. 이는 칼 뤼거Carl Lueger나 폰 쇠네러Georg von Schönerer가 사용한 이념적 짜깁기를 염두에 둔 표현이었다. 좌파의 대규모 군중 동원 역시 환상에 기초한 봉기의 성격을 지녔는데, 프로이트는 여기에 휩쓸리지 말 것을 애초부터 거듭 경고했다. 정치 영역에서 일고 있는 심리적 조류에 대한 정신분석학의 반응을 보여 주는 단면이다. 이는 이 학문이 다시 한 번 사회비판적으로 적용되었다는 의의를 지닌다.

해방에 대한 열정이란, 자신의 내부에 존재하는 충동 및 그 충동을 지니고 살아가야 하는 운명에서 해방되기 위한 전략이다. 프로이트는 실러의 《도적떼》를 애독하면서 그 안에서 이미 해방을 향한 열정을 인지한 바 있다. 프로이트가 자신의 이론에서 정치성을 배제하려는 노력을 기울였음에도, 그리고 그가 인간 본성에 대해 기본적으로 음울하고 염세적인 상像을 지니고 있었음에도, 이 열정은 하나의 전략으로 존재함으로써 그의 이론 속에 한 부분을 차지할 수 있었다. 후대의 이단적 도전자들은 정신분석학을 유토피아적인 정치 환상에 짜 맞추려 했는데 그러기 위해서는 그 속에 숨어 있는 정치적 핵심만 찾아내면 된다고 믿었다. 이는 어느 정도 타당성 있는 주장이기도 했다. 그러나 혜안慧眼인 쇼스케는, 그보다는 프로이트가 자신의 새 이론을 통해 정치의 숙명적 딜레마를 타개할 방도를 찾고자 했음을 파악했다. 또한 프로이트 자신도 그동안 다져온 판단력을 통해 정치로 기우는 마음과 정치적 야심이라는 굴레에서 벗어날 수 있었다.

가부장적 권위로부터 해방되고자 했던 염원은 정신분석학을 탄생시킨 또 다른 동인이었다. 동시에 정신분석학은 다른 새로운 권위를 모색하고 있었다. 권위의 쇠락과 탄생에 대한 구상은 역사적으로도 이미 오래전부터 존재했는데, 예컨대 '새로운 민족의 형성'은 그중에서도 가장 오래된 권위 창출 수단이다. 프로이트가 《꿈의 해석》을 집필하던 시기에 테오도어 헤르츨Theodor Herzl(정치적 시오니즘의 창시자_역주)이 구상한 것도 바로 그러한 사례였다. 프로이트가 정신분석학을 통해 모색한 것은 단순한 권위 창출보다는, 권위에 대항하는 세력과 새로운 권위를 창출하려는 세력 사이의 갈등 해소였다. 그러나 그 갈등은 이미 정신분석학 안에 깊이 뿌리내린 후였다. 이스라엘 민족이 이집트에서 탈출하길 갈망했듯이 '정신'은 해방을 염원했기 때문이다. 이는 정신의 구조가 여러 면에서 당시의 정치적 상황과 닮았다는 데서 근거한다. 진보적 약속들이 실현되지 못해 민중이 현존하는 권위와 타협해야 했던 상황이 바로 그것이다. 프로이트의 이론에 따르면, 성욕은 권위에 대항하고자 하는 욕구를 대변하지만 그 맞은편에는 자기검열과 초자아라는 저항 세력이 강력하게 자리 잡고 있다. 이러한 정신의 구조 내에는 당시 오스트리아의 정치계와 마찬가지로 진보적 중립 지대가 존재하지 않는다. 프로이트는 이러한 상황을 외형상 비정치적으로 보이는 궤도에 끼워 넣었지만, 사실 정치적 동인은 그를 20세기를 대표하는 인물로 만든 요인이었다. 따라서 정신분석학은 당시의 정치적 긴장 상황에서 원동력을 얻은 것이라고 할 수 있다.

《꿈의 해석》은 첫 출간 이래 발행 횟수를 더해가는 동안 온갖 부가물이 덧붙고 수정이 이루어지면서 원래보다 두 배는 더 두꺼워졌다. 그러한 첨가물을 빼고 오로지 원문으로만 구성된 초판본을 놓고 볼 때, 독자는 책의 내용 중에서 프로이트 자신이 실험 대상으로 등장하는 부분이 커다란 비중을 차지한다는 사실에 놀라게 된다. 적합한 실험 대상이 부족했기 때문에 자신의 꿈을 사례로 삼아 분석하는 일이 불가피했던 것이다. 그는 이에 대해 '거북하지만 별다른 도리가 없는' 조치라고 말하면서 학문적 '자기 실험'—이는 위신에 무척이나 부담이 되는 학구적 태도였다—의 결과물인《꿈의 해석》을 출간했다. 곤경에 처해 어쩔 수 없이 선택한 해결책이었지만, 이것은 결국 전혀 새로운 존재를 탄생케 하는 계기로 작용했다. '꿈'과 '꿈속의 삶'에 대한 탐구가 목적이었던 책이 뜻밖에도 파격적인 자서전으로 탈바꿈한 것이다. 역사적으로 어떤 학술 서적도 한 개인에 관해 이토록 사적인 기록을 담은 전례가 없었다. 이 책에 서술된 수많은 개인적 체험은 외관상 별다른 의미가 없는 평범한 것처럼 보였으나 실은 프로이트라는 인물을 파악하는데 더할 나위 없이 중요했다. 비록 그는 꿈을 해석하는 데 최소한 필요한 선까지만 그 내용을 묘사했으나, 프로이트 개인에 대한 분석에 박차를 가하는 데는 그것만으로도 충분했다. 자기 실험의 방법은 이렇게 자아 분석의 길을 엶과 동시에 삶에 대한 전혀 새로운 이해를 가능케 했다.

프로이트의 꿈의 단편들은 커다란 고백의 단편들이기도 했다. 그는 왜 자신에 관해 그토록 많은 이야기를 들려주고 있는가? 적당한 실험 대상이 부족했다는 이유만으로는 충분히 설명될 수 없는 부분이다. 어디에서고 드러나는 것처럼, 이 꿈의 해석자는 자신이 증명하고자 하는 바가 있다면 무슨 수를 써서라도 찾아냈기 때문이다. 여기서 우리는, 타인의 꿈에 대한 해석으로는 이 작품이 갖는 자서전적 의미가 불투명해진다는 점을 생각해볼 수 있다. 프로이트는 "내가 어느 경우에서든 예외 없이 확인한 사실이 있다. 바로 모든 꿈은 그 꿈을 꾸는 당사자와 관련 있다는 점이다."라고 강조했다. 꿈이 내포하고 있는 이 자기 중심주의 역시 자신의 삶에 대한 자기 분석을 통해서만 완전히 밝혀질 수 있는 것이다. 따라서 여기에 동반되는 자기 분석, 즉 개인이 인식한 자기 삶의 모습도 고도로 '자기중심적'일 수밖에 없다는 결론을 내릴 수 있지 않을까? 예컨대 과거의 위대한 자서전인 아우구스티누스Augustinus von Hippo와 루소Jean-Jacques Rousseau의 《고백록》처럼 말이다. 프로이트는 바로 이 점을 염두에 둔 것임에 틀림없다.

성신분석학은 "너 사신을 알라"는 닝세에 매우 충실하나. 분석 과정에서도 이 원칙에 극도로 철저한 나머지, 피험자조차도 분석 결과에서 이전에 알던 자기 모습과는 전혀 다른 자신을 목격하는 경우가 허다하다. 바로 이 점에서 정신분석은 기존의 전기의 의미를 뒤엎어 버리는 전혀 새로운 유형의 자서전이다. 아놀드 츠바이크Arnold Zweig가 프로이트의 전기를 쓰고자 했을 때 프로이트 자신의 입으로도 이 사실을 확인한 바 있다. 프로이트는 "개인적 체험이란 더 이상 소유할 수 없는 것이다."라고 말했다. 이 '소유할 수 없다'는 표현은 《꿈의 해석》에서도 이미 사용되었다. 그의 환자 가운데 하나였던 어느 여성은 주치의의 설명에 대한 반응으로 그러한 꿈을 꾸었다. 프로이트의 설명은 이러했다. "아주 어린 시절의 경험에 대한 기억을 소유하는 것은 불가능하며, 분석을 보면 이 경험은 (다른 경험으로의) '이입'과 꿈으로 대체됩니다." 인생에 대해 전혀 새로운 가치관으로 기존의 전기문에 쓰인 서술 양식을 재평가할 때, 이 새로운 유형의 자서전이 탄생한다. 다시 말해 인생도 꿈과 마찬가지로 우연과 왜곡으로 이루어지며, 일상적이고 사소한 것이 삶에 대한 이해의 왕도王道를 열어준다는 사고방식이 요구된다.

사소한 요소들의 기여 없이는 어떤 인물의 전기도 존재할 수 없다. 바로 그 점에서 정신분석학은 극단적인 고백 문학이 지시하는 '사소한 모든 부분까지 진술하라'는 법칙을 따르고 있다. 최후의 심판에서 행해지는 고해성사가 그와 같을 것이다. 프로이트의 가장 큰 능력이라고 할 만한 것은 바로 수많은 환자를 자아 분석에 끌어들여 연구의 협조자로 변화시켰다는 점이다. 이처럼 일종의 순종을 유도해낸다는 면에서 정신분석학과 종교 사이에는 간과할 수 없는 유사성이 존재한다. 모든 종류의 정신 분석은 그것의 창시자가 최초로 수행한 자아 분석을 계승하는 후손과도 같다. 즉 자아 분석은 언제나 창시자가 행한 모범 사례의 방식을 따르게 된다는 뜻이다. 이러한 규칙은 몇 번이고 되풀이되는 동안 차츰 특정한 공동체를 형성해 나간다. 다시 말해 공동체는 그 규칙을 따름으로써 스스로를 외부 세계와 구분 짓는 것이다. 우리는 이것을 하나의 계보를 만들어내기 위해 한 종족이 행하는 공동체 창립 의식에 비유할 수 있다. 예컨대 페렌치Sándor Ferenczi의 분석 대상이 된 사람이 계보를 따라 올라가다 보면 언젠가는 페렌치를 분석한 프로이트에 다다르게 되는 식이다. 그러나 이와 같은 의식에 몰두하는 과정에서 사람들은 정작 중요한 사실, 즉 정신분석학의 탄생이 곧 새로운 '학문'의 창립이라는 사실을 잊어버리곤 한다.

근대 시민 사회의 형성과 더불어, 신新학문을 창립하고자 하는 소망도 곳곳에서 등장했다. 이 소망의 이면에는 종교적 취지가 숨어 있었다. 예컨대 낙관론의 아버지 오귀스트 콩트Auguste Comte도 스스로를 '새로운 학문적 신앙'의 대제사장으로 여겼다. 그는 불모지에 지나지 않던 낙관론적 교의敎義의 대지에 이 신앙의 전파를 뒷받침할 신전을 건립하고자 했다. 프로이트 역시 콩트와 마찬가지로, 새로운 학문이라는 하나의 종교를 창시했다. 그의 삶을 구성하는 세부 요소들이 더욱 흥미로워지고, 그의 자아 분석이 의미 있는 것도 바로 그러한 이유에서이다. 하지만 정신분석학에서 나타나는 종교적 색채는 쉽게 간과하거나 우연적인 유사성으로 치부해버리기 쉬웠다. 당시에는 인간의 삶에서 종교가 차지하는 비중이 줄어들던 참이었는데, 정신분석학적 세계 해석이 우연히도 그와 같은 시기에 탄생했기 때문이었다. 프로이트 자신도 새로운 이론을 창안해 확립하고 나서야 종교의 사회적 지위가 마침내 완전히 박탈당했다는 사실을 인지했다. 이제 그 빈자리를 채우게 될 것은 진정한 믿음, 즉 당대에 퍼져 있던 이성에 대한 신뢰이거나 아니면 그에 대항해 탄생할 비이성적 믿음 중 하나일 터였다. 따라서 침체된 종교적 에너지를 이성적 판단과 결합시켜, 새로 대두하는 비이성적 신화와 정치적 망상으로부터 보호해야 할 필요성이 제기되었다.

《인간 모세와 유일신교Der Mann Moses und die monotheistische Religion, 1939》는 비록 학문적 신앙을 완전히 철회하지는 않았지만 최종적으로 약화시킨 작품이다. 이 저서에서 프로이트는 대담하게도 스스로를 모세와 동일시함으로써 유일신의 창시자 및 유대 전통과 자기 자신 사이의 연결고리를 찾고자 했다. 이미 한니발을 비롯한 여러 해방가들을 자신과 동일시한 적이 있지만, 모세와의 비교에서는 무척이나 조심스러워했음이 분명히 드러난다. 위대한 종교의 창시자에 대한 경외감 때문이었다. 우선 작품을 어떻게 쓸 것인가를 두고 그가 이번처럼 확신하지 못한 적은 처음이었다. 궁리 끝에 그는 모세에 관한 연구를 소설 형식으로 쓰려고 했다. 모세가 본래 이집트인이었다는 다소 거북한 자신의 가설을 완화하기에는 이 형식이 가장 적합해보였기 때문이다. 그러나 결국에는 소설은 토마스 만의 영역이라며 작업을 중단해버렸다. 그리고 나서 스스로 표현한 바에 따르면 '난생 처음으로' 역사가로 변신을 시도한다. 특이할 만 한 점은, 이것이 아무런 역사적 사실에도 근거하지 않은 시도였다는 사실이다. 그 결과물로 나온 것은 '역사가도 예술가도 아닌' 인물이 쓴, 역사서와 소설 사이의 어중간한 그 무엇이었다. 엄밀히 말해 이 얇은 책은 작가가 유대인 선조들과 유대 종교에 바치는, 일종의 신앙고백의 성격을 띤 종교철학 논문이었다. 그러나 이 신앙고백은 완전한 귀의보다는 여러 면에서의 보류가 내포되어 있다. 때는 바야흐로 유대민족을 향한 위협의 징후가 보이기 시작한 무렵이었다. 이전에는 종교란 학문적 이해만으로는 접근할 수 없는 영역이라고 생각했던 프로이트가, 뒤늦게야 이 저서를 통해 종교철학 분야에 입문한 셈이다. 결국 이 작품은 정신분석학이 스스로를 순수 학문으로만 간주하지 않는다는 것을 여실히 보여주는 증거라고 할 수 있다.

이렇게 프로이트는 말년에 이르러 신화적 성격에 갇힌 채 자기만의 세계에서 벗어나지 못할지도 모르는 위험마저 감수했다. 이는 고대 후기에 등장한 몇몇 종교들이 취했던 태도에 비유할 수 있다. 그들은 스스로 친 장막의 뒤편으로 숨은 뒤 더 이상 모습을 드러내려 하지 않았고, 결국은 세상에서 사라졌다. 결괴적으로, 프로이트 최후의 저서인 이 책이 학문적이라기보다 한 인물의 전기적 증거물의 성격을 띠는 것도 우연은 아니다. 이 책은 모세라는 위인에 관한 기록이지만 동시에 저자의 자아 분석이기도 하기 때문이다. 다만 이 자아 분석은 공개적으로 수행되었을 뿐이다. 하지만 정신분석의 창시자가 이 학문을 자신의 전유물로 만들기보다는, 그것을 스스로 해방시켜 대중의 손에 맡겼다는 데 정신분석학의 최대 의의가 있다. 정신분석학은 학문적 신앙을 스스로 극복함으로써 훗날 현대인을 위한 도덕론으로서의 역할을 수행할 수 있었다. 프랑스의 고전 도덕론이 당대의 정신적 지식을 흡수해 자기 것으로 만든 것과 마찬가지이다. 정신분석학 역시 도덕론과 동화됨으로써 잃는 것보다는 얻는 바가 많을 것이다. 현대인은 각자의 정신세계에 있는 잠재력을 인식함으로써 '인간은 누구나 똑같다'는 단조로운 운명을 견디며 버텨나가게 되는데, 정신분석학을 도덕론으로 활용하는 일은 현대인의 정신적 자극 및 정신적 구조와 관련해 무한한 이해력을 갖는 것과도 같다.

문화에서의 안락함

프로이트는 20세기보다는 19세기가 배출한 위대한 인물이다. 1900년《꿈의 해석》이 출간되었을 때 그는 이미 자신이 일생일대의 업무를 완수해냈다고 생각했다. 이 작품은 프로이트에게 마치 회고록과도 같았는데, 그 첫째 이유는 학자이자 한 개인으로서의 그를 좌우하던 모든 것이 그 자신의 꿈에는 물론 타인의 꿈에 대한 해석에 압축되어 있었기 때문이다. 그 밖에도 프로이트는 자신이 51세에 사망할 것이라고 굳게 믿고 있었다. 예언대로 되었더라면 그는《꿈의 해석》발간 얼마 후에 사망해 20세기를 초반의 몇 년밖에 경험하지 못했을 것이다. 예언했던 나이가 지났을 때는 그로부터 멀지 않은 시점으로 새로운 사망 시기를 정해 놓기도 했다. 그러나 설사 단명短命에의 소망이 실현되었다 하더라도 그가 19세기는 물론 20세기까지 대표하는 인물이 되었다는 사실에는 변함이 없었을 터였다. 정신분석학이라는 신新학문의 성공은 20세기에만 달성 가능했기 때문이다. 새로운 세기의 사람들은 정신분석학을 격렬히 거부하면서도 그 내용에는 열정적으로 귀를 기울였다.

사람들의 두 가지 상반된 태도는 1930년에 출간된《문화에서의 불안Das Unbehagen in der Kultur》을 대할 때에도 마찬가지였다. 이 작품은 문화의 진화 과정을 그린 총체적 도상이자, 인류가 이루어낸 업적과 제도의 총합에 관한 묘사이다. 그리고 "이 제도 안에서 우리의 삶은 태초의 인류가 지닌 동물적 감각으로부터 멀어지는 동시에 두 가지 목표를 향해 분발하게 된다. 그 목표란 바로 야생의 자연으로부터 인간을 보호하고 인간 상호간의 관계를 규정하는 일이다." 이 저서에는 특히 19세기의 문화적 징후가 반영되어 있다. 프로이트가 19세기에 경험한 기술적 업적의 범위는 불의 사용부터 축음기의 발명까지였다. 그리고 이제 20세기에 인류를 기다리고 있는 것은 불안감이다. "오늘날의 문화 속에서 사람들이 불편함을 느끼는 것은 분명한 사실이다."라고 프로이트는 말한다. 사람들의 불만은 커지다 못해 "문화에 대한 적대감"에 이를 정도이며, 자신들이 처한 상황에 대한 반응으로 질책과 신경질, 보다 단순한 생활방식으로 회귀하고자 하는 소망 등이 분출되고 있다. 온갖 종류의 보조 장치를 달고도 무력감을 떨치지 못했던 '의족을 달고 있는 신'은 바로 현대인을 비유한 것이다. 이 묘사는 놀랍도록 많은 면에서 현실의 인간과 일치한다.

그러나 프로이트가 제시한 이 극적인 이미지는 오늘날의 독자의 눈에 다소 의문스럽게 비칠 수 있다. 현대인에게는 프로이트가—문명Civilization이라는 개념의 사용을 피하기 위해—'문화Culture'라 칭한 포괄적 진화 과정의 일부로서 스스로를 관찰하는 일이 매우 어렵기 때문이다. 프로이트의 동시대인들만 해도 이러한 관점을 취하는 일이 오늘날처럼 어렵지는 않았다. 사람들이 느끼는 불안감은 우리의 시각으로 보는 포괄적인 전체 내에서는 그리 두드러지지 않지만, 프로이트가 살았던 시대와 같이 현재로 뻗어 나오는 지류에서는 뚜렷이 드러나는 까닭이다. 프로이트는 '문화'라는 개념을 물질적·문명적 성과, 혹은 좁은 의미에서 문화적 성과가 모여 이루어진 축소판으로 여겼는데, 그가 고집스럽게 견지한 이 관점은 현대인에게는 낯설게만 느껴진다. 이 해석에서 얼핏 진보를 향한 열정이 읽히는 반면, 현대인은 문화를 단순한 기분전환과 오락, 자극적인 것으로 받아들이는 일에 익숙해 있기 때문이다.

프로이트는 당대의 문화가 필요로 하는 조건들을 자신이 기술한 '진화 과정'이라는 틀 안에서 굳이 구체적으로 거론하려 하지는 않았다. 주지할 점은, 그가 다른 모든 문화적 성과는 제쳐 두고 오로지 "아름다움, 정결함, 그리고 질서"만을 강조했다는 사실이다. 이 세 가지 요소가 문화의 필요조건임에는 의문의 여지가 없으며, 이들은 실용성 여부와 별개로 언제나 적용되어야 함을 프로이트는 확고히 했다. 비엔나 숲의 산책길에 버려진 휴지조각은 그가 보기에 '야만스런' 것이자 문화와 정면으로 배치되는 것이었다. "모든 종류의 불결함은 문화와 동화될 수 없다." 그러나 이러한 그의 선언은 오늘날의 문화에서는 그 빛을 잃었다. 다양하고 자유로운 문화적 표출 방식의 탄생과 함께, '정결함'의 원칙은 이제 인위적으로 보호해야 할 만큼 위협받고 있다. 문화가 그라피티Graffiti와 같은 새로운 종류의 표현양식을 통해 정결함에 위협을 가하고 있는 까닭이다. 오늘날 유행하는 사조들은 질서의식이 강제성을 내포하고 있음을 교시하는 동시에, 그에 대한 저항의식을 표출한다. 반면에 정신분석학은 질서의식에 내포된 강제적 측면에 호감을 보였다.

사람들은 문화의 혜택에 대해 끊임없는 기대를 갖고 있으며, 바로 이것이 문화 속에서의 불안을 멀리 내몰아버리는 요인이다. 그러나 오늘날 이 기대는 체험에 한정되어 있기 때문에 자연히 문화도 현재의 체험이라는 의미밖에는 지니지 않는다. 과거의 문화는 그것이 오늘날에도 즐길 만한 것이라는 조건하에 직접적으로 여기에 포함될 자격을 얻는다. 전자의 예가 최신 영화를 관람하는 일이라면 후자의 예는 부활절 휴가에 고풍스러운 성당에 가는 것이다. 이 과정에서 불안을 야기하는 것이 있다면 기껏해야 실패하는 체험 정도이다. 프로이트에게 더 수준 높은 문화란 본질적으로 실망에 대한 보상을 의미했다. 한 문화에 대한 기대가 실망으로 끝나면 사람들은 한층 고양된 문화를 추구하는 것이다. 그러나 인간의 욕구를 완전히 충족시켜줄 만한 문화가 존재할 가능성은 희박하기 때문에, 새로운 문화 역시 또 다른 실망을 낳는 과정을 반복할 뿐이다. 따라서 문화의 근본기능—자연으로부터 인간 보호와 인간의 상호 관계 규정—을 손상시키지 않으면서도 한 문화로부터 마음에 들지 않는 요소들을 하나하나 떼어내는 일이 가능하다면 인간들이 끊임없이 이를 시도할 것임은 자명하다.

문화를 형성하는 또 하나의 요소는 '필요'이다. 지금까지의 역사가 보여주듯이, 인간이 뭔가 곤궁함을 느끼지 않는다면 어떠한 문화적 업적도 지속적으로 이루어질 수 없다. 요약하자면 인간의 필요는 창조의 욕구를 산출하며, 이 욕구가 새로운 문물의 발명을 통해 분출되는 결과가 바로 문화적 업적이다. 그러나 프로이트의 이러한 판단은 오늘날에는 엄격하게 적용되지 않는다. 기술적·경제적 발달 덕분에 오늘날 우리의 문화는 필요나 궁핍으로부터 자유로워졌기 때문이다. 곤궁함을 모르는 현대인은 새로운 것을 발명해낼 필요성을 느끼지도 않기 때문에 이제 문화에는 오락적 측면이 두드러지고, 덕분에 사람들은 오늘날 문화라 불리는 울타리 안에서 오히려 편안함을 느끼는 것이다. 프로이트는 기술이나 경제적 요소에 주의를 기울인 적이 없었을 뿐너러 돈 같은 것은 애초부터 고려 대상이 아니었다.

'문화에서의 안락함'은 예술 분야에서 새로운 양식이 형성되는 데에도 밑거름이 된다. 이 양식은 보상과 실망의 단조로운 반복을 삶의 생동감으로 승화시켰다. 프로이트가 불안감이라 표현한 것은 오늘날과 같이 문화의 개별 구성 요소, 다시 말해 이런저런 문화 콘텐츠와 관련된 것이라기보다는, 문화를 진보시키려는 노력 자체와 그 노력이 갖는 의미, 그리고 노력에도 불구하고 실패할 위험마저 무릅쓰는 것을 의미했다. 문화에 대한 그의 기대가 전적으로 전통적인 것이었음을 보여주는 부분이다. 《문화에서의 불안》은 어떤 점에서 인간의 행복에 관한 최후의 논문인지도 모른다. 이 책의 주제는 더 발전되고 더 고상한 것을 얻는 데서 오는 쾌감이 아니라 일상을 견뎌내는 순수한 인내력의 가치이다. 인간은 다가올 행복을 공언해서는 안 된다. 행복을 약속하는 이는 누구든 프로이트의 눈에 협잡꾼으로 보였을 것이다. 근거 없는 낙관에 대항하듯, 프로이트는 삶에 대해 이렇게 단언했다. "우리에게 부과된 삶은 커다란 부담이며, 우리에게 고통과 실망, 풀 수 없는 숙제를 던진다."

인류 전체가 문화적 출신이나 주체성에 상관없이 평등하고도 정의로운 관계를 형성하고, 심지어 이를 국제법으로 보장하고자 한다는 것 역시 프로이트에게는 생소한 착상으로 여겨졌을 것이다. 이러한 점으로 미루어볼 때도 프로이트는 아직 문화의 한 가지 진화 경로밖에는 알지 못했던 19세기의 인물이다. 소수민족의 문화 보호를 장려한다는 것도 프로이트에게는 고결한 환상이자 일시적인 '눈감아주기'로밖에 보이지 않았을 터였다. 그의 견해로는 소수민족의 문화는 어차피 언젠가는 포괄적이고도 거대한 문화의 진화 과정에 휩쓸릴 운명이기 때문이었다. 실제로도 그는 문화 발전이 개별 문화를 통해서가 아니라 총체적인 인류의 생활양식으로서 진행된다는 견해를 가지고 있었다.

하지만 그는 문화가 고통스러운 진화 과정을 거쳐 언젠가 내면적 이상향에 다다를 것이라고는 믿지 않았다. 문화 발전 과정에서 형성되는 인류 이상理想에의 꿈들은 문화의 진보가 지속되는 동안 끊임없이 파괴되고 또 생성되기 마련이기 때문이다. 개인 자유의 증대라는 근대 서구인의 꿈 역시 환상에 불과하며, 기껏해야 공동체의 필요에 따라 일시적으로 획득될 뿐이다. '개인의 자유는 문화

상품이 아니기' 때문이다. 따라서 이러한 유럽적 이상도 문명의 진화 과정에서 필연적으로 종말을 맞을 것임에 틀림없다. 나름대로 이상향에 도달했다고 자부했으나 결국은 소멸되고 만 여러 옛 문명의 사례와 마찬가지이다.

정신분석학은 인간을 문화의 진화에 참여하도록 독려하는 가장 혹독한 훈육책으로, 진화가 유지되지 않을 경우 발생할지 모를 사회적 퇴화 가능성을 활용한다. 프로이트는 퇴화의 심리적 조건에 관해 몇 가지를 밝혀내기도 했다. 인류가 이룬 문화 및 정치적 제도화의 미래를 그는 비관적으로 보았다. "'가족'으로부터 '인류'의 단위로 발전해 나아가는 데 문화를 필수적 과정으로 본다면, 점점 더 커지는 죄책감은 이 과정과는 떼려야 뗄 수 없는 관계를 지닌다. 양심의 가책은 문화와 동시에 태어나는 갈등의 결과이자, 사랑 및 죽음을 향한 갈구 사이에 존재하는 영원한 반목의 결과이다. 이 죄책감은 언젠가 개개인이 감내하기 어려울 정도로 커질지도 모른다." 프로이트가 이 말을 통해 경고하고자 했던 것은 인류의 문화가 개인의 희생을 담보로 한다는 사실이었다. 인간이 죄책감을 통해 스스로를 짓누르게 되는 것이다. 프로이트가 문화를 연구한 의도는 그 자신도 설명했듯이 "죄책감을 문화의 진화에 가장 중대한 문제로 설정하고, 문화 발전의 대가는 죄책감의 증대 및 그에 따른 행복의 손실로써 지불하게 될 것임을 확증하기" 위해서였다.

근대의 문화는 그저 행복을 앗아가는 데서 그치지 않았다. 죄책감이 점점 더 커져 행복이 빠져나간 틈까지 채워나간 것이다. 종교를 제거함으로써 죄책감마저 제거할 수 있다고 생각했던 계몽주의의 믿음을 프로이트는 이 저서를 통해 근본부터 타파했다. 죄책감은 종교가 아니라 문화와 밀접한 연관을 지닌 요소였으므로 문화가 진보함에 따라 그만큼 커져갈 수밖에 없었다. 한편 프로이트의 눈에 인간은 이러한 진실을 받아들일 충분한 준비가 되어 있지 않은 듯 보였다. 근대의 인간은, 여름옷 차림으로 북부 이탈리아의 호수들이 표시된 지도를 들고 극지방을 탐험하러 가려는 사람들처럼 순진하기 짝이 없었다. 더불어 프로이트가 언급한 또 하나의 문제점은 죄책감을 죄책감으로서 인지하는 것 자체가 쉽지 않다는 사실이었다.

오늘날 문화는 프로이트 생존 당시에는 예측조차 할 수 없었을 정도로 과실過失 및 그 종류에 대해 민감해졌다. 과실의 책임을 돌릴 특정 대상을 찾아내는 일은 현대의 문화 작업에서 적지 않은 비중을 차지한다. 이 경향은 과실을 개인에게서 찾으려 한 프로이트에게서 시작되었다고 해도 과언이 아니다. 오늘날의 사회에서는 과실이 부패한 문화를 도덕적으로 정화하는 핵심 도구로 자리 잡았다. 그러나 그것은 실질적인 정화가 아니라, 특정 책임자에게 과실을 덮어씌움으로써 각자의 양심을 편하게 하고자 하는 행위일 뿐이다. 이는 바로 문화의 진보 과정에서 축적된 죄책감을 해소할 통풍구를 찾으려는 시도이다. 그러나 문화가 자체적으로 악에 대항해 어찌할 수 있는 것은 아니기 때문에, 사람들은 당대 문화 자체에 책임을 물으려 들지는 않는다. 대신에 과오의 책임을 인류의 문화로부터 개별적 책임자에게 전가시키려 하는 것이다.

결론적으로 사람들은 책임자를 일일이 찾아내 벌함으로써 문화가 진 빚을 갚으려는 듯 보인다. 이는 오로지 개인의 행복은 개인 자신에게 달려 있다는 환상을 유지하기 위한 필사적인 몸부림과도 같다. 한편 프로이트의 관점은 이와 전혀 상반되었는데, 그는 "위대한 인류의 공동체를 형성하는 일은 인류가 개개인의 행복에까지 신경 쓸 필요가 없어질 때 가장 성공적으로 달성될 수 있다"고 보았다. 하지만 오늘날의 서구인들은 물질적 행복이 어느 정도 보장되는 한 그런대로 만족하는 듯 보인다. 적어도 증대되는 세계 문화 교류의 특권을 자신들이 쥐고 있는 한.

2

'변신'의 실존을 살다
프란츠 카프카

Franz Kafka
1883.7.3-1924.6.3

아버지의 편지

홀에 놓여 있는 식탁의 서랍을 무심코 열었을 때, 아버지의 시선은 고른 필치로 뭔가 빼곡하게 적혀 있는 종이 묶음에 가 닿았다. 맨 위에 있는 종이는 편지 같았는데, '사랑하는 아버지께'라고 적힌 호칭을 보고 그는 깜짝 놀랐다. 그리고 종이뭉치를 집어 들고 수없이 많은 종잇장을 넘겨가며 세 보았다. 편지는 끊임없이 이어지다가 맨 마지막 장에 적힌 아들 프란츠의 서명에 이르러서야 끝을 맺고 있었다. 어떻게 편지 한 통이 이렇게 길 수 있으며, 그토록 긴 편지를 자신에게 쓴 이유는 또 무엇일까? 그는 종이뭉치를 일단 서랍에 도로 내려놓았다가 수일이 지난 후에 다시 꺼내보았다. 아마도 누가 이것을 이곳에 놓고는 잊어버렸거나, 아니면 분실된 채 여기까지 온 모양이다.

마침내 아버지는 글을 훑어보기 시작했다. 이곳저곳을 뒤적여가며 읽던 그는, 놀랍게도 마지막 즈음에, 분명 자신에게서 나온 말임이 틀림없는 구절들을 발견한다. 그러나 그 구절들은 자신이 직접 말했던 것보다 훨씬 수려하고 정교한 문장으로 다듬어져 있었다. 거기까지 읽은 아버지는 이윽고 그것이 편지가 아닌 고발문이며, 고발당하는 사람이 자기 자신임을 인정할 수밖에 없었다. 이는 다른 어떤 아버지도 아닌 그 자신을 향해 쓰인 것이었고, 편지에 실린 수많은 이야기들 또한 그의 가족 안에서 실제로 일어났던 일들임을 쉽게 알아볼 수 있었다. 한밤중에 물을 달라며 끊임없이 칭얼대는 아들에게 얼마간 베란다에 화분처럼 서 있으라는 벌을 주었던 우스꽝스러운 이야기도 적혀 있었다. 그러나 이는 단순히 사건에 대한 서술에 그치지 않았다. 아들이 칭얼거렸던 이유는 갈증 때문이 아니라 한편으로는 가족들을 화나게 할 속셈이었으며, 다른 한편으로는 대화를 하고 싶었기 때문이라는 해명까지 덧붙여 있었다. 놀랍게도 아들은 그 사건이 마치 가부장으로서의 권위를 시험하려던 아버지의 시도였던 양 묘사했다. 유대 민족에게 이스라엘을 떠날 것을 명령한 신과도 같이, 자신의 우월함이 어떤 저항에도 부딪치지 않을 것임을 확인하고자 한 것이다.

하지만 정작 아버지는 그 사건에 대해 거의 잊고 있었다. 아버지로서의 권위를 재확인하며 맛본 승리감 따위도 기억에 없었다. 그러나 벌을 받은 어린 아이의 기억에 각인된 무력감은 결코 잊히지 않은 듯했다. 권력을 가진 자의 자부심은 눈 깜짝할 사이에 지나가버린 반면, 그 권력의 지배를 받은 자는 자신이 무력하고 쓸모없는 존재라는 느낌에 사로잡혀 있었던 것이다. 게다가 억압당한다는 느낌은 사라지지 않고 한 인간의 내부에서 지속적으로 사라났음이 틀림없다. 그러나 이 사소한 사건은 장마다 낱낱이 전개되는 이야기들에 비하면 시작에 불과했다. 그리고 이야기마다 감지되는, 끝이 보이지 않는 무력감. 이것은 또한 비난의 시작에 지나지 않았다. 고발 내용을 하나씩 읽어 내려가는 아버지의 눈앞에는 어느새, 여동생과 함께 방 한구석의 마룻바닥에 쪼그리고 앉아 속닥거리는 아들의 모습이 아른거렸다. 어른이 지나갈 때마다 두 아이는 얼른 입을 다물고 커다랗게 뜬 눈만 깜빡이곤 했다. 그때 아이들의 대화가, 실은 어른들에 대한 재판이었음을 아버지는 뒤늦게야 깨달을 수 있었다. 그리고 이 재판에 누구보다 자주 피의자로 거론되며 낱낱이 죄를 고발당했을 장본인은 바로 아버지 자신이었음도.

생각이 거기까지 미치자 아버지의 머릿속에는 문득 아들의 풍자적 재능이 떠올랐다. 어린 소년은 낯선 이들이 방문하면 무척이나 수줍어하다가, 이윽고 손님들이 떠나고 나면 그들의 모습을 재치 있게 흉내 내곤 했던 것이다. 특히 여성 방문객들을 미술품 판매상의 상점 진열창에 걸린 현대적 초상화들에 비유해 묘사하는 것을 좋아했다. 초상화에 그려진 인물들의 얼굴은 푸르스름하거나 번쩍이는 황색을 띠고 있기도 했고, 돌출된 치열이나 지나치게 큰 귀를 가지고 있기도 했다. 아마도 그러한 특색이 아들에게는 무척이나 인상적이었던 모양이다. 한 번은 비트너Bittner라는 작곡가의 모친인 호프라트Hofrat 여사가 풍자의 대상이 되었는데, 아들이 몇 마디 되지도 않는 표현을 통해 그녀를 어찌나 실감나게 묘사했던지, 듣는 사람은 마치 남자처럼 거대한 골격을 한 그녀가 눈앞에 앉아 있는 듯 착각이 들 정도였다. 아들은 또한 무척이나 우스꽝스러운 방식으로 이야기를 들려줄 줄도 알았다. 예컨대 달리기 경주의 출발선에서 뒤처진 어떤 사람에 관한 이야기가 그랬다. 다른 선수들은 그를 앞질러 트랙을 한 바퀴 돌아와 관중의 박수갈채를 받는다. 넘어져 있던 중에 그들 틈에서 덩달아 박수갈채를 받게 된 그는 자신의 상황에 걸맞지 않은 이 환호에 항변하듯 당혹스러운 표정으로 서 있다가 마침내 뭔가 훔치다 들키기라도 한 사람처럼 슬그머니 사라진다는 것이 이야기의 줄거리였다.

이 모든 착상들은 때로 아버지조차 할 말을 잃게 만들었다. '그러나 삶이란 기발한 착상이나 즐기며 살만큼 느긋한 것이 아니다'라고 아버지는 생각했다. 사람은 늘 착상이 떠오를 때까지 기다릴 수만은 없는 것이었다. 하지만 아들과 그 친구들은 마치 메시아를 기다리는 부족민처럼 마냥 착상이 떠오르기만을 기다리고 있는 게 아닌가. 그리고 떠오른 착상을 가지고 한바탕 의식을 치르는 것이었다. 하지만 자신과 같은 사업가는 그러고 있을 틈이 없었다. "어디서 늑대 떼라도 굴러들어오기를 기다리는 모피상처럼 마냥 기발한 착상이나 기다리고 앉아 있었더라면 지금 우린 뭐가 되었겠느냐?" 그는 입버릇처럼 말하곤 했다.

첼트너가Zeltnerstraße 12번지에 있는 아버지의 상점에서는 장갑, 실내화, 산책용 지팡이, 잡화, 우산 같은 장신구를 판매했다. 그래봬도 배달원을 포함해 점원이 여섯이나 되는 상점이었다. 그런데 사업이 한창 번창하고, 아버지가 계산대 앞에 서서 매상을 올리는 데 열을 올리고 있던 어느 날 상점에 반란이 일어났다. 점원이 모두 한꺼번에 상점을 그만둔 것이다. 이를 두고 폭동이라고 하든 반란이라고 하든, 그것은 부르고 싶은 사람 마음이었다. 무엇보다도 도무지 그 이유를 알 수 없었기 때문에 이는 섬뜩한 일이 아닐 수 없었다. 직원들은 마치 약속이라도 한 듯 모두가 동시에 상점 일을 버텨낼 수 없다고 항변하는 태도를 취했고, 그들의 마음을 돌리기 위해 아버지는 온갖 방법을 동원해 설득해야 했다. 결국 대부분은 현실적인 궁핍함이 가시화되자 자진사퇴를 번복하고 상점으로 돌아왔으나, 그 일이 있은 뒤 아버지의 태도는 돌변했다. 평온한 일상을 더 이상 신뢰하지 않게 된 것이었다. 하지만 그는 식구들만은 그런 식으로 자신에게 대항하지 못할 것이라 믿어 의심치 않았다. "너희들도 사직서를 낼 테냐? 할 테면 어디 한번 해 봐, 해 보라고." 실제로 누군가 가출하는 일이 벌어진다고 해도 어차피 그날부로 돌아올 터인데, 그는 괜스레 역정을 내며 고함치는 일이 잦을 만큼 권위에 집착하고 있었다.

점원들의 파업 같은 사건들이 당시 유대인을 향하던 편견에서 비롯되었다고 생각한 아버지는 할 수 있는 한 자신의 유대 혈통을 묻어버리기로 결심했다. 이미 남들이 알고 있는 부분까지는 어쩔 수 없었지만, 어쨌든 그는 아들도 혈통에 관해 잊어버리기를 무척이나 희망했다. 사실 아버지가 보섹Wossek(프란츠 카프카의 부친 헤르만 카프카Hermann Kafka가 유년기를 보낸 체코의 마을_역주)을 떠나온 이래 그가 유대인임을 알아본 사람은 전혀 없었다. 그 스스로 주위 사람들에게 자신이 유대인임을 알리지 않았더라면 이 사실은 진작 잊혔을 터였다. 사람들과 교제하는 일을 무척이나 즐긴 그는 상점에 틀어박혀 이런저런 지시만 내리고 있을 성미도 아니었거니와, 사교적인 자리에서는 누가 어디 출신인지, 무엇을 하던 사람인지에 관해 이야기가 오고가기 마련이었던 것이다. 그러나 이제 그는 유대 혈통을 외면하는 태도를 자녀들에게도 물려주어야 한다고 생각했다. 당시의 유대인들은 그토록 쓰디쓴 정체성을 맛보아야 했다. 따라서 어쩔 수 없이 신분이 드러나는 상황에 처하지 않는 이상 아들도 이 선물을 거부하지는 않을 것이라고 아버지는 확신했다.

결과는 그가 생각했던 것과 정반대였다. 아버지가 유대인의 정체성에서 멀어질수록 아들은 유대 전통의 비밀을 더욱 파헤치려했다. 그것도 마치 정복해야 할 요새라도 된다는 듯 격정적인 태도로 말이다. 아들의 주위에는 유대인 연극배우 무리가 있었는데, 그는 바로 이들의 분위기에 휩쓸리는 듯했다. 아들이 그들 중 몇몇을 집에 데려올 때면 아버지는 그들에게서 포도덩굴 화환을 쓰고 주신酒神처럼 격정적인 유목민 무리를 떠올리곤 했다. 그들 틈에 있을 때 아들은 마치 딴사람이 된 것 같았다. 그가 그처럼 거만하게 웃는 일은 평소에는 한 번도 없었다. 게다가 아들의 무례한 동료들은 이 집뿐만 아니라 집 안에 있는 가구나 장식 하나하나까지 끊임없이 비웃으며 집이 떠나가라 웃어대는 것이었다.

이 유대인 연극배우들은 아버지로 하여금 고향인 보섹의 게토를 떠올리게 했다. 그래서인지 아버지는 이들을 유별나게 혐오했다. 틈만 나면 이들을 헐뜯거나 대놓고 모욕하며 아들을 무리에서 떼어놓겠다고 으름장까지 놓아보았지만 아무 소용없었다. 아버지가 얼마나 애를 쓰든 개의치 않고 태연자약하기만 한 젊은이들의 태도는 마침내 그를 폭발하게 만들었다. 대부분 갈리치아Galicia(폴란드 남동부와 우크라이나 북서부에 걸쳐 있는 지역_역주)의 마을이나 도시 출신인 이 유대인들은 마치 자신들만의 동굴 속에서 인생을 보내겠다는 듯 행동했다. 고향을 등지면서까지 가난에서 벗어나는 과정이 아버지에게는 무척이나 힘겨웠던 데 반해, 그들은 생활환경이 나아졌다는 데 감사하기는커녕 그것을 인식조차 못하는 모양이었다. 좌판 하나를 가지고 장사를 시작했던 아버지는 이제는 상점 소유주이자 기업가이며 저택까지 소유하게 되었는데, 아들의 친구들은 남들의 부유함에 묻어 빈둥거리는 기생충이나 다름없이 살고 있지 않은가. 그러나 아들은 양자 간의 차이를 전혀 느끼지 못하는 듯했다. 자기 인생에 대한 나름의 도덕적 기준 때문에 기존의 것을 쉽게 저버리는 아들의 태도는 아버지를 아연실색케 했다. 이즈음 그는 자신의 절제된 양육방식이 실패했음을 감지했으며, 나아가 아들이 자신의 것과는 전혀 다른 인생관을 찾고 있다는 사실도 눈치 채고 있었다. 그중에서도 아들의 사고를 가장 강력하게 지배하고 있는 것은 바로 아버지의 훈육으로부터 벗어나고픈 소망이었다.

거듭되는 아들의 파혼에 관해서도 아버지는 매우 의아해하며 기회가 있을 때마다 경멸하는 투로 잔소리를 늘어놓았다. 도무지 파혼의 이유를 알 수 없었기 때문에 이 사건들은 아버지에게는 수수께끼와도 같았다. 그러나 아들이 마지막으로 결혼을 시도했을 때에는 도리어 아버지가 나서서 약혼을 방해해야 했다. 가족의 사업에 경쟁자가 될 사람을 며느리로 맞을 순 없었기 때문이다. 아들의 상대는 28세의 율리에 보리체크Julie Wohryzek라는 여성이었는데, 놀랍게도 그녀는 작은 옷가게를 경영하는 사업가였던 것이다. 아들이 이때처럼 아버지의 세계에 가까이 접근해온 적은 없었다. 아버지는 재빨리 이를 저지한 뒤 아들의 일관성 없는 행동을 질책했다. 아들이 애초부터 더욱 막무가내로 이 일에 달려들 작정을 하고, 계획이 장애에 부딪힐 것까지 이미 계산에 넣었다는 것이 아버지의 주장이었다. 아들은 편지에서, 이 결혼 의도가 더할 나위 없이 천박하고 불량한 것이었다는 아버지의 비난에 관해서도 언급했다. 도대체 어떤 점에서 천박하고 어떤 점에서 불량했던 말인가? 이 결혼의 의도가 불량했다는 아버지의 해석에는, 아들이 아버지의 세계, 즉 사업가의 세계에 속하는 사람과 결혼하려 했다는 한 가지 근거밖에는 있을 수 없었다. 이는 곧 아버지의 세계에 대한 침해였다. 혹시 이것이 아버지와의 관계를 회복시켜 보려는 시도는 아니었을까? 그러나 아버지의 입장에서는, 아들이 아버지처럼 사업가적 기질을 가진 여성을 결혼상대로 골랐다는 자체부터 천박하고 불량하게만 보였다. 물론 아들은 아버지가 종사하는 사업의 세계를 존중할 인물이 아니었다. 그는 아들이 사업가인 자신을 경멸한 나머지, 일부러 여성 사업가와 결혼함으로써 자신의 세계를 정복할 수 있을지도 모른다는 희망을 가졌던 것이라고 생각했다. 그럴지도 모른다는 단순한 추측일 뿐인데도 이 사건은 아버지를 분노에 떨게 만들었다.

그토록 모든 면에서 상극이었던 부자父子였으나 두 사람이 공통적으로 흥미를 가진 단 한 가지가 있었으니, 이는 바로 신지학Theosophy이었다. 비록 접근방식에는 차이가 있었으나, 이와 관련해서만큼은 부자의 역할이 정상으로 돌아갈 수 있었다. 아버지는 예순의 나이에 신지학의 모든 비밀을 파헤치고자 했으며, 꼼꼼히 포장된 선물상자를 다루듯 신지학의 가르침을 대했다. 마치 그 안에 들어 있을 어떤 물건보다도 겉포장이 훨씬 가치 있다고 여기는 태도였다. 반면에 아들은 처음부터 자신이 이 사상의 모든 세부사항을 소상히 알고 있는 것처럼 행동했다. 그러고는 이내 유식한 동시에 무지한 사람처럼 행동할 수 있는 방법을 발견해낸다. 오직 끊임없이 믿고 끊임없이 의문을 제기할 수 있는 사람만이 신지학의 도제가 될 수 있다는 것이 그의 생각이었고, 이 의견은 다분히 옳은 것이기도 했다.

이렇게 한때는 두 사람 모두 신지학의 초보자로서 동등한 입지에 섰던 순간이 존재했다. 그러나 신지학이라는 공통 관심사가 결국 부자간의 위기를 해소해줄 수는 없었다. 위기는 아들이 별다른 해명 없이 인지학Antrophosophy으로 돌아섬으로써 찾아왔는데, 그는 이것을 자신에게 더 적합한 분야로 여겼을 뿐 변절로 여기지는 않았다. 한편 신지학에 대한 아버지의 애착은 점점 더 커졌다. 그에게 신지학은 본래부터 아버지들, 즉 성인成人들을 위한 것이었다. 아들은 '신'에 대한 이해를 추구하는 학문을 버리고 '인간'에 대한 탐구를 기본으로 하는 학문으로 달아남으로써 소위 '축소'를 향한 이끌림에 따른 것뿐이었다. 문제들을 대할 때 아버지는 하나의 전체를 보는 시각을 견지하는 데 반해 아들은 각각의 세부사항들을 다루고자 했다. 그러나 아들이 세부사항을 중시한 진짜 이유는, 포괄적인 문제는 물론 사소한 문제들에도 결국 해결 방법이란 없음을 은밀히 증명하기 위해서였다.

어느 날 프란츠 카프카는 인생에 대한 조언을 얻고자 융만가 Jungmannstraße에 있는 슈타이너Rudolf Steiner(신비사상가이자 신지학 연구자였으며 이후 인지학의 창시자가 됨_역주) 박사를 방문한다. 그곳에서 기다리던 사람들은 마치 구원자라도 되듯 카프카를 반갑게 맞아들이고는, 그가 먼저 면담실로 가도록 다투듯이 순서를 양보했다. 마치 기다리는 시간을 좀 더 끌려는 것처럼 보였다. 기다리는 일이 도대체 뭐가 즐거운 일이라고 그랬던 것일까? 기다림을 통해 자기 정화淨化라도 하려는 무슨 열망이라도 가지고 있든지, 아니면 그저 대기시간을 즐기고 있는 것뿐일까? 기다리는 시간이 길어질수록 슈타이너 박사와의 대면이 갖는 의미 또한 커져갔던 것인지도 몰랐다. 정작 마지막 방문객과 면담할 때까지 가장 오래 기다린 장본인은 누구도 아닌 슈타이너 박사였지만 말이다. 어쨌든 카프카는 이날의 방문에서 별다른 소득을 얻지는 못했다. 며칠 후 아버지가 슈타이너 박사를 만나 자기 아들의 방문이 어땠는지 물었을 때, 박사는 그에 대해 쉽게 기억해내지 못했다. 아들이 글쓰기를 시도한다고 이야기했을 때, 그리고 작가가 됨으로써 스스로를 구원하고자 한다는 이야기를 듣고서야 박사의 눈빛에는 마치 북극광처럼 밝고 차가운, 기묘한 빛이 감돌았다.

하지만 아버지는 작문을 하찮게 여겼다. 무엇보다도 아들이 작문을 숭배하고 오로지 작문을 통해 모든 것을 얻기를 열망한 것이 가장 큰 이유였다. 아버지 자신도 뭔가를 쓰기는 썼다. 그는 항시 사업상 아주 어려운 서신을 작성해야 했는데, 이것은 고상하신 아드님께서 얕보는 것만큼 만만한 일은 아니라는 것이 그의 의견이었다. 이 서신의 모든 내용은 정확해야 했다. 모호한 표현은 오해를 불러일으켜 결국 비용을 치르게 만들기 때문이다. 하지만 이러한 서신을 쓴다고 해서 아버지가 아들처럼 작문을 숭배하는 것은 아니었다. 아버지의 생각에 작문이란 사람이 맑게 깨어 있도록 돕는 존재여야 했다. 그러나 아들에게 이것은, 불면증에 시달리는 사람들이 염원하는 달콤한 잠과도 같았던 것이다. 그는 아들이 이처럼 모든 일에서 그릇된 방향으로 행동한다고 비난했다. 하지만 아들은 자신이 작문벽癖과 불면증, 이 두 가지를 모두 가지고 있기 때문에 이 비유를 마음에 들어 했다. 그러나 아들이 말하는 불면증이란 사실 글을 쓰고자 하는 핑계에 지나지 않음을 아버지가 꿰뚫어보자 아들은 무척이나 당황한다. 글쓰기와 관련된 모든 것을 아버지에게 비밀로 했음에도 아버지는 아들의 이 열병마저 정확히 관찰하고 있었던 것이다. 그만큼 그는 늘 세세한 부분까지 알려고 들었다. 괴이한 병을 앓는다는 것은 그에게 있을 수 없는 일임에도 불구하고, 아들은 이름도 모를 병을 앓는 일에 애착까지 품고 있었다. 나아가 그러한 병을 통해 스스로 수수께끼 같은 존재가 되고 싶어 하기까지 했다. 아들은 진단할 수 있는 병은 거부했다. 마치 어떤 꿈에도 만족하지 못하고 거부하는 바람에 마침내는 잠 못 이루고 누워있는 까다로운 몽상가 같았다. 그러나 아버지는 완고하게, 병이란 그것이 병이라는 것을 인정할 수 있기 위해서라도 그 정체가 분명해야 한다고 주장했다.

서간문의 초고를 발견하고 자신이 직접 보관하면서부터 아버지는 끊임없이 그것을 다시 읽어보고픈 충동에 시달렸다. 그리고 아들이 쓴 비난에 뭐라고 응수할 수 있을지 심사숙고해, 몇 가지 대답을 종이쪽지에 적어두었다가 아들과의 대화에서 눈에 띄지 않게 사용하기 시작했다. 처음에는 아들과의 대화에 대비하는 메모일 뿐이던 이 창작 활동은 점차 은밀한 작가의 삶으로 변해갔다. 아무도 모르게, 뚜렷한 징후도 드러나지 않고 일어난 일이었다. 그러다가 마침내는 커다란 야심이 그를 사로잡았다. 아들의 자질구레한 작문과는 달리 자신은 뭔가 유용한 것을 쓸 수 있다는 자부심에 사로잡힌 것이다. 아들이 출판사에 투고했던 원고임이 틀림없는 우편물이 반송되어 올 때면 남몰래 승리감에 도취되기까지 했다. 그러고는 현관문을 열면 잘 보이는 거울에 이 우편물을 붙여두곤 했는데, 아들은 문을 열고 들어서다가 그것을 발견하고 경악할 수밖에 없었다.

아버지는 자신이 세상에 소설을 발표한다면 어떨까 생각해 보기도 했다. 그렇게 된다면 포퍼-린코이스Josef Popper-Lynkeus의 선집

《어느 현실주의자의 환상Phantasien eines Realisten, 1899》에 수록된 작품들과 비슷한 부류가 될 것이다. 이것은 그가 읽은 몇 안 되는 책들 중 하나이자, 아들과 공유한 유일한 작품이기도 했다. 그는 이러한 양식으로 쓰인 일화와 그림책 형식의 이야기들이 프라하 일간지의 주말 판에 익명으로 실리는 것을 상상했다. 게다가 작문 활동을 통해 아들이 쓴 엉터리 작문들을 '바로잡을' 수 있을지 모른다는 사실이 더욱 매력적이었다. 아들은 곁에 작가 지망생 동료가 하나 탄생했다는 사실뿐 아니라, 여기에 동기를 부여한 사람이 아버지이라는 사실조차 아직 눈치 채지 못하고 있었다. 잘 숨겨두고자 어머니에게 몰래 맡긴 서간문이 그만 절대 가서는 안 될 수신인의 손에 들어가고, 이 실수가 바야흐로 효력을 발휘하기 시작했다는 사실 또한 전혀 알지 못했다.

그로써 아버지는 아들의 도전장을 받아들였다. 아들의 편지는 아버지에 대한 승리를 목표로 쓴 것이었다. 편지에서 아들은 아버지가 편지를 읽고 취할 대응 자세마저 미리 가상으로 설정해두는 기지를 보였다. 그러고 나서는 아버지가 보일 이 가상의 반응에 또다시 항변할 말을 찾는 것이었다. 이를 통해 아들은 혼자서 논쟁의 상황을 설정하면서까지 자신의 우월성을 이중으로 증명해 보이려고 애썼다. 그래서 이제 아버지는 스스로 글을 쓰기 시작했다. 아들은 아버지가 자신에게 범한 과오를 편지에서 조목조목 따졌지만 이는 '아버지에 대한 오해'에 불과했다. 표면상으로는 마치 세상 모든 아버지가 아들을 이해하지 못하는 것처럼 보이지만, 그것은 바로 청소년기의 아들이 갖는 편견일 뿐이다. 자신이 아버지를 오해했을 가능성을 아들은 인정하려 들지 않는다. 그리하여 아버지가 저지른 지난 과오로 편지가 빽빽이 채워졌듯, 지금부터는 아들의 실수가 나열된다. 아버지는 자신도 편지를 씀으로써 아들의 실수를 완벽하게 증명해보일 수 있을 것이라 믿었다. 아들에게 진실을 보여주고자 한 것이다.

아버지는 자녀 앞에서 자신의 젊은 시절에 관해 이야기하기를 좋아했다. 세상을 살아가면서 되도록 피해야 할 일은 무엇이며, 그것을 거부함으로써 무슨 이득을 볼 수 있는지 교훈을 주려는 의도에서였다. 그것이 그의 자녀교육 방식이었다. 아버지는 자녀에게 말하고자 하는 모든 것을 자신의 유년기에 비추어 설명했는데, 지배자이자 폭군으로서의 위압적인 아버지 상像도 바로 이를 통해 탄생하게 된다. 그리고 아들은 아버지가 지닌 위엄의 실체를 이미 오래전에 깨달았음에도 불구하고, 어릴 적에 보았던 아버지의 권위적 이미지로부터 여전히 벗어나지 못하고 있었다. 아버지는 자신의 어떤 점이 아들을 그토록 두렵게 만드는지 심사숙고한 끝에 마침내는 프란츠에게 그 이유를 직접 물었을 정도였다. 편지를 발견하기 전까지 아버지는 자신이 관찰한 아들의 두려움을 무엇이라 정의해야 할지도 알 수 없었다. 편지에는 일상생활에서 일어나는 사소한 사건 속에 긴박감 넘치는 감정이 표출되고 있었다. 그런데 둘러대듯 쓴 이 편지에 표현된 감정은 정말로 두려움이었을까? 근거 없이 휘두르는 권력은 누구에게나 막연한 두려움을, 나아가 공

포마저 유발시키게 마련이다. '아버지에 대한 두려움'이라는 주제
는 부자간에 존재하는 권력의 흐름을 바꾸어 놓기 위해 아들이 고
안한 무기였다. '아버지의 두려움'이라는 말을 '아버지가 느끼는 두
려움'으로 해석하는 것을 프란츠는 상상할 수도 없었다. 이 소유격
은 '아버지가 주는 두려움'이라는 의미밖에는 지닐 수 없었고, 그래
서 아들은 두려움이 오로지 자신만의 전유물이라고 여겼다. 하지
만 그렇게 한껏 '고취된' 열등감은 예기치 않게 전혀 새로운 종류의
우월감을 탄생시켰으니, 이는 바로 글을 통해 상대방의 권력을 조
명함으로써 취득한 것이었다.

　아들의 두려움은 아버지를 망연자실하게 했다. 마치 자신에 대
해 이유 없는 두려움을 느끼는 인간들을 보며 망연자실해하는 신
처럼 말이다. 열두 줄로 이루어진 편지의 첫 문단에 벌써 '두려움'
이라는 단어가 네 번이나 등장하는 것을 보며 곧바로 그런 느낌에
사로잡혀버린 그는, 이제 자신이 어떻게 대응해야 할지도 몰랐다.
아들은 아버지를 상대로 유리한 위치를 점할 수 있는 수단을 교묘
히 이용할 줄 알았던 것이다. 두려움은 약점으로부터 오히려 결정
적인 이점을 이끌어낼 수 있도록 도와주었고, 마침내 아들은 아버
지의 위험한 적으로 변모했다. 서두의 몇 구절을 통해 아들은 이미
아버지에 대항하는 투쟁에서 유리한 위치를 선점했다. 그렇게 아
들은 두려움의 대상에게 두려워하는 법을 가르쳤으며, 이제는 아
버지 스스로 두려워할 차례가 되었다. '두려움'이란 단어에는 간단
히 정의하기 어려운 생명력과 온갖 세부 의미가 내포되어 있는데,

이를테면 아들이 부여한 의미가 바로 그런 것이었다. 누가 범인이고 누가 희생자인지는 편지의 서두에 이미 분명히 드러나 있었다. 아버지에 대한 두려움은 점점 더 그의 권위 자체에 대한 거부감으로 발전했으며, 마침내 아들은 아버지와의 대화로 가는 어떤 진입로도 차단할 정도가 되어버렸다.

아버지에 대한 두려움은 그 밖에도 다른 모든 종류의 권력을 분석하는 데 밑받침이 된다는 점에서 프란츠 카프카에게 유용했다. 어쩌면 아버지에 대한 두려움이 권력 연구에 필수불가결한 요소였는지도 모른다. 그러나 이는 사실 권력에 대한 하나의 허상에 불과했다. 흔히 자신의 상황이 나아질 것이라는 희망조차 갖지 못한 사람은 열세에 있다는 데에서 도덕적 편안함을 느낌으로씨 열등함을 합리화해버린다. 아들 역시 애초부터 권력 추구 자체를 회피함으로써 권력의 관조자 역할을 자처한 것이다. 열세한 아들의 입지를 도덕적으로 합리화하기 위해서는 모든 과오를 아버지에게 돌리는 태도가 전제된다. 나아가 권력의 상징인 아버지를 가부장적인 제도의 대표자로 자리매김함으로써, 과오에 대한 책임을 모든 종류의 권력자에게 전가하는 일이 가능해진다. 프란츠 카프카에게 권력은 본질적으로 과오를 내포하고 있었으므로 과오라는 말은 아버지로 대표되는 가부장제 전체를 상징하는 개념이 되었다. 이러한 대입의 과정은 권력을 분석하는 데 매우 중요한 역할을 했다. 아들의 사고가 이렇게 발전해간 반면에, 아버지는 자신이 아들의 착오에 의해 희생자가 된 것뿐이라고 치부해버렸다. 그리고 마침내는 아들이 묘사한 대상이 자신과 비슷한 듯해도 실제로는 자신과 아무런 상관이 없다고 결론 내리기에 이른다. 시간이 지남에 따라 애초에 수신인이 다른 사람이었다는 쪽으로 생각을 굳혔기 때문에, 서서히 편지의 속박에서도 벗어날 수 있었다.

아들은 아버지의 모든 죄과에 대해 질책을 퍼부으며 그 모든 것이 진실임을 믿어 의심치 않았다. 단지 아버지와의 사이에 골을 더 깊게 만들어 최종적으로 아버지로부터 해방되는 것이 고발문의 목적이었을 가능성도 있다. 그러나 아이러니하게도, 고발문을 쓴 이후에도 아들은 여전히 아들로서의 신분을 인식하고 있었다. 여전히 아버지에 대한 고발자 역할을 하면서도 동시에 아버지를 변호하는 태도를 취했는데, 그러나 이는 가해자의 과오에 대한 확신이 약해진 탓은 아니었다. 오히려 아버지의 과실이 너무나도 중대한 나머지 변호해줄 여지조차 남아있지 않다는 편이 옳았다. 그럼에도 아들은 아버지에 대한 고발자인 동시에 변호자였으며, 그에게 죄를 뒤집어씌우는가 하면 동시에 그의 결백함을 믿으려는 의지도 보였다. 유죄와 무죄는 하나의 연장선상에 존재했던 것이다.

아들의 강박관념은 여기서 그치지 않았다. 아버지의 모든 과오를 비난한 후 이제 아버지가 결백하다고 여겼지만, 자신의 판결만으로는 부족했다. 아버지 스스로도 그 결백함을 믿어야 한다고 생각한 것이다. 처음에는 과오를 아버지의 본질로 여겼듯이, 이제는 결백성이 아버지의 본질이어야 했다. 그저 아버지는 결백하다는 말만으로는 부족했다. 따라서 이 결백의 선고는 진실인 듯 보였으나, 예리한 아버지는 이것이 자신의 과오를 언제까지나 손에 쥐고 휘두르기 위해 아들이 쳐놓은 함정임을 즉각 간파했다. 결백성을 인정하는 것은 자신의 과오를 고백하는 것과 다름없음을 알아챈 것이다. 그가 꺼려한 것은 바로 이 점이었다. 어느 특정한 관점에서 본 무죄는 다른 관점에서는 유죄가 될 수 있으며, 이때 양자 사이에는 더 이상 차이가 존재하지 않는다. 고해성사가 죄를 사하는 데에도 이와 같은 논리가 성립한다. 고해성사는 과오를 범한 행위자로부터 죄를 분리해주는 행위이기 때문이다. 따라서 '너는 무죄이다'라는 판결은 결국은 죄 있음에 대한 공언이다. 결백함의 선고는 행위자를 오히려 죄와 연결시키는 매개이기 때문이다.

아버지의 권력을 조명하는 과정에서 아들은 자기 자신의 삶과 아버지의 삶 모두를 완전히 파악하고자 했다. 이때 아들이 투명함의 원칙을 지킨 데 비해 아버지는 폐쇄의 원칙을 앞세웠다. 심지어 자신의 본질을 들여다볼 수 있는 입구마저 아버지는 내면 깊숙이 감추어버렸는데, 그렇게 자신을 감추면서도 엉뚱하게도 사람은 본디 가식적으로 행동할 수 없다고 생각했다. 그토록 극도로 자신의 본질을 희석시킴으로써, 지금의 자기 모습은 진짜이며 사람이란 원래 진실을 감출 수 없다고 스스로도 믿어버릴 정도였다. 심지어 자신이 다른 아버지들과 같은 태도로 아들을 대할 수 없었던 것도 가식적이고 싶지 않기 때문이었다고 주장했다. 아들은 가식적으로 행동할 수 없다는 아버지의 말을 논의 삼지는 않았으나 그 속에 내포된, 다른 아버지들이 가식적이라는 의견에는 이의를 제기했다.

하지만 아들이 문제 삼은 것은, 자신의 아버지는 가식적이지 않고 다른 아버지들은 가식적이라는 말의 진위가 아니었다. 정작 더 중요한 것은 바로 이들 부자 사이에 근본적으로 뭔가가 잘못되어 있다는 점이었다.

편지에서 아들은 아버지가 자녀교육에 완전히 실패했음을 거듭 강조했다. 아버지는 아들에게 모범적인 삶을 살 것을 일방적으로 강요했을 뿐이었다. 자녀들이 아버지가 한 것과는 다른 방식으로, 그리고 더 나은 방식으로 교육받고 싶었다고 생각했을 때는 이미 너무 늦었다. 이 또한 아버지를 난감하게 만들었다. 그가 자녀들에게 말한 요점은 모범적인 삶에 관한 내용일 뿐이었기 때문이다. 그는 결코 자녀들이 받고 싶어 하는 수업을 금지하거나 원하지 않는 수업을 강요할 생각이 아니었다. 아버지는 마치 전혀 다른 사람이 되기를 자식들로부터 요구받은 것 같은 기분이었다. 자식들의 요구대로라면 그는 자녀교육을 하는 동시에 하지 말아야 했으며, 또한 전혀 자녀교육처럼 보이지 않는 방식으로 자녀교육을 해야 했다. 아버지가 자녀에게 모범이 되어야 함에도, 그는 이제 무슨 일이 있어도 아이들이 자신을 따르지 않을 것임을 깨달았다.

유대 혈통과 관련된 언쟁도 이러한 맥락에서 이해할 수 있다. 남들과 다름으로써 야기되는 불행을 아버지들은 이미 밑바닥까지 맛보았으나 아들들은 그렇지 않았다. 오히려 다르다는 것이 주는 자극적인 면을 즐기고 있었다. 아버지들은 유대 혈통이 부담이자 위해요소임을 이미 경험한 반면, 아들들은 거의 잊고 있던 유대 혈통이 명예와 우수성의 원천임을 지금에 와서 재발견했으며, 아버지들에게 단순히 공동체의 관습일 뿐이던 의식들도 아들들은 위대한 것으로 받아들였다. 우월성에 대한 아들들의 갈망은 그들 자신에게 영원한 숙제를 하나 안겨주었으니, 이는 바로 다른 이들에게로의 동화同化라는 함정에 빠지지 않도록 조심하는 일이었다. 이들이 형성해 나가고자 했던 자아는 누구와도 동화될 수 없는 독립된 존재여야 했기 때문이다. 물론 그것은 실현 불가능했다. 하지만 영원히 해결할 수 없는 숙제를 안고 있다는 점에서부터 남들과 차별화가 되었을 뿐만 아니라 그것은 그들의 목표를 보증하기도 했다.

프란츠 카프카가 달성 여부에 대해 노심초사하며 했던 모든 일은 결국 최후에 다가올 실패를 위해 수행한 것이나 다름없었다. 그의 머릿속에서는 자신이 결국 실패하도록 정해져 있다는 강박관념이 떠나지 않았다. 또한 그가 하는 모든 일의 성취도가 높아질수록 결과도 더더욱 참담할 거라는 모순된 확신까지 동반했다. 결혼하기 위해 그가 기울인 비상한 노력 역시 그가 의도적으로 계획한, 실패의 연속극이었다. 결혼 시도는 아버지로부터 도피하기 위한 더없이 완벽한 수단이자 희망을 주는 도구였다. 그러나 기대가 컸던 만큼이나 여기에 따르는 실패 역시 극적이었다. 아버지는 이 실패에 완벽한 관객이었다. 하지만 실패를 거듭하는 결혼 시도 속에서 사실은 아들의 의도가 성공하고 있었음이 드러났다. 말하자면 이전의 모든 실패 사례들이 최후의, 그리고 최악의 실패를 위한 준비 과정이었음을 보여주고자 했던 것이다. 거듭되는 실패의 장場

에서 아버지는 오로지 객관적 관찰자의 역할만을 했다. 아들은 일상적이고 평범한 것을 무엇보다도 어려운 일인 양 설명하는 데에도 노력을 기울였는데, 이러한 아들의 의도를 아버지로선 알 까닭이 없었다. 따라서 보통 사람들에게는 매우 평범한 일을 아들이 얼마나 잘 해낼 수 있는지도 아버지는 어림할 수 없었다. 평범한 것이라든가 엄연한 사실이 작문에 등장하는 경우는 거의 없었다. 편지를 쓴 아들에게도 그러한 것은 물론 아무런 정신적 관심사가 되지 못했다. 평범한 일은 기껏해야 그것이 실패하는 경우에만 '비범한 일'이 되며, 작가 지망생인 아들은 바로 이러한 효과를 노린 것이었다.

결혼하고자 하는 아들의 바람 속에는 '아버지로부터의 분리'라는 희망이 담겨 있었다. 다른 한편으로는 아버지로부터 분리되고자 하는 갈망 못지않게 강렬한 다른 하나의 소망이 이와 교차해 있었는데, 이는 아이러니하게도 앞선 소망과 상충하는 것이었다. 그것은 바로 결혼을 통해 아버지와 더 가까운 관계를 맺고자 하는 마음이었다. 그에게 결혼은 오로지 '올바른' 아들이 되기 위한, 즉 아버지에 필적하는 위치에 오르는 수단이 될 터였다. 그러나 결혼하고자 하는 희망이 절박한 목적으로 발전할수록 그것을 실현하기는 점점 더 어려워졌다. 이 일을 성취하는 데에는 근본적으로 아버지로부터의 분리가 요구된다는 모순이 원인이었다. 또한 아들의 결혼계획은 아버지의 영역으로의 침범이었다. 다른 모든 영역에는 아버지와 아들의 입지가 각각 존재했으나 결혼한 관련한 결정권만큼은 온전히 아버지의 소유였으며, 감히 아들이 이 영역에 설 자리는 남아 있지 않았기 때문이다.

아버지와의 관계에서도 드러나듯이, 카프카에게 죄책감은 명백한 과오나 자기 자신의 감정에서 오는 것이 아니라 타의에 의해 어쩔 수 없이 받아들여지거나 떠넘겨 받는, 마치 전염병처럼 엄습하는 것이었다. 바로 그랬기 때문에 그의 죄책감은 다른 이에게서는 찾아볼 수 없는 독특한 종류의 것이었다. 죄책감은 곧 프란츠 카프카라는 인물의 독특성을 대표하는 말이 되었다. 그에게 죄책감의 표출은 개인적 특성의 가시화였으며, 어떤 점에서 볼 때 카프카 자신이 믿고 있던 '선택된 운명'이 개인적 특성을 통해 발현된 것인지도 몰랐다. 즉, 유대인이라는 선택된 존재로서의 운명이 더 이상 종교적이고 집단적인 독특성을 지닌 유대인 공동체를 통해 발현되지 않았기 때문에, 대신에 개인적이고 비정상적인 존재감으로 야성화野性化된 것이라 할 수 있다.

아들은 편지의 말미에, 아버지의 입에서 나올 가상의 대답을 적어두었다. 마치 자신의 작전에 대한 대응으로 아버지가 불러일으킬 논쟁을 사전에 제압함으로써 이중의 승리를 누리려는 것처럼 보였다. 자신이 예상한 아버지의 대답을 써내려가며, 그 속에서 자신의 비밀스러운 의도와 그에 따른 작전을 스스로 밝힘으로써 커다란 모험을 감행한 셈이었다. 이를 통해 아들은 보다 강도 높은 열세에 대비하고 있었다. 그는 아버지가 유대인 친구들에게 던졌던, 기생하는 삶에 대한 혐오와 비난을 다시 끄집어낸다. 그러고는 그 비난의 화살이 이제 프란츠 자신에게 돌아오도록 유도함으로써 열세가 악화될 것에 대비해 면역력을 높이고자 했다. 이 편지뿐 아니라 다른 모든 수단을 통해 그가 증명하려 한 것이 무엇인지도 여기에서 도출된다. 그는 자신을 향한 아버지의 모든 비난에 정당성을 부여하고, 그 권위를 지닌 사람답게 아들을 지배할 권리를 아버지에게 부여하려는 것이었다. 아버지는 그에게 절대 권력이었다. 이렇듯 프란츠 카프카는 아버지를 향한 뿌리 깊은 반발심을 간직한 동시에, 아버지의 폭압에서 파생한 죄의식과 열등감을 평생 버리지 못했다. 자신은 결코 훌륭한 아들이 될 수 없다는 죄의식 말이다. 나아가 카프카는, 아버지가 이제껏 자신에게 수많은 비난을 퍼부었음에도, 특히 중요한 비난을 하나 빠뜨렸다는 사실까지 강박적으로 알리려 든다. 자신이 아버지에게 하듯 남에게 빌붙어 사는 이들의 교활함과 아첨에 대한 비난이 그것이었다. 그는 이 편지로 아버지로 하여금 "내가 잘못 알고 있는 게 아니라면 너는 그런 편지 따위나 쓰려고 나를 이용해 먹고 있는 것이다."라는 말을 하도록 만들었다. 그리고 바로 이 문장 속에는 이토록 긴 편지가 완성되기까지의 심리적 동인이 표출되어 있다. 즉, 극단적인 부자 관계를 결정짓던 모든 근원이 실은 아들의 내면에 존재한다는 사실이다. 어린 시절부터 축적되어온 무력감이 바로 그것이었다. 카프카는 아버지의 영향력에서 벗어나려는 시도조차 포기한 지 오래였다.

그리하여 마침내 아버지는 가장의 권위 대신 작문을 택하기에 이른 것이었다. 아들은 언제나 환상에 사로잡힌 채 현실주의자가 되기를 거부했으며, 아버지는 그런 아들에게 자신이 현실과의 연결고리 역할을 해주었음을 어렴풋이 깨닫고 있었다. 이를 어느 정도 이해하게 되자 어떤 식으로 답장을 써야 할지도 분명해졌다. 아들의 편지를 읽는 동안 경험한 근본적 심경 변화에도 불구하고 그에게는 여전히 약간의 현실감각이 남아 있었는데, 바로 이 현실감을 바탕으로 글쓰기를 시작해야 했다. 아버지는 곧바로 식탁 앞에 앉아 답장을 쓰기 시작했다. "사랑하는 아들에게. 너는 비록 나에게 편지를 직접 전해 줄 용기를 내지 못했지만, 그래도 나는 진작 답장을 썼어야 했다는 생각이 든다."

3

'20세기의 소크라테스' 언어철학자
루트비히 비트겐슈타인

Ludwig Wittgenstein
1889.4.26-1951.4.29

나는 거기에 머물러 있으리라

전쟁이 끝나기 바로 전, 철학자 루트비히 비트겐슈타인은 예전에 친분을 맺고 지내던 학생들과 런던에서 만났다. 불확실성으로 점철된 세월이 흐르는 동안 그들은 수많은 편지와 엽서를 주고받았으나 서신에서는 결코 화제로 삼을 수 없던 이야기들이 수없이 쌓여 있었다. 전쟁 중에는 그런 민감한 사항들에 대해 기껏해야 암시적인 어조로만 언급할 수 있었다.

루트비히 비트겐슈타인은 오로지 독일인 신분으로 살지 않기 위해 1938년에 영국 시민권을 획득했다. 그의 제자 드루리O'Connor Drury가 후일 영국군에 합류해 독일까지 진격한 데 반해, 그에게는 독일인으로 살아간다는 것 자체부터가 생각할 수도 없는 일이었다. 힘겨운 전쟁의 세월이 거의 끝난 듯 보였을 때, 비트겐슈타인은 묘한 탄식을 내뱉었다. "저 히틀러는 얼마나 끔찍한 상황에 살았단 말인가!" 그가 도대체 왜 히틀러를 동정이라도 하듯이 이런 말을 했는지는 알 수 없는 일이다. 그러나 나치의 시대가 공식적으로 막을 올리기 전부터 비트겐슈타인은 이미 앞날을 예견하고 있었다. 심지어 드루리에게 "마녀사냥 같은 잔인한 역사적 사건이 또다시 발생한다 해도" 자신은 놀라지 않을 것이라 밝힌 적도 있다. 히틀러가 연설에서 말하는 모든 것이 솔직함에서 나온 것이라고 생각하느냐는 질문에 그는 수수께끼 같은 말로 반문했다. "발레리나는 솔직한가?" 엉뚱하게 히틀러를 들먹이며 특이한 방식으로 연민을 표출하는 것이 비트겐슈타인 특유의 윤리적 태도였다면, 이 짧은 대답은 그의 독특한 철학적 관조 방식을 잘 보여주고 있다. 그는 이 표현을 통해, '솔직함'이라는 어휘가 제대로 쓰이기 위해서는 특정한 조건이 전제되어야 함을 시사하고 있었다. 과격한 선동으로 치달은 정치적 연설을 두고 그 연설을 하는 자의 솔직함에 관해 논의하는 것은 아무런 가치도 없다는 뜻이었다. 다시 말해 그러한 논쟁은 발레리나의 동작을 솔직하다고 표현할 수 있는지 논쟁하는 것과 마찬가지로 무의미했다.

1903년, 소년이었던 파울Paul Wittgenstein과 루트비히 비트겐슈타인 형제는 만족할 만한 성과가 나오지 않는다는 이유로 개인교습을 중단한다. 루트비히는 이후 린츠Linz에 있는 실업학교에 진학했으며, 동갑내기인 아돌프 히틀러보다 두 학년 위의 상급반에 배치되었다. 비트겐슈타인이 학업에 재능을 덜 가지고 있었더라면, 혹은 히틀러가 재능을 좀 더 가졌더라면 두 사람은 같은 반에서 만나게 되었을지도 모를 일이다. 게다가 두 사람은 똑같이 4월생이었는데, 비트겐슈타인이 언제나 고집하던 "호감을 주는 이들은 4월생이다."라는 확신이 히틀러 때문에 그의 머릿속에서 사라졌는지

어쨌는지도 지금에 와서 확인할 길은 없다. 이렇듯 두 사람은 생일까지 비슷했지만, 그런 우연의 일치가 존재한다고 해서 히틀러로부터 비롯된 나치의 역사가 비트겐슈타인의 삶에 큰 영향을 미치지는 못했다. 역사적 사건이 갖는 중요성-이는 '세계가 갖는 중요성'과는 반드시 구분해야 한다-에 비트겐슈타인은 별다른 감흥을 받지 못했다. 이러한 사실은 그가 1차 세계대전 중에 집필, 탈고한 《논리 철학 논고(혹은 트락타투스 로기코 필로소피쿠스Tractatus Logico-Philosophicus, 1921)》만 봐도 명백해진다. 군인 신분으로 참전했던 1차 세계대전 중에 그는 전쟁에 대해 다음과 같이 언급했다. "전쟁은 내 생명을 구했다. 전쟁이 없었더라면 내가 무엇이 되었을지 나는 알 수 없다." 특히 1914년부터 1916년까지는 그의 인생에서 분명 생산적인 시기였다. 이 시기에 그는 뭔가를 '할 수' 있었다. 즉 사색하거나, 뭔가를 종이에 끼적거리거나, 일기를 쓰거나, 심지어는 그 결과를 글로 완성시킬 수도 있었다. 이때는 또 그의 생활 태도가 새롭게 변모한 시기이기도 했다. 전쟁의 막바지에 이르러서는 전 재산을 기부하고 철학도 포기한 채 시골의 교사가 되기 위해 떠났다. 1929년이 되어서야 그는 교사로서 실패했음을 느끼고 철학으로 돌아가는데, 여기에는 비엔나에서 접한 수학자 브라우어Luitzen Egbertus Jan Brouwer의 강연이 자극제가 된 것으로 보인다.

당시 중부 유럽에서 태어난 사람치고 아돌프 히틀러라는 이름의 영향을 받지 않은 사람은 없었다. 그러나 이 철학자의 삶만큼은 예외였다. 놀랍게도 그는 히틀러와 연관된 모든 사건으로부터 아무런 영향도 받지 않았다. 정치적인 요소가 그의 삶 가장 깊숙한 영역까지 침범한 듯한 순간은 단 한 번에 불과했다. 1929년부터 케임브리지로 돌아와 살고 있던 비트겐슈타인은 1930년대 중반에 이르자 가장 친한 친구들을 찾아다녔다. 무엇인가를 '고백'하기 위해서였다. 당시 그의 러시아어 교사이자 그가 신뢰했던 지인들 중 하나였던 파니아 파스칼Fania Pascal도 이 자백을 듣게 된다. 당시 그녀는 《논리 철학 논고》의 저자인 그가 몹시 두려움에 차 있었다고 기억했다. (도대체 무엇 때문에 두려웠는지는 미지수이다.) 그녀는 이 유명한 인물에 관해 시종일관 칭찬만 하기보다는 적절한 거리를 두고 그를 회상함으로써 보다 신선한 느낌을 살린 유일한 사람이다. "그는-어린 학생들이 쓰는 언어를 빌려 표현한나먼-'신경 건드리는 존재' 혹은 '아는 체하기 좋아하는 녀석'이었다." 리튼 스트래치 Lytton Strachey는 그를 '징켈-빙켈Sinckel-Winckel 군'이라는 별명으로 부르곤 했으며, 줄리안 벨Julian Bel은 이 인물의 '윤리적이고 미학적인 견해'에 관해 시를 쓰기도 했다. 그가 "언어를 오용한다는 이유로 모든 사람들을 질책하면서 그들로 하여금 뭐라 발언할 기회조차 주지 않기 때문"이었다. 이는 파니아 파스칼 역시 증언한 바이다.

그런데 이 독선적인 인물이 이제 어떤 두려움에 사로잡혀-"그가 지인들을 찾아다니는 일조차 지극히 비밀스럽게 이루어졌다."-뭔가를 자백하겠다는 것이었다. 게다가 그가 저지른 '비행非行' 중 하나는 자신의 유대 혈통과 관련된 것이라고 했다. 비트겐슈타인의 진술에 의하면 그의 혈통에 관해 지인들이 알고 있는 바는 다음과 같았다. "사람들은 비트겐슈타인이 4분의 3은 아리아인 혈통을, 나머지 4분의 1은 유대인 혈통을 가졌다고 알고 있다. 그러나 실제로 이 비율은 서로 뒤바뀐 것이며, 그럼에도 불구하고 그는 사람들이 잘못 알고 있는 것을 전혀 바로잡으려 하지 않는다"(비트겐슈타인의 친조부모 및 외조부모 중 세 명이 유대인이었음_역주). 한편 이 괴이한 고백을 들은 이 러시아계 유대 여성, 파니아 파스칼은 그가 반복해서 아리아인과 '비아리아인'이라는 말을 했다고 기억했다. 비트겐슈타인의 다른 지인들이 이를 거의 의식하지 못했던 반면, '유대인이거나 아니거나'라는 식의 이분법적인 어조는 그녀를 무척이나 충격에 빠뜨렸다. 언어철학자 비트겐슈타인이 나치의 정치적 인종 차별에 그토록 굴복하는 태도를 취했다는 사실은 무척이나 의외이다.

'이것 아니면 저것'이라는 식의 이분법은 비트겐슈타인의 삶에 등장하는 모든 사물의 구분에도 적용된다. 이는 무엇보다 오토 바이닝거Otto Weininger가 자신의 저서《성性과 성격Geschlecht und Charakter, 1903》에서 제기한 독특한 의혹의 장場과도 유사하다. 바이닝거는 모든 사물의 차이를 '남성' 아니면 '여성'이라는 성별로 귀착시키고, 그중에 여성을 마니교(3세기에 페르시아의 현인 마니가 여러 종교를 절충해 창시한 종교로, 이원론을 근간으로 함_역주)식으로 평가 절하하는 이론을 강압적으로 관철시켰다. 그러고는 곧바로 자살을 택함으로써 그 뒤에 있을지 모를 비운으로부터 일찌감치 도피해버렸다. 비트겐슈타인은 이 책의 초기 독자들 중 한 사람이었다. 바이닝거가 조합한 남성성과 여성성의 혼합비율(예컨대 '남-남-남-여' 혹은 '남-여-여-여' 식의 비율)은 비트겐슈타인이 1921년에 《논리 철학 논고》에서 발명한 '진실표'의 논리적 '공식'(예컨대 '거짓-참-참-참' 혹은 '참-거짓-거짓-거짓'의 형식)과 적잖이 유사하다. 세계를 이처럼 긍정적인 것과 부정적인 것, 이성적인 것과 충동적인 것, 진실한 것과 거짓된 것으로 이분하는 태도는 극단적인 경계선 긋기와 마찬가지로 인간에게 비운을 초래하게 된다. 올바른 것을 추구하는 만큼이나 부정한 것 역시 자라도록 내버려두기 때문이다.

좌절과 의혹은 애초부터 비트겐슈타인의 철학과 인생을 특징짓는 요소였다. 자신이 연구하는 것이 진정 철학인지, 아니면 진정 '철학적인 것'인지에 대한 의문 역시 항상 그를 따라다녔다. 심지어 인간을 평가하는 데에도 그는 극단적 기준을 적용했다. 모든 사람은 '극도로 실패한 사람'이거나 아니면 철학자라는 구분이 그것이었다. 실패와 철학 사이에는 채워질 수 없는 깊은 골이 존재해야만 했다. 또한 철학이란 인간에게 익숙한 영역의 바깥에 위치해야만 하는 존재였다. 철학에 대한 비트겐슈타인의 첫 언급은 그가 1912년 러셀Bertrand Russell에게 보낸 편지에 등장하는데, 그는 이 언급을 이미 견고히 정립된 확신과 함께 끝맺고 있다. "논리학은 다른 어떤 학문과도 전혀 다른 종류의 것임을 명확히 할 필요가 있습니다." 그에게 '참된 것'의 범주는 《논리 철학 논고》에서 정립된 두 가지 개념, 즉 논리적인 것과 윤리적인 것을 비롯해 그 두 가지 사이의 경계선까지 포괄하는 영역에 걸쳐 있다. 참된 것이라는 말이

상대적인 개념이기는 하나, 이는 거짓된 것과의 대비를 통해 나름 대로 증명이 가능하다.

참된 것을 가려낼 수 있다는 비트겐슈타인의 확신은 그를 비엔나 근대주의 조류에 포함시키는 가장 큰 특징들 중 하나이다. 이 조류는 그를 칼 크라우스Karl Kraus, 아돌프 로스Adolf Loos, 젊은 코코슈카Oskar Kokoschka, 그리고 이러한 관점에 한해 지그문트 프로이트와도 연결시키는 매개가 되었다. 비트겐슈타인은 언어 성찰을 통해 철학을 혁신하려던 거대한 조류에서도 가장 급진적인 축에 속했다. 비엔나 학파의 사고방식은 '형식 문제'에서 비롯되었으며, 형식에 대한 표현의 강도는 이 학파를 특징짓는 요소였다. 또한 이렇듯 확고한 자세는 비트겐슈타인이 성장한 귀족정치 사회의 특징이기도 했다. 나아가 이 세계에 속하는 사람들은 거짓된 것에 의해 지배당할지도 모른다는 두려움을 지니고 있었다. 따라서 거짓된 것에 대항해 스스로를 방어하고 그것으로부터 벗어나야 한다는 관념은 세기말의 지적·예술적 생산력에 크나큰 영향을 미친 동인 가운데 하나였다. 이 모든 것은 근본적으로 형식에 관한 문제였는데, 이러한 과도기에 생존했던 위대한 인물들은 예외 없이 열정적으로 이 문제를 파고들었다. 그중에서도 특히 비트겐슈타인이 얼마나 형식에 집착했는지는 1930년대 중반에 그가 어떤 언급에 덧붙였던 말에도 잘 드러난다. "오늘날과 같은 (불확실성의) 시대에, 나는 내 생이 끝날 때까지 성호도 한 번 그을 수 없을 것이다. 십자가를 그리느니 차라리 지옥행을 택하겠다."

　유사한 근거를 들어 그는 건축이 철학보다 어려운 과제라고 주장했다. 오늘날 건축은 오직 모방만이 가능할 뿐 새로운 형식을 창조할 수는 없다고 믿었기 때문이었다. 그러나 '형식'은 예술에만 한정되는 것이 아니라 그보다 상위에 있는 포괄적 개념이다. 이는 예컨대 종교에도 적용된다. 비트겐슈타인은 오로지 "해당 종교의 구조체계를 향한 열렬한 신념"과 같은 것만이 종교적 믿음이라고 역설했는데, 여기서 구조체계란 해당 종교 고유의 형식을 지칭하는 것이다. 형식에 대한 열정은, 앞서 서술한 '참된'것을 향한 갈망과 같은 맥락에 있었다. 강박관념과도 같은 이 갈망은 논리학자 겸 엄격한 언어 분석가인 비트겐슈타인을 루소의 《고백론》에서 다루는 자기성찰의 모험에 휩쓸리게 만들었다. "현존하는 그대로의 모습보다 더 진실하게 자신에 대해 서술하는 일은 불가능하다."라고 그는 1937년 12월에 기록했다. 그리고 두 달 후에는 거기에 이어 이렇게 진술한다. "스스로를 속이는 일, 자신의 그릇됨을 감추는 일은 형식에 나쁜 영향을 미치게 된다. 왜냐하면 그것은 사람으로 하여금 거짓된 것과 참된 것을 구분하지 못하게 하기 때문이다." 참과 거짓에 대한 이 관념은 비트겐슈타인의 사상을 소크라테스의 철학에 근접하게 만든다. 그러나 비트겐슈타인은 이것 말고는 소크라테스 철학에서 별다른 유용성을 발견하지 못했다(무엇보다도 소크라테스가 언어의 사용에 관해 스스로 질문을 던져 놓고는 자신의 질문에 대한 사람들의 대답을 받아들이는 법이 없었기 때문이었다). 소크라테스는 자신이 한편으로는 이성적인 존재이며 다른 한편으로는 괴물에 지나지 않는지 자문하곤 했는데, 비트겐슈타인은 이것이 자신에게도 해당되는 질문이라고 여겼다. 유대 혈통에 대한 '발견'도 이러한 의문과 연관이 있다. 일찍이 성별 연구에서 유대 혈통을 다룬 바이닝거는 이를 자아인식의 냉혹한 평가 기준으로 발전시켰다. 유대인이었던 바이닝거에 의하면, 유대인은 그가 자신의 이분법에서 '열등'한 성으로 분류한 여성성을 지니고 있었다. 비트겐슈타인은 바이닝거의 극단적인 반유대주의적 자아 평가 원칙을 자신의 지식에 회의를 품는 기준으로 삼았다. 그는 자신의 사상에 내포된 유대인적 재능이 재생산적인 능력밖에 갖지 못한다고 믿었다. 유대인의 재능이란 기껏해야 남이 달성한 성과를 당사자보다 더 잘 이해할 수 있는 정도이며, 스스로 어떤 업적을 창조할 능력은 결여하고 있었다. 따라서 "유대인적 업적과 비유대인적 업적의 종류"를 혼동하는 것은 그의 눈에 더할 나위 없이 위험한 것으로 비쳤다. 이와 관련해 비트겐슈타인은 이렇게 말했다. "유대인적 업적을 이룬 자가 그런 혼동에 빠지는 것은 더욱 위험한 일이다. 그러나 이러한 착각은 매우 쉽게 일어나는 일이기도 하다." 유대인을 분별없고 비철학적이며 영혼이 없는 혈통으로 단정 지은 바이닝거의 사고와 정확히 일맥상통한다.

비트겐슈타인은 그의 자서전 혹은 완성된 고백록을, 당시 유대인들이 처한 불안정한 상황에서 빠져나올 수 있는 탈출구로 여겼다. 그리고 동시에 제멋대로 어떤 해답을 찾기에 이르렀다. 이중 의미를 지닌 동시에 명령문의 형식을 띤 그 해답은 한편으론 "너는 있는 그대로의 너 자신 외에 다른 무엇도 되고 싶어 하거나 되려고 해서는 안 된다!"고, 다른 한편으로는 "새로운 인간이 되기 위해 노력하라!"고 말하고 있다. 그러나 서로 상반되는 이 두 가지 명령은 서로 같은 의미를 지닌 하나의 명제로 인식되고 받아들여져야 한다. 비트겐슈타인은 이러한 모순을 헤쳐 나갈, 다소 탈선적인 자신의 방식을 위해 하나의 공식을 발명해냈다. "다른 이들이 전진해 나아갈 때 나는 거기에 머물러 있으리라."가 바로 그것이었다. 제자리에 멈추어 호흡을 가다듬는 행동은 분산되는 힘을 하나의 구심점으로 이끌고 간다. 러쉬 리스Rush Rhees는 자기 자신으로 남는 동시에 전혀 다른 사람이 되려는 시도가 비트겐슈타인 철학의 중심을 이루는 동인임을 밝건해냈다. 비트겐슈타인이 케임브리지 시절의 초창기에 버트란드 러셀과 나눈 문답도 이와 같은 의미에서 이해할 수 있다. 러셀은 몇 시간이나 침묵하고 있는 그에게 논리학에 관해 생각하는지, 아니면 자신의 죄업에 관해 생각하는지 물었는데 그때 비트겐슈타인의 대답은 이랬다. "두 가지 모두에 관해서입니다."

자기 자신을 파악하려는 것은 물론, 인생에 의미를 부여하는 것이 무엇인지 알고자 하는 의지는 철학에서 극단적인 개인주의를 야기한다. "내가 발견한 방식대로 세계를" 묘사하려는 것은 다분히 유아독존적인 시도이다(이는 비트겐슈타인의 가장 야심찬 계획이었으나 실제로 행해지지는 않았다). 그러나 비교 불가능한 것을 비교 가능한 것보다 우위에 두는 일은 매우 사려 깊은 통찰력에서 나오는 것이다. 비트겐슈타인은 어느 구상안에서 그러한 통찰력을 놀랍도록 간단명료히 표현했다. 한편 1948년 가을 그는 드루리에게 이렇게 말했다. "내가 보기에 헤겔Georg Wilhelm Friedrich Hegel은 언제나 '제각각 달라 보이는 사물도 실제로는 모두 동일하다'고 말하고자 한 것 같네. 반면에 내게 중요한 것은 모두 똑같아 보이는 사물이 사실은 제각각 다르다는 점을 입증하는 일이지."

유사성의 관점에서 관찰되는 세계가 비유사성의 관점, 즉 비트겐슈타인의 관점에서 바라보는 세계와 전혀 다르다는 사실은 누구나 알 수 있다. 유사성의 관점에서 이루어진 세계 묘사가 언어와 세계, 보는 것과 말하는 것 사이의 원초적 연속성에 근거하고 있는 반면, 다양성에 주안점을 둔 비트겐슈타인의 후기 철학에서는 사유의 모든 세부사항들을 잇는 연결고리가 근원에서부터 서로 풀리고 분리된다. 이는《논리 철학 논고》와 정면으로 배치되는 사상이기도 하다. 이 시기에 이르러 그는 언어와 의미 사이의 질곡이 힘겹게 하나하나 새로 엮여 나가야 한다고 단정지었다. 단, 이 과정은 우리의 일상 언어가 의사소통의 기능을 하는 데 충분한 정도까지만 진행되어야 했다. '본 것'과 '말한 것'을 결합시키는 일이 그 이상으로 진행될 때 이것은 인간의 이해를 왜곡하는 철학으로 발전해 버리기 때문이다. 이와 관련해 비트겐슈타인은 자신의 언어철학적 '조감도'가 그러한 왜곡에 대한 대응 방안이 될 수 있다고 여겼다.

비트겐슈타인이 이룬 사상적 업적 중에서 그 자신이 공식적으로 발표한 부분은 극히 적다. 《논리 철학 논고》를 제외하고는 고작해야 1922년 잡지에 발표한 논설 〈논리학적 형식에 관하여〉가 전부이다. 비트겐슈타인이 사망한 지 2년 뒤인 1953년에 출간된 《철학적 탐구》는 비록 저자가 생전에 출간 의도를 가지고 있던 작품이기는 하나, 그의 생전에 이 작품이 실제로 출판되었을 가능성은 희박하다. 비트겐슈타인은 항상 자신의 저서에 대한 출판 여부를 결정하는 데 망설였기 때문이다. 평소 허영심을 '사고思考의 죽음'으로 간주했던 그는 출간 욕심을 앞세워 허영심을 달래기보다는 오히려 그것을 타파하는 방법을 모색했을 것이다. 이 책의 서문으로 쓰기 위해 작성한 초고에서도 그는, 자신이 강의한 내용이 보급되는 과정에서 발생하는 내용상의 훼손과 해석의 오류를 보고 "(그것을 바로잡고픈) 나의 허영심이 자극되었으며, 나는 이 감정을 진정시키려 무척 애를 써야 했다"는 말로 이를 암시하고 있다. 어차피 《논리 철학 논고》의 발간이 가능했던 것부터가 1차 세계대전 이후의 어수선한 상황 덕분이었다. 저자의 의지보다는 우연이 더 강하게 작용했던 것이다. 그는 발간 여부를 스스로 결정해야 할 상황으로부터 회피하기 위해 납득할 만한 근거를 궁리해냈다. "내 논문의 수준은 최고급에 속하거나 그렇지 않거나, 둘 중 하나일 것이다. 후자일 가능성이 더 큰데, 이 경우 나는 이 논문이 발간되는 데 반대하는 입장이다. 그러나 전자일 경우 이 작품이 20년이나 백 년쯤 더 일찍 발간되든 더 늦게 발간되든 그것은 전혀 상관없다……. 그렇다. 이 경우에도 역시 발간될 필요성은 사실 그다지 크지 않다."

매우 우유부단해 보이는 표현이지만, 그가 자신의 작품을 '최고급이거나 아니거나'라는 절대적인 척도에 맞추어 측정했다는 사실만은 금방 알 수 있다. 더불어 그는 이러한 척도를 적용할 때 한 작품이 갖는 가치는 오로지 신만이 알 수 있다고 피력했다. 오늘날 이 철학자의 작품으로 남아 있는 것은 열 권 남짓의 간행물을 비롯해 수학의 원리에 관한 저서나 언어철학, 윤리와 미학, 기타 기록문의 초고들뿐이다. 비트겐슈타인 특유의 엄격한 사상적 척도 덕분에, 이 문헌들을 종합해 보면 그의 사상에 대한 명확한 상이 그려진다. 이는 추상적인 내용이 주를 이루는 철학 분야의 문헌으로는 매우 드문 경우이다.

무엇보다도 일기나 편지의 형식으로든 그저 메모장이든, 그의 의도와 상관없이 사후에 세상에 알려진 기록에는 거의 흠잡을 데 없는 문장들뿐이다. 이러한 기록물에 나타난 사고의 예리함 때문에 사람들은 비트겐슈타인에게서 격언 작가의 모습이 엿보인다는 착각을 하게 된다. 그는 리히텐베르크Georg Christoph Lichtenberg를 향한 경외감으로 무장함으로써 위대한 독일어 형식주의자들의 대열에 오를 수 있었다. 그는 바로 그런 인물이었다. 그러나 사실 비트겐슈타인은 리히텐베르크처럼 의미심장한 격언 작가의 면모는 가지고 있지 않았다. 그가 리히텐베르크를 모범으로 삼았음에도 그랬다. 왜냐하면 비트겐슈타인의 철학은 다분히 '사무적인' 것이어야 했기 때문이다. 사무적인 태도로 다룰 수 없는 문제들을 대할 때도 마찬가지였다. '의혹'이라는 테마가 그러한 문제들 중 하나였다. 그는 의혹의 물살을 그저 사무적인 태도로 관조했는데, 여기에는 그럼으로써 도리어 의혹을 지배하고자 하는 의도가 숨어 있었다. 의혹은 그의 언어 철학에서 확고한 기능을 담당했다. 문장들의 문법적 아름다움 및 절제된 문체가 '감정적 고조'로 간주되는 것을 방어하는 기능이 그것이다. 비트겐슈타인의 글을 대하는 독자는 어느새 카프카를 읽는 듯한 착각에 빠지게 될 것이다. 그가 쓴 수많은 문장이 토씨 하나 안 틀리고 카프카의 일기장에 그대로 적혀 있다 해도 이상하지 않을 정도로 두 사람의 글에는 형식상의 유사성이 존재한다. 예컨대 비트겐슈타인의 누이들 중 가장 나이가 많았던 헤르미네Hermine는 그가 초등학교 교사가 되겠다는 결심을 누이에게 선한 스음에 했던 말을 다음과 같이 회상했다. "누나를 보면 닫힌 창문을 통해 바깥을 내다보고 있는 사람이 떠오른답니다. 막 창밖을 지나치고 있는 보행자를 보며, 그가 왜 저렇게 괴상하게 움직이는지 의아해하는 사람 말이지요. 바깥에 휘몰아치는 폭풍우 때문에 그가 힘겹게 한 걸음씩 옮기고 있는 중인 줄도 모른 채 말입니다."

카프카와 비트겐슈타인 사이에 존재하는 유사성은 결코 부수적인 요소에 그치지 않는다. 이는 세계를 관찰하는 두 사람의 관점이 얼마나 비슷한지를 보여주는 반증이었다. 내면의 적에 둘러싸인 포위 상태라든가, 자살 행위에 내포된 것과 같은 자아 공격에의 충동, 내면의 적에 대항한 돌파전 및 섬멸진을 향한 소망—이러한 요소들은 1차 세계대전 중 비트겐슈타인의 언어에 지배적으로 등장했다—등은 그러한 관점이 표출되는 방식이었다. 뿐만 아니라 두 작가가 모두 경험한, 도피구가 부재하는 상황에 처했을 당시 그들을 지배하던 환상에서 나온 것이기도 했다. 비트겐슈타인은 1916년에 이렇게 기록했다. "나는 바로 그 문 앞에 서 있으면서도 그것을 열 방법을 모르는 것처럼 느껴진다. 이전의 그 어느 때에도 나는 이렇게 기묘한 상태에 빠져본 적이 없다." 신앙과 관련해서도 그는 자학장치와도 같은 기계적 수단을 통한 속죄를 상상하고 있었다. 하지만 "올바른 행실을 갖기 위해 어떤 수단, 말하자면 하나의 기계장치를 발명하고자 하는 인간은, 알고 보면 신앙이란 것을 가지고 있지 않다." 서로 전혀 다른 두 사람 사이의 유사성을 우리는 비트겐슈타인의 철학적 도상으로까지 거슬러 올라가 추적해볼 수 있다. 그는 이 철학적 도상을 마지막 빗장까지 풀려야만 비로소 열리는 금고의 자물쇠에 비유했다. 금고를 열기 위해 비밀번호를 궁리해내는 데 들어가는 고군분투는 거의 절망에 가깝다. 그러나 마침내 자물쇠가 철컥 열리는 순간에는 어쩐지 허망함이 밀려온다. 이토록 쉽게 열릴 것을, 숫자 몇 개 때문에 그토록 고군분투했단 말인가? 문이 열리기 전과 후의 상황은 그처럼 괴기스러운 불균형을 느끼게 한다. 금고 문을 열 때와 같이 한없이 가깝고도 먼 미지의 무언가를 파악해 보려는 절망적 분투의 한가운데에서는 온갖 독특한 묘책이 탄생하게 마련이다. 그리고 그러한 술책을 묘사하는 일은 세계의 우스꽝스러운 단면들을 보여준다. 이는 기껏해야 키에르케고르Søren Kierkegaard에게서, 혹은 가끔이나마 쇼펜하우어에게서 발견할 수 있는 종류의 것이다.

철학에는 두 가지 종류가 있다. 그 중 하나는 가장 중요한 문제에 도달하기 위해 기초적인 문제들은 신속하고 타협적으로 해결하고자 한다. 반면에 다른 하나는 기초적인 문제들을 낱낱이 근본적으로 해부하려 들며, 보다 상위의 문제들은 어찌됐든 상관하지 않는다. 후자가 바로 비트겐슈타인이 철학을 이해하는 방식이었다. 어느 '시민적 사상가'는 학문적 약진을 위해서라면 연구 과정에서 이 근본 문제들은 가능한 한 빨리 끝내버려야 한다고 말한 적이 있다. 이에 반해 비트겐슈타인은 학문적 영예를 희생시키는 한이 있어도 기초 영역을 탄탄히 다지는 일을 중요하게 여겼다. 브라이언 맥기네스Brian McGuinness도 비트겐슈타인 전기에서 이 점을 거듭 강조했다. 외형상 무척 쉬워 보이는 흥미 없는 문제들을 풀기 위해 학문적 발전은 정체하도록 내버려둔 셈이다. 물론 단순한 문제의 해결이란 끝이 없다고 해도 과언이 아니다. 그러나 단순함을 다룰 줄 아는 언어적 능력은 영원히 그 가치를 잃지 않을 것이다. 이렇게 비트겐슈타인의 글들에는 구속과 자유가 동시에 드러난다. 그가 다룬 것과 같은 기초적인 문제들은 언제 어디에나 존재하며, 최후의 진리에 관한 문제들 못지않게 복잡성을 띤다.

건축가로서의 철학자

건축물에 사용할 문제작과 관련해 위탁업체와 회의를 하던 중, 담당 기술자는 긴장해서 거의 울 지경이었다. 그 의뢰를 포기하고 싶지는 않았으나 문을 요구대로 완성할 수 있을지 의문스러웠기 때문이다.

위 내용은 헤르미네 비트겐슈타인이 가족 회고록의 어느 장에서 서술한 내용이다. 그녀는 문제가 된 저택의 건축주인 마가레테 스톤보로Margarete Stonborough와 철학자 루트비히 비트겐슈타인의 누이였다. 루트비히는 누이의 집을 건축하는 일을 맡았는데, 이 저택에는 앞의 일화에서도 보듯이 문과 관련한 특별한 사정이 있었다. 강철 소재의 문과 창문은 '큰 골칫거리'였다. "유리판 사이에 가느다란 쇠창살이 끼워지고 비정상적으로 높게 설계된 유리문은 그야말로 대단히 고난이도의 기술을 요하는 구조였다. 이 창살들은 수직으로만 설치하도록 설계되었기 때문에 그 높이를 수평으로 받쳐줄 지지대라고는 아무것도 없었으며, 거의 불가능해 보일 만큼의 정확성을 요하는 일이었다." 의뢰를 포기한 업체만도 벌써 여덟 군데였고, 마침내 여러 달에 걸쳐 제작한 문들은 결국 사용도 못 해 보고 반품되었다. 다른 모든 건축 요소와 세부사항도 이런 식이었다. 한없이 오랫동안 시험이 거듭되고 여러 모델들이 실험대에 올랐으며, 그것을 실행에 옮길 때에는 한 치의 오차도 없는 정확성이 요구되었다. '루트비히의 냉철함'을 가장 확실하게 보여주는 증거로 그의 누이가 든 사례는 다음과 같았다. 집이 거의 완공되어 곧바로 이사할 수 있게 되었는데, 별안간 그는 어느 방의 천장을 3센티미터 높일 것을 요구했다. "그의 감각은 극도로 정확했으며, 모든 것은 그 감각에 따라 정확히 실행해야 했다."

남동생에 대해 무한한 경외심을 지니고 있던 누이는 그가 가진 정확성과 명료함의 미학을 전적으로 신뢰했다. 그리고 그 미학에 따라 완성된 집은 쿤드만가Kundmannstraße의 '단순하고도 눈에 거슬리지 않는 이웃 건물들'과도 조화를 이루고 있었다. 헤르미네는 또한 루트비히가 설계한 난방기 장치의 세부 요소까지 상세하게 적어 두었는데, 특히 여러 조각의 관쓥을 서로 맞추는 일이 얼마나 어려웠는지 정확히 기억하고 있었다. 그녀는 남동생이 단순 작업에까지 필요 이상으로 정밀 기계를 사용하려 들었다는 인상을 떨쳐버릴 수 없었다. 그렇게 느낀 사람은 그녀뿐만이 아니었다. 그 증거로 그녀는 다음과 같은 일화를 제시한다. "한번은 여러 철물공들 중 열쇠구멍을 정확히 뚫는 작업을 맡은 누군가가 물었다. '이보시오, 기술자 선생, 당신에게는 그 1밀리미터가 그토록 중요하오?' 그러자 질문이 미처 끝나기도 전에 힘이 넘치는 목소리로 '그렇소!'라는 대답이 떨어졌다. 열쇠공이 깜짝 놀랐을 정도로 큰 목소리였다. 루트비히는 단 0.5밀리미터에 신경을 곤두세우는 일도 다반사였을 정도로 수치에 대해 예민한 감각을 지니고 있었다." 전 건축과정을 통틀어 시간이나 돈은 문제가 되지 않았다. 오로지 구석구석까지 무한정 주의를 기울여가며 살폈는데, 그 이유는 그에게는 모든 것이 중요했기 때문이었다. 시간과 돈을 제외하면 중요하지 않은 것이라고는 세상에 존재하지 않았다. 이러한 태도는 그의 가족이 어마어마한 재산을 소유하고 있던 시절로부터 비롯되었다. 전쟁이 끝난 뒤에도 그들에게는 여전히 상당한 재산이 남아 있었다.

부친인 칼 비트겐슈타인Karl Wittgenstein은 자수성가한 기업가로, 오스트리아의 크루프Friedrich Krupp(독일의 대표적 철강회사인 크루프Krupp의 설립자. 칼 비트겐슈타인이 오스트리아 철강 산업을 대표하는 인물이었음을 비유한 표현_역주)로 불릴 정도였다. 그는 일찍이 미국으로 달아났다가 '탕자'(성서에 등장하는, 유산을 가지고 가출했다가 뉘우치며 귀가하는 아들의 이야기에 빗댄 표현_역주)처럼 집으로 돌아왔다. 이들의 가족은 3대 이전부터 개종한 유대인이었다. 칼 비트겐슈타인의 다섯 아들과 세 딸은 모두 음악과 예술 분야에 뛰어난 소질을 보였다. 알레가Alleegasse(오늘날의 아르겐티니어가Argentinierstrße) 16번지에 있던 비트겐슈타인 저택에는 세간티니Giovanni Segantini와 클림트Gustav Klimt의 그림, 로댕Auguste Rodin과 메스트로빅Ivan Meštrović의 조각, 그리고 막스 클링거Max Klinger가 제작한 베토벤Ludwig van

Beethoven 흉상 등 1870~1910년 사이에 탄생한 당대 미술품이 다수 소장되어 있었다. 집이 위치한 거리의 이름을 그대로 따 '알레가세Alleegasse'라 불린 이 저택은 비엔나 음악가들의 본거지이기도 했다. 브루노 발터Bruno Walter는 자신이 비트겐슈타인 가족의 "진정한 음악적 감각"에 이끌렸다고 회상했고, 그 집에는 브람스Johannes Brahms가 드나들었으며, 청년 파블로 카살스Pablo Casals도 이곳에서 첼로를 연주했다. 비트겐슈타인 형제들 중 음악적 재능이 가장 뛰어났던 사람은 맏형인 한스Hans였는데, 한스가 아직 어린 아기일 때 최초로 배운 단어가 '오이디푸스'였다고도 전해진다. 그러나 그는 누이인 헤르미네의 말에 의하면 '삶에 대한 의지'와 '살아갈 힘'이 부재했던 이유로 1902년 스스로 목숨을 끊는다. 일 년 뒤에는 남자 형제들 중 셋째였던 루돌프Rudolf가, 마지막으로 둘째 쿠르트Kurt도 자살로 생을 마감했다. 특히 전쟁의 막바지에 장교로 참전했던 쿠르트는 이탈리아 전선에서 부하들을 미처 제대로 퇴각시키지 못했다는 죄책감에 시달렸거나, 혹은 단순히 패배를 견뎌내지 못한 것으로 보인다. 8남매 중 일곱째였던 파울Paul 비트겐슈타인은 피아니스트가 되었으나 전쟁 중에 한 팔을 잃었다. 하지만 그는 외팔의 거장으로－라벨Maurice Ravel은 1913년 그를 위해 왼손으로 연주할 수 있는 피아노 협주곡을 쓰기도 했다－명성을 날리며 삶에 대한 불굴의 의지를 보여주었다.

비트겐슈타인 가족은 무척이나 강한 사회적 의무감을 지니고 있었으며 이는 특히나 여성 가족구성원들의 박애주의 활동으로 표출되었다. 후에 철학자가 된 막내아들 루트비히도 이러한 면에서 범상치 않은 행동을 보였다. 1914년에 그는 〈브렌너Der Brenner〉라는 문예지의 발행인 루트비히 폰 피커Ludwig von Ficker에게 10만 크로네Krone를 전달하면서 그 돈을 자신이 지정한 몇몇 작가에게 익명으로 분배하도록 위탁했다. 이 기부의 수혜자들 중에는 릴케Rainer Maria Rilke와 트라클Georg Trakl, 그리고 알베르트 에렌슈타인Albert Ehrenstein이 있었는데, 그는 후에 에렌슈타인을 지정했던 일을 후회했다. 한편, 전쟁이 끝나자 루트비히는 자신의 몫으로 돌아온 유산 역시 친척들에게 분배한 뒤 본인은 초등학교 교사로 벌어들이는 보잘것없는 수입에 의존해 생활했으며, 이후 교수가 될 때까지는 케임브리지 대학에서 장학금을 받았다. 이러한 사연으로 인해, 누이의 저택을 짓던 1926년에서 1928년 사이 그가 가지고 있던 개인 재산은 결국 아주 조금밖에 되지 않았다. 헤르미네의 설명에 따르면 이때 루트비히는 돈이 필요해 복권을 샀을 정도였다. 그때는 루트비히를 비롯한 모든 이들이 저택에 쏟아 부은 노력이 결실을 맺을 무렵이었는데 거의 완성된 저택에서 그의 미학적 감각에 부응하지 못한 단 하나의 요소가 있었으니, 바로 층계참에 있는 창문이었다. 말하자면 그는 이 단 하나의 오점을 바로잡기 위해 돈이 필요했던 것이다. 그러니 그가 이 저택을 짓는 데 2년의 세월을 희생한 것도 돈이나 시간 따위는 아무리 많이 들어도 상관없다는 졸부의 오만함에서 나온 행동만은 아니었던 셈이다. 그는 희생에 관해 이렇게 적어두었다. "무엇인가를 위해 스스로를 희생하고 난 뒤 그에 대해 우쭐해 하는 사람은 결국 자신이 감수한 희생과 더불어 저주받게 된다."

완성된 집도 당시로서는 파격적인 건축물이었지만, 집보다 더 유별났던 건 바로 그것을 지은 인물이었다. 루트비히 비트겐슈타인은 의심할 여지없이 가히 기인奇人이라 할 만 했다. 그러나 그의 비범한 철학적 재능은 그 기행조차 무색하게 만들 정도였다. 1912년, 그의 맏누이는 갓 스물세 살 된 남동생을 만나러 케임브리지를 방문한다. 그가 스승인 버트란드 러셀-당시 러셀 교수는 수학적 · 철학적 논리학 분야에서 이미 세계적으로 명성을 날리고 있었으며, 당시에는 노년까지 그에게 명성을 안겨준 윤리적 · 정치적 문제의 탐구에 수력하기 시작한 잠이었다-에게 누이를 소개했을 때 교수는 그녀에게 이런 말을 건넸다. "우리는 당신의 남동생이 철학의 발전에 커다란 공헌을 할 것이라 기대하고 있습니다." 비트겐슈타인은 그 공헌을 1921년 발표한《논리 철학 논고》를 통해 이룩했다. 그러나 그 철학적 방식은 너무나도 뜻밖이어서 심지어 러셀조차도 그를 이해하지 못했을 정도였다.

2차 세계대전 이후 비트겐슈타인이 얻은 세계적 명성은 쿤드만가에 있는 누이의 저택이 사전예고 없이 철거되지 않는 데에도 일조했다. 1938년 히틀러의 '독일-오스트리아 합병' 이후 스톤보로 가족은 전쟁을 피해 저택을 등지고 영국으로 건너가 머무는 중이었다. 그러나 1971년 비트겐슈타인의 조카 토마스 스톤보로Thomas Stonborough가 집터를 팔았을 때 이 저택은 또다시 철거 위기에 놓인다. 이 두 번째 철거계획이 저지된 데에는 무엇보다도 베른하르트 라이트너Bernhard Leitner의 공로가 컸다. 그는 영어로 발행되는 어느 정기 간행물에 쿤드만가의 저택에 관한 최초의 기사를 투고했을 뿐만 아니라, 핼리팩스Halifax에 있는 노바 스코시아 디자인 예술대학Nova Scotia College of Art and Design 출판사를 통해 건축가로서의 루트비히 비트겐슈타인에 대한 내용을 담은 훌륭한 책을 발간하기도 했다.

이와 더불어 비트겐슈타인의 추종자들이 수면으로 떠올랐다. 이들은 그의 일생에 관해 세세한 부분까지 알고자 했으며 심지어는 비트겐슈타인이 초등학교 교사로 있으며 집필한 교과서까지 찾아나섰다. 심지어 그가 정원사의 조수로 일했던 수도원을 방문하는 이도 있었다. 물론 쿤드만가의 저택은 그중에서도 단연 주목의 대상이었다. 비트겐슈타인이 1914년 노르웨이에 지은 오두막을 제외하면, 비엔나에 있는 누이의 저택은 베를린과 맨체스터Manchester의 공학도였던 그가 남긴 유일한 건축물이다. 그의 일생일대의 업적을 이해하는 데 이 집이 차지하는 비중은 결코 작지 않다. 언젠가 그는 친구이자 제자인 드루리에게 이렇게 말했다. "자네는 철학이 어려운 학문이라고 생각하는 것 같네만, 나는 자신 있게 말할 수 있다네. 건축의 어려움에 비한다면 철학은 아무것도 아니라고 말일세." 따라서 그는 철학자들이 목수보다 높은 지위를 누려서는 안 된다는 견해를 가지고 있었다. 이는 숨겨진 허영심이나 상처받은 자만심의 발로가 아니라 그의 진심이었다. 오히려 그는 허영심이나 자만심을 "세상에서 가장 혐오스러운 감정"으로 규정하고, 스스로를 낮추기 위해 심지어는 자기 비하마저 서슴지 않던 인물이었다.

케임브리지에서 그에게 철학을 배운 학생들 중 한 사람은, 현대의 건축 양식을 혹독히 비평하는 스승을 보고 학생들이 무척이나 놀라곤 했다고 회상했다. 그러는 비트겐슈타인 자신이 '현대적인' 저택을 지었다는 사실을 알고 있었기 때문이었다. 그는 자신의 건축 작품인 누이의 저택을 찍은 사진들을 학생들에게 이미 보여준 적이 있었다.

하지만 학생들이 놀란 이유는 그의 건축철학을 잘 이해하지 못했기 때문이었다. 그늘이 '현대적'이라고 생각했던 비트겐슈타인의 건축물에는 사실 현대 건축을 비판하려는 의도가 담겨 있었다. 예컨대 드루리는, 언젠가 더블린 방문 시 비트겐슈타인이 '신교의 승리'의 건축적 표현에 관해 언급했던 일을 증언했다. 두 사람이 트리니티 칼리지Trinity College의 안뜰을 거닐고 있을 때였다. 비트겐슈타인은 조지아 시대The Georgian era(영국 역사에서 조지 1~4세가 지배했던 1714년부터 1830년경_역주)의 건축예술을 이끈 건축가들을 비교 대상으로 들며, 이들에게는 그래도 어느 정도의 감각은 남아 있었다고 주장하며 이렇게 말했다. "자신들에게 특별히 할 말이 없다는 것이나마 그들은 스스로 알고 있었네. 그래서 그들은 뭔가를 표현하려는 별다른 노력을 기울이지도 않았지." 그리고 두 사람이 건물에 좀 더 가까이 다가가며 빈약한 세부 장식이 눈에 들어오자 재차

입을 열었다. "내가 항상 말하지 않았던가! 밤은 건축가의 친구라고 말일세." 이는 밤이 볼품없는 건축물을 숨겨준다는 뜻이다. 하지만 그 밤조차도 트라팔가Trafalgar 광장의 현란한 건축물들을 감추기에는 역부족이었다. 트라팔가 광장의 웅장한 건축물들은 위대한 문화에 걸맞게 표현하려는 의도가 반영된 것임에 분명하다.

그러나 비트겐슈타인이 겪은 정치적 혼란의 시대에도 건축의 규모나 외양이 해당 문화의 위대성을 반영한다고 말할 수 있었을까? 당시의 전체주의 체제에서 대규모 건축물은 위대한 문화의 증거물이 아니라 선동을 위한 장치로 변질되어 있었다. 나치 지배하의 독일에서 웅장한 건축물이 수없이 지어진 것만 봐도 잘 알 수 있다. 드루리와 대화를 나누면서 비트겐슈타인은 바로 그 점을 지적했다. 예컨대 막 건축 중인 캐나다 하우스Canada House를 가리키며 그는 손을 흔들어댔다. "저기 저런 것은 허풍일 뿐이네. 히틀러이자 무솔리니라고 할 수 있지." 이 의미심장한 평가는 당시의 건축가들의 능력을 과소평가하는 것이 아니었다. 그보다는 그 표현을 통해, 히틀러와 무솔리니가 거대한 건축물과 같이 과장된 선전 수단을 동원한 이유를 설명하고자 한 것이었다.

예술에 대한 그의 극단적인 평가는 때로는 가장 가까운 친구들마저 놀라게 만들었다. 1935년 러시아 여행에서 돌아온 그는 크렘린에 있는 성 바실리St. Basili 성당을 두고, 지금까지 자신이 본 것 중에서 가장 아름다운 건축물 중 하나라며 찬사를 아끼지 않았다. "여기에 얽힌 일화가 하나 있는데, 이반 뇌제Ivan the Terrible가 완공

된 성당의 모습을 보았을 때 건축가의 눈을 멀게 만들어 버렸다는 이야기이네. 그보다 더 아름다운 건물을 짓지 못하게 하기 위해서 였지." 그가 1949년 드루리에게 들려준 이야기이다. 그 사건이 실화였는지는 정확하지 않았지만 어쨌거나 그는 실제였기를 바랐다. 어느 정도는 그 황제에 대한 공감을 표출한 것이다. 단, 그가 초현실주의자처럼 자극적인 것 자체에 애착을 가진 것은 아니다. 자신이 받은 경탄을 "이 얼마나 끔찍한 방식인가!"라고 표현한 것만 봐도 알 수 있다. 단지 비트겐슈타인과 같이 인간이 감동받았을 때 쓰는 모든 표현 방식을 흥미를 느끼는 사람이었다. 그래서 이반 뇌제가 한 것처럼 납득할 수 없는 행동마저도 경외심의 표현으로 이해하고 수긍할 수 있었던 것뿐이다. 그러므로 그가 이반 뇌제에게 공감을 표한 일도 자극에 대한 애착이 아닌, 다양한 감정 표출 방식에 대한 관심으로 해석해야 한다.

흔히 경탄은 철학으로 발전하게 마련이다. 그러나 경탄할 줄 아는 능력을 갖는 데에는 심오한 철학적 식견이 전제된다. 비트겐슈타인에게는 위대한 철학자들에 대한 존경심이라곤 없었으며 심지어 그들에 대해서라면 무례하고 거친 표현도 마다하지 않았다. 일례로 소크라테스의 문답을 읽을 때 그가 받은 느낌은 다음과 같다. "이 무슨 어처구니없는 시간낭비란 말인가! 아무것도 증명해 내거나 설명할 수 없다면 이런 논쟁 따위가 무슨 소용인가?" 다른 한편으로 그는 최고의 경외심을 품을 줄도 알았으나, 그 감동이 실망으로 변할 경우에는 즉시 찬사를 그만두고 냉소적인 태도를 취하곤 했다. 비트겐슈타인이 존경해 마지않던 건축가 아돌프 로스의 경우가 이에 해당된다. 1차 세계대전이 끝나고 로스를 방문했을 때 비트겐슈타인은 "얼떨떨했을 뿐 아니라 진저리를 쳤을" 정도였다. 그의 눈에 로스는 "어처구니없을 정도로 허풍스러웠다." 하지만 그 뒤에도 평론 형식으로 쓴 로스의 논문들만은 여전히 비트겐슈타인에게 본보기로 남아 있었다.

오늘날 로스는 곧잘 "장식은 범죄이다."라는 문장을 통해 인용되는 인물이다. 이는 원래 그가 직접 언급한 표현이 아닌데도 사람들은 근대 유럽 건축물들이 메마르고 황량한 이유를 그의 탓으로 돌리곤 했다. 특히 그가 1911년 비엔나의 미하엘러 광장Michaelerplatz에 지은 로스하우스Looshaus는 장식을 완전히 배제한 대표적인 건축물로 거론되는데, 바로 그 맞은편에는 이보다 바로크baroque 양식으로 지어진 호프부르크Hofburg 왕궁이 대조를 이루며 서 있다. 고전적인 양식과 현대적인 양식을 대표하는 것처럼 보이지만, 놀랍게도 두 건물은 불과 20여 년 차이를 두고 지어진 것이었다. 파격적인 로스하우스의 건축은 모더니즘에 대한 비엔나 시민들의 반발까지 불러일으켰다. 로스에게 장식이란 문신처럼 쓸모없는 겉치레, 혹은 과거의 잔재에 지나지 않았다. 하지만 '장식을 할 필요성'은 이와는 별개의 문제였다. 로스의 건축철학에서 장식이란 시각적인 화려함을 위해 존재하는 것이 아니었다. 비단 건축에만 해당되는 이야기가 아니다. 장식은 인간의 수작업으로 탄생한 모든 사물과 그것의 재료를 존중하는 의미에서만 중요했다. 따라서 장식은 오로지 재래 수공업 방식으로 창작되어야 했다. '수공예에서 오는 희열'을 표현하는 일도 이때만은 허용되었고, 그 밖의 경우 로스는 그런 희열의 표현이 쓸데없는 허세라며 거부했다. 누군가가 그에게 구멍을 뚫어 무늬를 낸 신발을 즐겨 신는 이유가 무엇인지 물었을 때 그는 단지 자신의 단골 구둣가게의 구두장이가 그것을 좋아하기 때문이라고 대답했다. 또한, 만약 그 구두장이에게 그런 신발을 만들 일이 없다면 자신의 직업에서 아무런 즐거움도 느끼지 못할 거란 말도 덧붙였다.

요약하자면 그가 중시한 것은 장식 자체가 아니라 '수공업자가 제작과 재료를 통해 느끼는 보람'이었다. 형식은 바로 이러한 기능 뒤에 따르는 것이어야 했다. 로스하우스에 아무런 장식이 없다는 것도 실은 틀린 말이다. 숨은그림찾기 하듯 자세히 살펴보면, 그토록 오랫동안 논란의 대상이었던 로스하우스에서도 수많은 '장식적' 요소를 발견할 수 있다. 그중에서도 가장 눈에 띄는 장식은 맨 아래의 두 층을 지나 퍼사드façade(건축물 정면의 외벽_역주)를 받치며 솟아올라 있는 거대한 기둥들이다. 웅장한 마천루인 '시카고 트리뷴 Chicago Tribune' 건축 현상공모에 로스가 내놓은 설계안에도 이와 비교할 만한 구성요소가 등장한다. 그러나 실제로 이러한 기둥들은 아무것도 받치고 있지 않다. 여기에는 지지대로서의 기능은 사라지고 순수한 장식적 의미만 남아 있을 뿐이다.

로스하우스를 둘러싼 논란의 기록들을 훑어보다 보면, 공공용 도로 지은 건물은 호프부르크와 같은 기념비적 건축물에 비해 눈에 띄지 않도록 검소한 양식을 지녀야 한다는 로스의 소견이 눈에 띈다. 과거의 '장식 없는 평민 주택'이 바로 그러한 종류의 건축물이었다. 이와 같은 로스의 견해들은 여러 차례 논쟁의 불꽃이 되었고, 여기에는 대중들도 참여해 열띤 토론을 벌였다. 칼 크라우스는 범죄 재판이라도 참관하듯 이러한 논쟁들에 귀를 곤두세운 인물이었다. 그중에서도 적지 않은 비중을 차지한 논란은 영국식 '보우 윈도bow window'(바깥쪽을 향해 활처럼 휘어진 모양으로 돌출된 창문의 형태_역주)의 독특한 형태를 둘러싸고 벌어졌다. 로스에 의하면 이 창문은 사람이 2층에서 곧장 거리로 떨어지지 않게 하기 때문에 '안정감'을 준다는 것이었다. 무척이나 엉뚱한 설명이 아닐 수 없다. 하지만 여기에서 그치지 않고, 그는 매끈하게 회칠을 한 퍼사드를 가로지르는 굴곡진 띠에 대해서도 장황한 변명을 늘어놓아야 했다. 그러나 그보다 더 논란이 된 것은, 흔치않은 재료일 뿐 아니라 이런 대규모 건축물에는 지금껏 한 번도 사용된 적이 없는 '치폴리니Cippolini 대리석'이 주는 기이한 인상이었다.

〈횃불Die Fackel〉의 애독자였던 비트겐슈타인은 이미 이 잡지를 통해 로스의 견해에 관해 익히 알고 있었다. 〈횃불〉에는 로스에 관한 기사가 자주 실렸고, 로스 자신이 여기에 글을 기고하는 일도 있었다. 1909년에 이미 칼 크라우스는 아돌프 로스가 증명해냈다는 "장식으로 인한 실용적 삶의 파괴"라는 표현을 인용하기도 했다. "정신의 장식물"이라는 잡지 기사다운 문구도 등장했다. 로스를 둘러싼 논쟁이 한바탕 일어난 후 크라우스는 1911년에 장문의 에세이를 썼다. 그는 여기에서 위의 표현들을 재인용하는 데 그치지 않고, 이를 더욱 첨예화함으로써 언론을 향해 적나라한 공격을 펼친다. 그에 따르면 언론은 "문학으로부터 쥐어짠 과즙으로 생명을 이어가며, 핍박을 통해 모더니즘의 영혼을 강탈한다." 한편 아도르노Theodor W. Adorno는 이러한 표현들을 약간 변형해 자신의 저서에서 핵심적인 내용으로 사용했다. 이 모든 조류는 애초에 나온 로스의 입장과 상통하며 이후 비트겐슈타인의 사상에까지 이른다. 로스는 사람이 사물을 사용하는 방식이 곧 하나의 문화라고 주장했다. 그리고 "이 형식은 사물을 만들어낸다." 이 문장은 비트겐슈타인의 후기 철학에 등장하는, "단어의 의미는 그것의 용법이다."라는 의미론직 핵심 명제와도 근접해 있다.

비트겐슈타인이 최초로 로스와 간접적 관계를 맺게 된 것은 세계대전이 일어난 첫 해, 파울 엥겔만Paul Engelmann을 통해서였다. 엥겔만은 로스의 제자이자 비트겐슈타인의 친구였고, 젊은 시절의 루트비히 비트겐슈타인에 관해 인상적인 증언을 남긴 지인들 중 한 명이기도 하다. 뿐만 아니라 쿤드만가의 저택을 지을 때 그의 공식적인 동업자이기도 했다. 사실은 이 저택의 건축을 의뢰받은 장본인이 원래 엥겔만이었는데, 비트겐슈타인이 친구의 일에 점점 더 깊이 간섭하다가 마침내 사업을 완전히 자신이 관리하기에 이른 것이었다. 1911년 〈횃불〉에는 미하엘러 광장에 있는 문제의 건축물인 로스하우스에 대해 엥겔만이 쓴 시가 실리기도 했다. 비록 오늘날에는 다소 이해하기 힘든 경탄의 문체로 쓰이긴 했으나,

이 시에는 로스하우스의 건축철학이 축소되어 있다. 또한 이 건축철학은 비트겐슈타인이 지은 저택에도 해당되는 것이었다. "공허한 발상들이 낳은/현란한 장식의 한가운데/그토록 명징한 윤곽을 그리며, 우뚝 솟아난 저 공적은/선량한 영혼처럼 아름답고 정결하니/악당들의 무리에 홀로 선한 이와도 같아라." 작품과 예술작업을 동일화하는 것은 언어와 언어 용법을 동일화하는 것과도 같으며, 이는 폭발적인 효력을 지니고 있다. 칼 크라우스는 그러한 방식을 첨예한 논쟁 도구로 사용했다. 이후 비트겐슈타인도 《철학적 탐구》에서 "언어는 행동이다."라는 간명하면서도 냉철한 문장을 통해 크라우스로부터 받은 영향력을 표현했다. 엥겔만은 그의 소네트Sonnet를 3행으로 이루어진 절로 끝맺는다. "저들이 끊임없이 야유하고 험담해댈지라도/다가올 새 시대의 증표로서/너는 홀로 꼿꼿이 서 있을지니!"

로스의 건축 법칙을 탐구해보면, 비트겐슈타인의 건축물에는 로스에게서 비롯된 세부 건축양식이 반영되지 않았다는 사실을 알게 된다. 그러나 건축이라는 과업에 임하는 두 사람의 철학이 일맥상통한다는 사실은 발견할 수 있다. 로스의 건축 원칙 중에서도 저택은 예술작품이 아니라는 원칙을 비트겐슈타인 역시 견지했다. "집이란 모든 사람의 마음에 들어야 한다. 예술작품이 누구의 마음에도 들 필요 없는 것과는 정반대이다."라고 로스는 강조했다. 그렇다면 비트겐슈타인이 지은 저택은 예술작품이 아니었는가? 그가 예술작품에 요구되는 원칙을 건축에서는 따르지 않았는가? 그러

나 "예술작품은 혁신적이며, 집은 보수적이다."라는 로스의 표현은
이러한 의문을 일축한다. 이는 의심할 여지없이 비트겐슈타인이
건축한 저택에도 적용되는 법칙이다. 문예사설가이기도 했던 로스
가 어느 글에서 표사한, '창조'에서 '단추'에 이르기까지의 논리는
예술 및 수공업을 명확히 구분하는 그의 철학을 잘 나타낸다. 그가
고안해낸 논리는 다음과 같다. "신은 예술가를 창조했고, 예술가는
시간을 창조하며, 시간은 수공업자를 배출한다. 그리고 수공업자
는 '단추'를 만들어낸다."

건축가로서의 비트겐슈타인 역시 예술가 정신보다는 수공업자
의 장인정신을 철학의 기반으로 삼았을 것임에 틀림없다. 뿐만 아
니라 철학자로서 자신을 측징하는 데에도 징인징신을 적용했다.
이 저택의 건축이 그의 철학적 과제로 발전한 것도 이러한 논리를
통해서였다. 철학과 건축은 둘 다 절대적인 정확성이 요구된다는
점에서 일맥상통한다. 여기에 '강요되지 않은' 아름다움, 눈에 띄지
않게 설계된 실용성, 그리고 명징한 공간을 창조해 내려는 시도가
추가된다. 이 모든 것은 비트겐슈타인이 자신의 철학에 포함시키
고자 하는 요소들이기도 했다.

오늘날 비트겐슈타인 저택을 방문하는 이들은, 이 건축물이 아
직까지 훌륭히 보존되어 있을 뿐 아니라 세부 요소조차도 함부로
건드려지지 않았음을 확인하게 된다. 그러나 분위기 및 건물 내
부 장식은 예전과는 완전히 다른 모습을 하고 있다. 예컨대 클림트
가 그린, 저택의 안주인이었던 마가레테 스톤보로 여사의 초상화

는 더 이상 그곳에 있지 않다. 마찬가지로 건축물과 조화를 이루도록 고안된 가구 및 내부 장식도 사라지고 없다. 비트겐슈타인은 건축 당시 안락의자를 직접 디자인함으로써 집안의 가구 배치에까지 영향력을 행사하고자 했었다. 헤르미네 비트겐슈타인은 "저택의 설계와 건축에 적용된 논리"는, 손에 꼭 맞는 장갑처럼 여동생 마가레테에게 맞아떨어지는 것이었다고 말했다. 하지만 그러한 논리로부터 탄생한 건축물은 2차 세계대전 중에 병참 기지로 전락하고 말았다. 전쟁 중에 이 저택은 일차적으로 적십자가 야전병원으로 사용했다가, 이내 러시아 군인들과 그들의 말이 머무는 거처가 되었다. 이후에는 귀향민들이 머물기도 했다. 철거 위기에서 벗어난 이후에는 동유럽 어느 인민 공화국(불가리아를 지칭_역주)의 대사관이 이 저택에 들어서면서 저택 내부의 방들도 사무적 필요성에 따라 변형되었다. 그리하여 철 소재의 문과 창문들은 비트겐슈타인이 주도면밀하게 적용한 균형미를 잃어버리고, 남은 것은 소재가 주는 차가운 느낌뿐이었다. 게다가 음영을 절묘하게 고려해 배치한 색조도 그 빛을 잃었다.

이쯤에서 앞서 나온 의문, 즉 현대 건축물에 대한 비트겐슈타인의 경멸에 대한 논란으로 돌아가 보자. 비트겐슈타인의 건축물은 얼핏, 당대로서는 파격적이고 현대적인 건축의 전형으로 보일지 모른다. 그러나 진실은 그 반대이다. 요약하자면 이 집은 모든 종류의 획일적인 근대적 대량 생산물에 대한 확고한 거부의 의미로 지은 것이다. 표면상으로는 현대적으로 보이지만, 실제로는 현대 문명에 대한 거부감이 건축물에서 뚜렷하게 표명되고 있다. 그러나 그러한 뉘앙스는 현대의 획일화 경향에 흡수되어 사라지고, 이 건축물이 지녔던 원래의 의미도 오늘날에는 거의 퇴색해 버렸다.

건축에서는 이처럼 획일성을 거부했던 비트겐슈타인이지만, 사회적 의미에서는 당대의 다수 서구인들과 마찬가지로 획일성, 바꾸어 말하면 '평등함'에 대한 환상을 품고 있었다. 하지만 엄밀히 말하면 이 환상 역시 근대주의에 대한 회의에서 탄생한 것이며, 건축에서와 마찬가지로 근대에 대한 저항의 의미를 지니고 있었다. 이에 더해 톨스토이Lev Nikloaevich Tolstoi와 도스토예프스키Fyodor Dostojevski에 대한 경외심까지 지니고 있던 비트겐슈타인은, 1930년대 중반 스딸린Joseph Stalin이 서구를 향해 소련을 개방하려는 움직임을 보였을 무렵 그곳을 여행하려는 계획을 세웠다. 그리고 최초의 소련 방문 이후에는 이 광대한 나라의 최변방에서 의사로 일하기로 마음먹고 이주를 시도하기도 한다. 1925년에 소련으로부터 받은 인상에 관한 책을 펴낸 국민 경제학자 존 메이너드 케인즈 John Maynard Keynes는 당시 러시아 대사였던 마이스키Maiski에게 보낸 편지에서, 비트겐슈타인이 "러시아의 새로운 체제에 커다란 호감을 품고 있으며 새 러시아 정부가 이 체제를 수호해줄 것으로 확신하고 있다"고 썼다. 그렇다면 이러한 호감은 어디에서 비롯된 것인가? 바로 그 자신이 속한 "반쯤 부패한" 문화에 대한 회의에서 야기된 것이라 할 수 있다. 이러한 상황에서 러시아의 "정열"이 비트겐슈타인의 눈에는 여러 가지 희망적인 면을 지닌 것처럼 보였던 것이다.

비트겐슈타인의 기록물들 중 그 스스로 쿤드만가의 저택에 관해 언급한 부분은 단 한 군데, 열정과 야만성의 기준에 맞추어 이 건축물을 비판하는 부분뿐이다. 1940년에 쓴 이 글귀는 비트겐슈타인이 철학적 고찰을 통해 남긴 기록의 모음집인 《문화와 가치Vermischte Bemerkungen, 1980》에서 찾을 수 있다. "내가 그레틀Gretl('마가레테'의 애칭_역주)을 위해 지은 건축 작품은 섬세한 귀기울임과 훌륭한 몸가짐의 산물이며, 문화 등에 대한 원대한 이해력의 표출이다. 그러나 생명력 넘치는 근원적인 삶, 즉 야생의 삶은 여기에서 빠져 있다. 따라서 이 집에는 건전함이 결여되어 있다(키에르케고르, 온실 속의 화초)."

4

은행 상속 대신 도서관을 세운 문화이론의 숨은 고수
아비 바부르크

Aby Warburg
1866.6.13-1929.10.26

우표 속 하늘을 읽는 점성술가

"이제부터 너희가 발을 들여놓는 곳에서는 모든 희망을 버릴지 어다." 단테Dante Alighieri가 지옥의 문 앞에서 하는 이 말을, 이 장을 펼쳐들고 막 읽으려던 참인 독자에게 미리 들려주어야겠다. 왜냐 하면 저 전설적인 바부르크 도서관의 가장 깊숙한 곳까지 구석구 석 파악하는 일은 애초부터 불가능해 보이기 때문이다. 여기서 깊 숙한 곳이란 바로 아비 바부르크를 비롯해 그와 가장 가까웠던 두 동료, 프리츠 작슬Fritz Saxl과 거트루드 빙Gertrud Bing이 1926년 7월 부터 바부르크가 사망한 1929년 10월 사이에 남긴 도서관 일지를 가리킨다. 500여 장을 빼곡히 채운 이 문서에는 도서관의 일상을 비롯해, 대부분 잊힌 지 오래인 도서관 업무와 직원들에 관한 이야 기까지 상세히 기록되어 있다. 여기에는 또 갑자기 떠오른 아이디 어나 업무계획 등이 적혀 있기도 하고, 강연이나 수업에 관한 소 견, 지시 사항, 오랫동안 찾던 책을 마침내 발견했다는 공지 따위 도 포함된다. 그로부터 거의 80여 년이 지난 지금, 도대체 누가 미 로와도 같은 자잘한 기록들의 틈에서 제대로 방향을 잡을 수 있단 말인가?

이 기록은 서막에서부터 벌써 읽는 사람의 의욕을 상실하게 만든다. "책을 아무렇게나 비스듬히 세워두는 짓은 반드시 개선해야 할 부분이다. 그 때문에 도서관이 마치 떠돌이 집시가 사는 유랑마차 같은 인상을 풍기게 되는 것이다. 누구든 그렇게 꽂혀 있는 책을 보면 곧바로 정리할 것. 바부르크 씀." 또한 담당 업무 시간에 늦는 사람에게는 보통 다른 회사에서도 으레 그렇게 하듯 30분에 1마르크씩 벌금을 물려야 한다는 지침도 적혀 있다. 그러나 이러한 문턱을 채 넘기도 전에 독자는 상상을 초월할 정도로 생동감이 넘치는, 오래된 먼지투성이 도서관의 일상으로 빠져들게 된다. 이 도서관은 지난 한 세기의 독일 역사에서 가장 농요가 컸던 시대를 엿보게도 해준다. 극장이나 곡예장, 영화관, 기타 공연장 등만이 20세기 역사의 무대였던 건 아니다. 바로 여기에서 보는 바와 같이, 민간학자인 아비 바부르크가 함부르크Hamburg의 하일비히가Heilwigstraße에 세운 조용한 도서관도 역사의 무대가 될 수 있다. 이 도서관은 1926년 여름에 개관했다. 아비 바부르크가 개인적으로 수집한 책들이 이웃 건물에서 그 옆의 새 도서관 건물로 옮겨지면서, 바부르크 도서관은 점차 대중에게도 알려지기 시작했다. 이 도서관은 독일의 유산뿐 아니라 유럽 전체의 정신적 유산을 접할 수 있는 장소를 마련하고자 했으며, 그 관심사는 이제 미 대륙의 문화에까지 가 닿고 있었다.

1933년 독일에서 추방된 후 런던에 새 둥지를 튼 바부르크 도서관은 오늘날 국제적으로 인정받는 인문학 연구의 보고로 발전했다. 초기에 이 연구소는 다소 편향적인 명성을 누렸는데, 이는 수십 년 동안 견고한 토대를 다지며 고집스럽게 이어온 독특한 연구들로부터 비롯된 것이다. 한 민간학자의 수집품인 서적들도 원래는 개인의 학문적 관심사에 우선해서 이용됐으나, 점차 다양한 연구 논제를 다방면으로 뒷받침하는 유용한 수단이 되어 갔다. 그러나 도서관이 소위 '규격화'되어 가기 시작하자 그에 항상 뒤따르기 마련인 대가도 지불해야 했다. 즉, 도서관이 처음에 지녔던 독특한 운영 체제를 보다 평범한 기준에 맞추어 완화하는 일이 바로 그것이었다. 이러한 변천사까지도 도서관 일지를 훑어보다 보면 쉽게 눈에 띈다. 그중에서 무엇보다도 눈에 띄는 점은 바로 도서관 건립 취지와 목표 설정의 독특성 및 그것을 실천해 나아간 설립자의 고집스러운 방식이었다. 아비 바부르크는 젊은 시절 전설과도 같은 거래를 통해 동생들에게 장남의 권리를 넘긴 대가로 도서관 건립의 가능성을 열었다. 장남으로서 물려받을 수 있었던 바부르크 은행의 경영권을 포기한 대신에 동생들이 그의 서적 구입을 재정적으로 지원하기로 한 것이다. 아비 바부르크의 학문적 흥미가 점점 더 다양해짐에 따라 그가 동생들과 맺은 계약이 선견지명이었다는 사실도 더더욱 분명해졌다.

바부르크의 연구 주제들은 자잘한 논제들에서 시작해 점차 걷잡을 수 없이 광범위해진다는 특징이 있었다. 보티첼리Sandro Botticelli 예술에 나타나는 몇 가지 고전적 요소에서 시작된 연구가 이내 '르네상스Renaissance 및 그 이후의 예술에 고전의 부활'이라는 대규모 연구 프로그램으로 발전하는 식이었다. 여기에 점성술의 역사에 관한 연구와 그것이 고대의 세계관을 변화시킨 경로, 그리고 후대에 이르러 다시금 고대의 이미지를 전달하는 매개로 부활한 경로에 대한 연구가 추가되었다. 이미지 및 이미지 사고의 이동 경로는 이후 바부르크가 가장 선호하는 주제가 되었다. 그리고 곧이어 이들을 뒷받침할 만한 참고문헌 및 그림 자료, 그리고 이들 사이의 상호작용과 역사에 대한 연구도 뒤따랐다. 하나의 의문은 꼬리에 꼬리를 물고 다음 질문으로 이어졌고, 점차 수많은 질문이 얽히고 설킨 직조물이 탄생했다. 도서관 및 그에 걸맞은 운영 체계는 바로 이 수많은 논제들이 완전히 뒤죽박죽 되어버리는 일을 막기 위해 필요했다.

원래 미술사학자였던 바부르크가 시작한 이 일은 어느새 미술사를 뛰어넘어 새로운 문화사로 발전했다. 그 중심에 서 있던 것은 물론 언어와 미술 사이의 관계였으나, 다양한 문화적 조류와 동인들 사이의 관계를 추적함으로써 연구의 규모는 훨씬 광범위해졌다. 이를 뒷받침하기 위해서는 그때까지의 연구 결과를 정리하는 작업이 필요했다. 그러나 도서관 일지가 생겨났을 즈음 바부르크의 연구 저작들은 출간만 마무리되었을 뿐, 아직 한 곳에 수집, 정리되지 않은 상태였다. 그의 논문들은 여전히 여기저기 흩어져 있었고, 그 논문들과 관련해 바부르크가 구상하고 있던 새 연구 아이디어들 또한 대부분 대강의 스케치에 불과했다. 이렇게 그의 머릿속에 지어진 아이디어들을 적절한 언어를 통해 구체화하는 작업만을 앞두고 있던 단계에 그를 짓누르고 있던 부담은 엄청나게 컸을 것임이 틀림없었다. 바부르크의 사고는 급속히 성장하는 도서관만큼이나 복잡하게 가지를 뻗고 있었기 때문이다. 말하자면 도서관은 그의 아이디어를 반영하는 평면도와도 같았다. 뿐만 아니라, 도서관 일지를 통해서만도 미루어 짐작할 수 있듯이 이곳의 일상 자체가 평범한 도서관의 그것과는 거리가 있었다. 예컨대 서적 분류는 보통 도서관의 경우 틀에 박힌 반복 업무에 불과했지만 이곳에서는 서적들을 같은 항렬에 포함시키거나 서로 구별하는 일이 모두 세심한 숙고를 통해 이루어졌다. 도서관의 기능 자체가 연구 과제들을 풀어내는 일이었으므로 서적 분류 역시 연구 논제를 기준으로 이루어진 것이다.

일지에 기록된 내용은 바부르크의 생애 마지막 3년 동안의 업무 기록이기도 했다. 바부르크라는 인물 자체가 거의 도서관과 융화되었기 때문에 그가 남긴 일지 기록도 매우 개인적인 메모, 즉 그의 머릿속에 떠오른 착상이나 이런저런 일들에 대한 고민의 흔적이 대부분이었다. 그의 사상을 명확히 정리된 문장으로 읽을 수 있다는 점에서 이 일지는 더욱 희소성을 지닌다. 보통은 글쓰기에 매우 어려움을 겪던 바부르크였으므로, 이 일지 외에는 남아있는 자료를 찾기 힘들기 때문이다. 에른스트 곰브리히Ernst Gombrich도 바부르크 전기에서, 바부르크의 정신적 기질을 파악하는 데에는 개인적인 서간문들이 가장 도움이 된다고 언급했다. 이를 바꾸어 생각하면 도서관 일지의 핵심 기록자였던 바부르크는 매혹적인 방식으로, 스스로도 전혀 생각지 못했던 미지의 독자가 자신의 돌발적인 아이디어와 그것의 실험에 참여할 수 있게 유도한 셈이었다. 독자들에게는 '일화'와도 같은 이야기들을 엿볼 수 있는 기회가 주어지며, 그것만으로도 일지를 읽는 일은 큰 즐거움이 된다.

또 바부르크는 방문객이 오면 그들을 데리고 도서관을 한 바퀴 돌며 소개하곤 했는데, 그 후에 일지에 그들에 관해 간략히 적어두는 일도 무척이나 즐겼다. 그는 마치 노련한 풍자화가처럼 예리하게 사람들을 묘사했다. 예컨대 발트 해Baltic see 부근에서 온 어느 귀족에 관해서는 "그의 짤막한 콧수염은 봉건적 자기 과시 방법의 밑천이 고갈되있음을 대변해 주있다"고 적어 두있다. 함부르크의 거물급 학자들에 관한 인물 묘사도 이와 비슷했다. 뿐만 아니라 여기에는 한스 프라이어Hans Freyer나 에리히 로트하커Erich Rothacker 같은 당대의 젊은 학자들에 관한 묘사도 포함된다. 1929년 늦여름 거트루드 빙과 함께 이탈리아에 체류한 적이 있는 바부르크는 여행지에까지 갖고 갔던 도서관 일지에 베네데토 크로체Benedetto Croce에 관해 이렇게 묘사했다. "울뚝불뚝한 남자. 세상에 두 가지 교시자敎示者의 유형이 존재한다면 그 첫째는 천둥번개를 동반하고 나타나는 예언자 천사일 것이요, 둘째는 섬뜩한 섬광을 동반하고 땅 속 깊은 곳에서 나타나는 땅의 정령일 것이다. 이 남자는 그중에서도 후자에 속하는 유형이다." 셀 수 없이 많으면서도 앞의 사례와 같이 저마다 독특함을 지닌 특징 묘사에서는 그의 기민함이 엿보인다. 점성술을 탐구했던 바부르크는 마치 별점을 보는 진짜 점쟁이처럼 대상을 전문적으로 평가할 자세가 항상 되어 있었다.

바부르크는 자신의 사고가 언제나 연구 과제들에 의해 좌지우지된다고 입버릇처럼 말했다. 이것이 진실임은 도서관 일지에서도 명확히 증명된다. 우연의 상호작용과 바부르크만이 가진 고유의 통찰력, 그리고 생산적인 착상들에 관한 사례는 여기에 수도 없이 남아 있다. 예컨대 1926년 말에 그가 고안한 우표를 들 수 있다. "하단에는 바다, 그 위에는 비스듬히 날아오르는 비행기"가 그려져 있고 '브리앙 챔벌린 슈트레제만Briand Chamberlain Stresemann'이라는 이름들이 새겨져 있다. 이 우표는 로카르노Locarno 조약 및 유럽 통합의 이상을 경축하기 위한 것이었다. 바부르크는 이후에 나온 또 다른 디자인의 우표를, 같은 해 10월에 노벨 평화상을 받은 슈트레제만Gustav Stresemann이 도서관을 방문했을 때 그에게 전달했다. 이 우표의 표면에는 라틴어로 "Idea vincit(이상은 승리한다)"라는 표어가 적혀 있었다. 미술사학자가 우표 디자이너로 변신한 것이다. 바부르크는 당시의 우표들을 '시시하고 저속한 작품'이라 부르곤 했는데, 새로운 우표 아이디어는 바로 고품격의 상징적 이미지를 우표에 삽입함으로써 우표의 의미를 재정립하려던 의지의 발로였다. 우표를 현대적 기술 및 '인류의 역동성'을 대변하는 도구로 삼았던 것이다. 그러한 의지는 상징 연구가로서 바부르크가 지녔던, 우표 예술의 역사에 대한 포괄적 관심으로부터 탄생했다.

바부르크가 우표를 아이디어의 전달 도구로 재발견한 이래 이것은 그의 도상 연구에서 확고한 구성요소로 자리 잡았다. 근대의 우표는 엄연한 정치적 기념물이며, 따라서 과거의 문장학적 상징을 답습하는 데 그치지 않는다. 우표는 곧 바부르크에게 '정신적 정치'를 논증하기 위한 최적의 수단으로 자리 잡았다. 한 번은 한스 프라이어를 위시한 라이프치히Leipzig의 학생모임이 방문하기로 예정되었는데, 이때 바부르크는 이들에게 들려줄 사항을 다음과 같이 메모해 두기도 했다. "우표의 제작을 상징적 형상체계로서 탐구할 것." 그러고는 이러한 발상을 신속히 사회학적으로 정리했다. "정치권력자의 사상은 그들이 앞세우는 고전적인 상징 속에 명확히 암시되어 있다. 근대 군주의회는 (상징적 이미지가 담긴) 기념엽서를 제작해 군중을 미혹한다. 항공우편 우표는 국가의 정치적 의도를 대변하는 대신 역동적인 교통수단의 발전을 그리고 있다." 이 문장은 바부르크가 우표를 시대를 진단하는 새로운 도구로 재발견했음을 천명한다. 얼마 후 바부르크는 로마에서 이 이론을 파시스트 정권 하의 이탈리아 우표를 통해 검증할 수 있었다. 단두용 도끼를 국가의 상징으로 삼음으로써 파시스트 정권은 '경찰국가적 권력'을 향한 충성의 맹세를 표출했다. 또한 고대 로마의 상징을 과거로부터 꺼내어 재사용한 일은 그들이 얼마나 '카이사르를 향한 광신'에 빠져 있는지 여실히 보여주었다.

우표들은 특히 바부르크가 사망하기 몇 해 전부터 작업하던 '도상 아틀라스'에서 매우 중요한 요소였다. 도상 아틀라스란 바부르크의 도서관에 설치되어 있던, 각종 예술작품의 사진들이 빈틈없이 붙어 있는 커다란 도판을 의미한다. 각 도판은 특정 연구과제에 필요한 기록을 담고 있었다. 바부르크는 야심찬 '도상 아틀라스 프로젝트'를 통해 자신이 일생 동안 이룬 성과를 집대성하고자 했다. 도서관 일지에는 바로 그 작업 과정이 상세히 기록되어 있으며, 일지의 마지막 즈음에 그가 적어둔, 여러 아이디어가 절묘하게 응축되어 있는 글은 최근 출판된 바부르크 관련 저작에 삽입되기도 했다. 이 일지에서 우리는 이 프로젝트가 어떻게 진행되었는지 하나하나 더듬어볼 수 있다. 바부르크와 그의 동료들은 당시 이것이 완성 직전의 단계에 있다고 여겼다. 우표의 경우와 유사하게 여기에서도 하나의 표제어가 또 다른 발상을 낳았으며, 새로운 발상이 하나 떠오르는 일을 계기로 한 도상 전체가 수정되기도 했다. 작업 도중에 새로운 자료를 발견하면 거기로부터 또 다른 이미지 사고가 탄생했다. 예컨대 이탈리아 정부와 바티칸 교황청 사이에 맺어진 조약이 그랬는데, 바부르크가 로마에 체류하던 중에 이 조약이 선포되던 경사스러운 자리에 직접 참가함으로써 영감을 받은 것이다. 도서관 일지에는 이 모든 도판에 쓰일 사진들을 걸러내고 폐기하는 작업과정뿐 아니라, 다양한 사고를 더할 나위 없이 간결하면서도 인상적으로 정리하고 표현하는 과정도 기록되었다.

이 도판의 제작과 관련해 처음부터 정해져 있었던 것은 대大제목뿐이다. '기억'을 의미하는 그리스어 단어로부터 유래한 '므네모시네Mnemosyne'(기억을 주관하는 여신이자 바부르크의 도상 아틀라스를 지칭하는 용어_역주)가 바로 그것이었다. 그 밖에 다른 모든 것은 그의 생애 마지막 순간까지 '진행 중'이었다. 목표가 바로 코앞인 것 같을 때에도 이 사실에는 변함이 없었다. 도판의 제목은 여러 단계에 걸쳐 구상되고, 도판의 제목이 보여줄 내용도 처음부터 정해진 것이 아니라 이 과정을 통틀어 고찰되었다. 이 과정에서는 즉흥적인 기지가 발휘된 것은 물론 아비 바부르크식 언어의 또 다른 면모가 드러나기도 했다. 개념의 명확성을 달성하기 위한 그의 강박적 노력이 그것이었다. 그 스스로는 이것을 '명확성을 향한 열정'이라 불렀다. 바부르크는 인문학적 지식이 최소한 자연과학에 요구되는 만큼의 정확성은 갖춰야 한다고 믿었다. '므네메Mneme'(기억_역주)나 '엥그람Engramm'(각인_역주)같은 몇몇 주요 개념은 당대의 생물학과 생리학에서 빌려온 것이다. 오늘닐이있다면 그는 아마도 신경학과 컴퓨터 용어를 빌려 썼을 것이다.

이처럼 각양각색의 개념들을 혼용함으로써 도리어 그 자신마저도 소화해내기 어려운 특수 용어들이 탄생한 것은 어쩌면 필연이었는지도 몰랐다. 바부르크가 사망하기 한 달 전에 내뱉은 회의적인 한탄은 유명하다. "그토록 심사숙고해 고안한 개념들을 이제나 스스로도 알아들을 수 없구나!" 특히 후기에 구상한 표현들 중 몇몇 경우는 거의 강제적으로 압축되어 해독이 불가능할 정도이다. "적합성과 한계의 사이를 오가는 철학의 묘사. 기존의 것에 대한 상징은 현재의 적합성에 따라, 알력의 상징은 미래의 한계에 따라." 이 문장이 그 전형적 사례이다. 이 짧은 문장에는 셀 수 없이 많은 의미가 함축되어 있다. 알기 쉽게 정의한 다른 어떤 개념보다도, 어설프고도 고된 바부르크의 노력은 그가 특정한 이미지로부터 동시대인들과는 다른 무언가를 읽어낼 능력을 갖추고 있었음을 여실히 보여준다. 그것은 당대의 미술을 애호하는 대중은 물론 미술사학자들도 인지할 수 없던 무엇이었다. 그가 보기에 현대인의 예술적 기호란 수박 겉핥기식이었을 뿐, 진정한 예술 애호와는 거리가 멀었다. 바부르크에게 예술 작품들이란 어떤 영향력을 지닌 도상들이었다. 그리고 그 영향력을 인지한다는 것은 그림의 표면을 꿰뚫고 더 깊은 내부를 들여다봄으로써 이미지가 내포한 핵심 의미를 간파하는 일, 즉 하나의 그림 속에서 더욱 본질적인 다른 형상이 떠오르는 과정을 인식하는 일을 뜻했다. 예술작품과 도상들은 하나같이, 그 안에 감추어진 채 해방되기만을 기다리고 있는 어떤 의미를 감상자에게 전달하고자 한다.

바부르크에게 이 일은 단순한 숨은그림찾기 이상으로 의미가 있었다. 그림이 전달하고자 하는 의미가 무엇인지 추측하고 해독해내기 위해서는 오로지 그림이 제작된 당시의 역사를 더듬어보는 수밖에 없다. 이때가 되면 그림에 담긴 원초적 의미는 저절로 모습을 드러내기 마련이다. 도서관 일지는 바부르크의 연구 테마, 즉 유사한 이미지들이 하나의 그룹을 이루었다가 다시 해체되는 경로 역시 추적할 수 있게 한다. 다시 말해 이 일지의 독자는 그림들이 지닌 역동성 및 의미가 형성되고 소멸되는 과정을 더듬어갈 수 있다. 이러한 연구 방식이 문화를 다루는 평이한 관점과 거리가 멀다는 인상은 누구나 알 수 있다. 말하자면 이것은 '관습' 및 '그 관습에 의해 강압적으로 각인된 그림의 권위'에 대한 저항이다. 바부르크가 상징 이론에 도입한 역동적 표현 기법은 그림의 영향력에 대한 절대적 선언이며, 거기에는 모든 종류의 타협과 안주安住에 대한 격렬한 거부가 담겨 있다. 오늘날 우리가 어느 우표에 그려진, 바람에 휘날리는 튜닉tunic 차림의 여인의 모습에서 메나드Maenad(그리스 신화에 등장하는 여신_역주)의 모습을 발견한다면 이는 바로 바부르크가 개척한 미술사 연구의 성과이다. 까마득히 먼 고대의 영향력이 현대의 일상적인 그림에까지 와 닿는 것이다.

점성술과 마법, 제식祭式을 그린 도상의 세계가 천박하다는 오명을 벗게 된 것은 바부르크의 공로 덕분이라고 흔히들 말한다. 적절한 용어를 찾아내려 애쓰던 그의 필사적인 노력은 도서관 일지에서도 엿볼 수 있다. 실제로도 그는 이 작업을 통해 자신의 노고를 의미 있게 만드는 데에만 심혈을 기울였다. 그의 노고는 문제 해결을 위해 지불해야 했던 대가나 마찬가지였다. 바부르크는 점성술과 같이 비이성적인 요소들을 평가절하하는 이에게 경고를 던지며 그 요소들을 과감하게 포용했다. 따라서 도상 연구란, 지나간 역사를 이미 종료된 것으로 간주하는 계몽주의적 우월감과 오만한 태도에 대한 비판인 셈이었다. 따라서 우리는 고대 문화의 가치를 강조한 바부르크의 말을 되새길 필요가 있다. 그가 높이 산 고대 문화 역시 이성주의로 대표되는 서유럽의 세력, 즉 로마 제국의 침범으로 쇠락했다. "아테네Athen는 알렉산드리아Alexandria의 지배로부터 재탈환되기를 끊임없이 소망하고 있다."

타협에 거슬러

늙은 야콥 부크하르트Jacob Burckhardt가 1880년대 초 처음으로 괴테의 유년기 시대의 인형극을 보았을 때, 그의 입에서는 탄식이 새어 나왔다. "그러니까 이것이 바로《시와 진실Dichtung und Wahrheit》(괴테의 자서전_역주)에서 그토록 엄숙하게 논의되는, 그리고《빌헬름 마이스터Wilhelm Meister》(괴테의 장편소설_역주)에 등장함으로써 저 가엾은 마리안네Marianne von Willemer(괴테의 연인_역주)를 비롯해 그토록 수많은 독자들의 감각을 사로잡은 바로 그 장치란 말인가." 나는 그의 말을 본떠 이렇게 외치고픈 충동을 느낀다. '커다란 검정색 도판의 모습이 담긴 저 사진들, 그리고 사진 속의 도판에 걸려 있는, 갖가지 미술작품 및 각양각색 그림의 또 다른 사진들, 그러니까 바로 이것이 함부르크 출신의 저 위대한 미술사학자 겸 문화사학자인 아비 바부르크의 유명한 도상 아틀라스이자 그의 한평생에 걸친 연구가 남긴 업적이란 말인가.'

후대에 남겨진 이 커다란 규격의 사진집에는 몇몇 빠진 부분을 제외한 79개의 연작 아틀라스 도판의 사진이 실려 있다. 이 밖에도 알파벳으로 표시된 세 개의 도판이 있는데, 이것은 독자에게 이 프로젝트를 소개하는 도입부 역할을 한다. 하지만 아틀라스에 관해 남아 있는 주해는 두 가지뿐이다. 하나는 1930년경에 출판인 토이브너Teubner에게 프리츠 작슬이 쓴 편지인데, 그는 여기에서 조만간 출판 예정이던 이 아틀라스 프로젝트에 관해 설명하고 있다. 다른 하나는 바부르크가 사망하기 얼마 전인 1929년에 작성한 서문이다. 그 밖에 바부르크의 모든 업무를 함께 한 그의 비서이자 동료 거트루드 빙은 각 도판에 대해 간략한 주석을 남겨 놓았다. 이렇듯 당시에 관련 인물들의 손에 의해 작성된 주해 자료는 얼마 되지 않지만, 각 도판에 실린 그림들이 어떤 주제를 보여주고 있는가에 대한 확인 작업은 오늘날 다양한 연구를 통해 거의 마무리되었디.

이 도상 아틀라스가 미술사에서 거의 전설적 존재임을 상기한다면, 그것의 등장이 의외로 거창하지 않게 이루어졌다는 사실이 의아하게 느껴질지도 모른다. 함부르크 출신의 학자이자 런던으로 망명한 바부르크 연구소의 설립자 아비 바부르크에 관해서는, 유명한 미술사학자 에른스트 곰브리히가 일찍이 전기를 집필했다. 이 책이 1981년 독일어로 출간된 이래 독일에서는 이른바 바부르크 르네상스가 일었다. 그러나 '므네모시네'라 지칭된 도상 아틀라스 프로젝트에 관해서는 그 이전까지만 해도 그다지 알려진 바가 없었기 때문에, 바부르크 르네상스의 초기 사람들은 곰브리히의 해설에 의존할 수밖에 없었다. 하지만 얼마 지나지 않아 1세대 학술논문 및 소논문들이 쏟아져 나왔으며, 곧이어 비엔나 및 함부르크에서 관련 전시회가 열려 그때까지 남아 있던 도판의 사진들이 전시되었다. 이 사진들은 또한 바부르크 자신이 남기거나 이후의 분석가들에게서 나온 수많은 기록물과 더불어 카탈로그나 소책자 등에도 실리게 되었다.

바부르크의 아틀라스는 근대 대중매체 이론 및 최신 문화학 발달에 발판을 마련했다. 더불어 바부르크가 사용한 대표적 용어 '므네모시네'는, 그를 새로이 등장한 '기억의 역사' 분야에서 성인과도 같은 지위로 끌어올리는 데 일조한다. 그렇지만 무엇보다 커다란 흡인력을 발휘한 것은 바부르크가 행한 연구의 내용이라기보다, 수많은 이미지의 조합에서 분출되는 생동감이었다. 콜라주collage에 근접한, 이미지들을 조합해 또 다른 이미지를 탄생시키는 방식은 사람들의 주의를 끌기에 충분했다. 따라서 도상 아틀라스는 그것이 재발견되고 난 후 얼마 동안 미술사 수업 도구라기보다는 심미안의 자극제로 사용되었다. 그러나 이는 바부르크의 의도와는 거리가 멀었음이 틀림없다. 그가 이미지들을 이용해 자신의 착상을 실제 공간에 담아내기 시작한 것은 크로이츨링엔Kreuzlingen의 정신요양소에 머물다 귀가한 후부터였는데, 이때만 해도 그는 도상 아틀라스가 훗날 미학적 목적으로 쓰일 것이라고는 여기지 않았다. 그와 같은 그림 도판들은 1920년대에 그의 문화학 도서관에서 열린 수업이나 전시에 이미 여러 번 사용되었을 뿐 아니라, 이때에도 훗날의 도상 아틀라스와 같은 방식으로 도판 제작이 이루어졌었다. 분류 기준은 이미지 연작, 혹은 서로 연관되거나 대비되는 관계에 있는 이미지 자료들이었다. 바부르크 개인의 독특함에서도 미루어 짐작할 수 있듯이, 하나의 도판을 이루는 이미지들은 이전에는 서로 아무런 상관관계도 없었던 경우가 다반사였다.

지금까지 증명된 학문적 효용성만 봐도 알 수 있듯이 도상 아틀라스는 무한한 효력을 지닌다. 이는 의심할 여지없이 바부르크의 천재적인 사고에서 탄생한 것이다. 여기에서 사용된 '이미지 활용' 아이디어는 이전의 누구도 생각해 내지 못했었다. 게다가 그는 도상에 나타나는 수수께끼를 푼다거나, 그 도상이 지녔던 영향력을 더듬어 올라간다거나, 혹은 미술심리학적 문제들을 제기하는 데에만 자신의 목적이 있는 건 아니라고 생각했다. 그보다는 아주 사소한 분야에 집중되어 있는 각 연구 과제들을 적질이 재구성함으로써 보다 포괄적인 프로젝트를 추구하는 것이 그의 목표였다. 한편 바부르크는 자신의 착상을 최종적으로 문자화하는 데 늘 고충을 겪었으며, 프로젝트를 학술저서로 정리하는 일 또한 성공하지 못했는데, 도상 아틀라스는 그야말로 이 문제를 해결하기 위한 구원책이기도 했다. 꼭 주해가 필요한 경우에는 동료에게 도움을 받았다. 예컨대 그가 이전까지 발표한 연구논문들과 관련된 도상 아틀라스에는 해당 논문을 참고자료 삼아 동료들이 충분히 주해를 작성할 수 있었다. 새로운 도상 자료에 관해 그가 직접 주해를 써야 할 경우도 있었지만, 이때는 간단한 설명만으로도 충분했으므로 큰 부담이 되지 않았다.

바부르크의 유산 중에는 이때 나온 자료들이 수도 없이 남아 있는데, 그와 관련된 내용은 현재 기획 중인 도상 아틀라스 관련 저서에 실릴 것이다. 그 책이 조만간 꼭 출간되기를 바라는 마음이다. 지금까지는 아틀라스에 담긴 도상언어학적 연구가 어떤 의미를 지니는가에 대한 전문적 설명이 나오지 않았기 때문이다. 도상 아틀라스를 단순히 매혹적이고 흥미진진한 이미지 모음으로 여기는 것만으로는 충분치 않다. 도상언어학적 문맥에서 볼 때 바부르크의 영향력으로부터 나온 최초의 파장, 즉 에르빈 파노프스키Erwin Panofsky의 도상해석학적 연구방법이 그림이 아닌 문서 위주로 이루어진 것은 결코 우연이 아니다. 그 이전까지는 신학 연구서들이나 그와 같은 문서 위주의 구성을 지니고 있었다. 여기에서 도상은 기껏해야 인용 자료 수준으로만 실렸다. 도상해석학에 대한 열기가 식어 가는 현재 바부르크 르네상스는 이미지 예술보다는 하나의 사상 체계로 이해하는 편이 옳다.

그러므로 오늘날 바부르크를 지칭하는 표현으로도 '예술 인류학자'라는 개념이 가장 적절할 것이다. 도상 아틀라스에 대해 바부르크가 직접 쓴 서문에도 이미 이러한 암시가 드러난다. 우선 그는 '자연'으로부터 '문화'로 전이되는 과도기의 도상에 대한 포괄적 이론을 염두에 두고 있으며, 나아가 '문화의 기억'에 관한 이론 역시 고려의 대상이 된다. 바로 이 점이 인류학과 상통하는 개념이다. 특히 후자가 설명하고자 하는 것으로, 고대 도상의 특징적 요소들이 르네상스에서 왕성한 생명력을 지니고 부활할 수 있었던 원동력이 무엇인가의 문제가 있다. 바부르크가 원하는 바를 설명하는 데 느꼈던 어려움은 어디에서고 명백히 드러난다. 그는 자신 나름의 기준을 충족시키는 명료성을 확보하는 데 끝없는 노고를 기울였으며, 심지어 아직 숙성되지 않은 생각들마저 함축적인 공식으로 압축하고자 했다. 착상에서 시작해 완성된 문장으로 다듬어나가기까지의 과정은 마치 험난한 가시밭길과도 같았다. 앞서 언급한 서문에도 가능한 한 많은 아이디어를 압축해 넣으려 한 것은 매한가지였다. 무엇보다도 수많은 실험적 아이디어를 공식화하려던 시도가 적잖이 눈에 띈다. 그러나 그 언어 공식들은 너무나 추상적이라서, 이를 읽는 독자에게는 먼저 모든 공식을 해독하는 일이 관건이다. 암시적 표현을 일상 언어로 옮겨야 하는 것이다. 기발한 사고의 경로를 더듬어 나가는 일은 바부르크를 이미 잘 알고 있는 독자들에게도 쉽지 않은 작업이다,

에른스트 곰브리히는 바부르크가 남긴 암호 해독을 수도 없이 시도한 대표적 인물이다. 명망 있는 바부르크 연구가 곰브리히는 수없는 좌절을 거듭하면서도 연구를 멈추지 않았다. 1937년 런던에 도착한 즉시 그는 도상 아틀라스에 덧붙일 주해(공식 출판되지는 않았다)의 집필에 착수했다. 바부르크의 이론적 실험들을 진화론과 연관시켜 바라보아야 한다는 견해도 이때 도출된 결론 가운데 하나임이 틀림없다. 그러나 당시에 진화론은 상식으로 통했기 때문에 바부르크가 이를 굳이 직접적으로 해설한 일은 드물었다. 그밖에 곰브리히가 각고 끝에 내놓은 또 다른 결론은, 예술에 대한 바부르크의 이해가 당대의 미학과 극과 극을 이루고 있었다는 사실

이다. 바부르크는 예의 서문에서 "(예술의 본질은 이해하지 못한 채) 쾌락주의에만 젖어 예술을 탐하는 미학자들과 대중의 태도"를 비웃었다. 그에 따르면 이들은 무엇을 대하든지 "대강의 장식적인 윤곽이 주는 즐거움"이나 찾으려 들기 때문이었다.

문화 이론의 진화론자였던 바부르크는 단편적이고 인위적인 양식 발전사에 기초한 미술사학의 방법론에도 반대하는 입장이었다. 그는 미술을 인습의 타파를 시도하는 주체로 보았다. 예술은 또한 도상들이 오랜 세월을 거치며 전래되는 과정에서 은폐되거나 협소해져 버린 '관념의 틀'을 깨는 해방구이기도 했다. 바부르크는 특히 르네상스 미술 작품들의 의미를 재고하는 일에 주력했는데, 이는 도상 아틀라스를 통틀어 가장 우선적으로 분석되어야 할 주제이기도 했다. 르네상스 미술에 대한 그의 애착은 유럽 인문학 역사상 전례가 없을 정도로 대단했다. 예술 및 문화의 영향력에 대한 그의 전폭적 신뢰를 가장 여실히 보여주는 대목이다. 이 열정에 깃든 정신적 에너지는 오직 예술작품이 지닌 에너지와의 비교만이 가능하다. 하지만 앞서도 언급했듯이, 미술작품을 보며 느끼는 감동을 학구적인 문체로 서술하는 것도 바부르크에게는 노고에 가까웠다. 이 노고는 달리 표현하면 '차별성'이기도 했다. 바부르크는 자신의 문화이론에서 '문명화된 차별성으로부터 비롯되는 공헌'에 관해 고찰한 적이 있는데, 그 자신이 바로 이러한 차별성을 지니고 있었던 것이다.

이미지가 바부르크의 사상에 끼친 영향은 오늘날 도상 아틀라스가 특별한 매력을 갖는 데 일조했다. 도상 아틀라스란 사실 무미건조하고 사무적인 이미지 기록 작업에 지나지 않았음에도, 여기에서는 오늘날까지도 여전히 번득이는 기지를 발견할 수 있다. 무엇이 도상에 그토록 강렬한 생동감을 부여한 것일까? 도상들이 주는 자극에 감화되기 위해서는 먼저 바부르크만의 이미지 언어를 이해 가능한 보통의 언어로 번역, 해설 및 이론화하는 작업이 선행되어야 한다. 그러나 미술작품을 대하는 현재 우리 자신의 태도를 고찰하는 것만이 목적이라면 그렇게 깊이 들어갈 필요는 없다. 므네모시네 도판들 및 거기에 반영된 바부르크 사상의 윤곽을 훑어보는 것만으로도 충분한 참고자료가 되기 때문이다. 바부르크의 도판들은 우리로 하여금, 고정관념의 속박에서 벗어났을 때 그림늘이 얼마나 새롭게 읽히는지, 박진감 넘치는 이미지 배치가 특정 이미지의 의미 해독에 얼마나 큰 도움을 주는지 실감하게 해준다. 아비 바부르크가 도상 아틀라스를 세상에 소개하기까지의 과정은 일종의 고행과도 같아 보인다. 얼핏 보기에 이는 오랜 세월을 거치며 고착된 고정관념을 타파하려는 움직임처럼 느껴질지도 모른다. 그러나 도상 아틀라스 속에는, 오랜 세월 동안 잊혔던 도상의 본질을 재생시키는 효력이 잠재되어 있다.

5

문예비평부터 문명비평까지, 총체적 지성의 아우라

발터 벤야민

Walter Benjamin
1892.7.15-1940.9.27

사유의 비주류성

벤야민은 특정한 몇 가지 사항에서 융통성을 보이지 않는 인물이었다. 예컨대 자신의 연구에 누군가가 영향력을 행사하는 것을 무척 꺼렸다. 아도르노는 1935년 8월 그에게 긴 편지를 썼는데, 이에 대한 답장에서 벤야민은 남들의 권고를 기꺼이 받아들일 준비가 되어 있다는 듯한 태도를 보였다. 하지만 그가 정작 품고 있던 것은 외부의 참견에 대한 완고한 비타협주의였다. 또 에두아르드 푹스Eduard Fuchs에 관해 썼을 때처럼 외부의 강제에 굴복해 마지못해 펜을 들 경우, 그는 자신의 반감을 남들이 눈치 챌 수 없을 만큼 깊숙이 은폐해 두었다. 심지어 독자들이 작가가 대상에 대해 지극히 개인적인 호감을 표현하고 있다고 착각할 때도 그가 쏟아 부은 공감의 말들은 사실상 거부감의 표현이었다. 따라서 벤야민의 글 중 반대의 표현에는 친근감이, 유별난 칭송에는 거부감이 숨어 있다는 결론을 내릴 수 있다.

호프만스탈Hugo von Hofmannsthal의 비극 《탑Der Turm》에 대한 평론을 쓰기로 했을 때도 벤야민은, 이 책을 아직 읽기도 전에 자신의 '개인적인 평가'는 결정되어 있음을 미리 언급했다. 물론 공식 평론은 본심과는 대조적인 어조로 작성하겠으나, 그것이 의견의 변화를 의미하는 것은 아님을 못 박아둔 것이다. 지금은 분실되고 없는, 블로흐Ernst Bloch의《유토피아의 정신Geist der Utopie》에 관한 평론도 이와 유사했을 것으로 보인다. 이 평론에서는 공감과 유보와 거부가 뒤섞여 드러났었는데, 이러한 요소들이 어떤 형태로 분배되었는지 현재로서는 알 길이 없다. 어쨌든 결론은, 자기만 믿고 있는 독자에게 벤야민은 평론에 숨은 의미를 알아서 해석하도록 내맡겨버렸다는 사실이다. 독자가 책을 평가하는 최상의 방법은 자기 자신에게 의지하는 것이라고 지그프리트 크라카우어Siegfried Kracauer에게 고백한 적도 있다. 모스크바 여행 후 모스크바 여행기의 집필을 계획하던 무렵의 일이었다.

좀처럼 글쓴이의 의도를 파악하기 어려운 글을 대할 때 독자는 어쩔 수 없이 무력감을 느낀다. 이러한 종류의 글은 알고 보면 글 자체가 주해註解인 경우가 허다하다. 독자적인 창작물인 동시에 그것에 관한 주해이기도 한 이런 글 속에는 두 가지 장르의 특성이 뒤섞여 구분되지 않는다. 바로 벤야민의 창작물들이 그 자체로서 최후의 주해로 남고자 한 글의 전형이다. 따라서 오늘날 벤야민 사상에 관해 구구절절 난무하는 주석들은 사실 있어서는 안 되는 요소이다. 요컨대 벤야민은 주해가 요구될 만약의 경우에 미리 대비해둔 셈이다. 그런데 사람들이 벤야민의 글들을 순수한 철학적 구상안으로 여기는 바람에 그것의 수용도 본래의 원칙에서 벗어나버렸다. 주해의 형식을 빌려 집필된 벤야민의 글들은 당시 비평가들에게 관례적으로 요구되던 형식에 저항하기 위해 쓰인 것이었다. 《독일 비극의 원천Ursprung des deutschen Trauerspiels, 1928》이 그중에서도 대표적이다. 여기에서 그는 대담하게 시적인 사고 체계가 드러나는, 논쟁의 소지가 있는 글을 탄생시킴으로써 아카데미의 판결로부터 일찌감치 회피했다. 즉, 교수 자격 논문으로 쓴 이 작품이 어차피 학계에서 거부될 것을 예상하고 스스로 제출을 포기한 것이다. 이 작품은 사실상 논문이라기보다 산문시에 가까웠다.

벤야민의 작품들은 어떤 장르의 글이든 대부분 난해했다. 심지어는 자신의 완성작들을 묘사하는 방식마저 복잡다단했는데, 예를 들어 그는 호프만스탈의 《일방통행로》가 다루는 주제를 이렇게 표현했다. "역사에서 영원성보다는 그 이면에 있는 현재성을 포착하는 동시에, 그 뒤에 숨겨진 반대편으로부터 복제물을 찍어 내려는 시도." 표현 하나하나가 극도로 의미심장하다는 것 말고는, 작품을 보는 그의 관점과 관련해 우리가 이 글귀에서 추론할 수 있는 것은 대관절 무엇이란 말인가? 그러한 표현은 묘사의 대상을 드러내기보다는 오히려 더욱 봉인하고 있을 뿐이다. 벤야민의 사상이 주해 쪽으로 전환됨을 보여주는 최초의 증거는 〈괴테의 친화력〉이라는 평론이었다. 이 작품은 사실 괴테의 작품에 대한 평론이라기보다 벤야민 자신의 체험을 암호화해 넣는 데 사용되었다. 바로 이 점을 고려하고 읽을 때만 벤야민의 평론을 이해할 수 있다는 것이 숄렘 Gershom Scholem의 믿음이었다. 여러 가지 가설에 대해 논의하고 있는 이러한 평론조차도 글쓴이가 처한 상황에 대한 주해로서 쓰인 것이다. 벤야민은 이 글 속에서, 작가로서의 자신의 삶이 종말을 맞을 운명임을 관조하고 있다. 이는 객관적이고 조직적인 그의 필법에는 반하는 방식이었다.

벤야민은 또 저술과 서신 교환의 차이점에 대해서도 언급한 적이 있다. 그러나 이렇게 비교하는 것 자체만으로도, 그의 저술활동이 서신 교환과 유사한 특성을 지녔다는 사실이 명백해진다. 벤야민의 견해에 따르면 서신 교환이란 증거물의 일종이다. 이때 서신 교환과 편지 쓰는 인물 사이의 관계는 비문과 그것을 쓴 사람 사이의 관계만큼이나 중요치 않은 사항이다. 벤야민은 이 증거물들이 한 인간의 삶이 진행되는 역사를 보여준다고 말했다. 삶의 각 순간의 모습이 어떻게 인생이라는 총체의 내부로 뻗어 들어가는지도 서신 교환을 통해 관찰된다. 단, 여기서 주의할 점은 그가 '편지'가 아닌 '서신 교환'에 관해 말하고 있다는 것이다. 다시 말해 편지의 발신인이나 수신인 등의 행위자는 여기에서 중요하지 않다. 중요한 것은 바로 편지에 '쓰인 것'이다. 시인 횔덜린Friedrich Hölderlin의 문학에 관한 주해에 벤야민이 언급한 '시로 쓰인 것'과 유사한 개념이다. 바로 이것이 삶이 진행되는 모습과 관련된다는 관념의 기저에는, 이러한 '진행형의 삶'이 하나의 총체로서의 삶으로부터 분리된 존재도, 외부로부터 삶 속으로 뚫고 들어오는 존재도 아니라는 생각이 깔려 있다. 그것은 한 인물의 삶을 구성하는 요소이지만, 동시에 그 인물로부터 독립되어 있다. 요약하자면 진행형의 삶의 단면들은 '개인적 영역'의 내부에 존재하는 '비개인적 요소'이다.

벤야민의 저술은 명백히 이와 유사한 것을 추구한다. 그의 글을 오로지 글 속에 등장하는 '인물'과 연결시켜 해석하려 하면 이해하기 어려워지는 경우가 많다. 벤야민이 글을 쓴 목적은 바로, 한 인물의 개인적 체험만 생각해서는 유추되지 않는 어떤 의미를 가시화하려는 것이다. 그러면 인간은 비로소 단순한 '개인'의 차원을 넘어 하나의 '무대'가 될 수 있으며, 이 현장에는 개인과 동일한 선상에서 관찰할 때는 발견할 수 없는 특별한 것이 존재한다. 이와 같은 종류의 작문은 전혀 독특한 상대와 나누는 일종의 서신 교환이다. 이러한 상호 소통의 방식을 매개로 탄생한 글들에는 동적인 삶의 단면을 보여주는 요소들이 담겨 있다. 벤야민은 창작물들에 그처럼 새로운 요소가 등장하는 일에는 개의치 않을지언정, 창작물의 사후생명에는 불신을 품고 있었다. 그 불신에 대응하기 위해, 낯설지만 신뢰할 만한 요소들을 자신의 글에 도입하려던 의지의 표현인 것이다.

숄렘은 벤야민과 관련해 바로 이 점을 지적하며, 그가 개인적인 것과 비개인적인 것을 혼동하고 있음을 시사했다. 그러나 정작 벤야민은 스스로에 관해 직접 언급한 적이 별로 없었다. 기껏해야 어느 메모에서, 자신이 아무도 알아보지 못하며 사람들을 혼동하는 이유에 관해 언급하고 있을 뿐이다. 여기에서 그가 찾아낸 해답은, 누군가 자신을 알아보는 것을 스스로 원치 않으며 본인이 다른 사람과 혼동되기를 원한다는 점이었다. 숄렘이 지적했듯이 '개인적인 것'과 '비개인적인 것'을 자의적으로 뒤섞어 버리는 행위도 바로 이 소망의 표출이었다. 그는 새로운 깨달음을 개인적인 비밀로만 간직할 수도, 지극히 개인적인 것을 마치 사무적인 일인 양 다룰 수도 있었다. 예컨대 숄렘과의 관계에서 핵심적인 사안이 무엇인가에 관해 쓴 편지를 비서에게 낭독해준 일도 있었다. 숄렘은 이 '지극히 사적인' 동시에 '극도로 비개인적인 편지'에 관해 이후 무기력하게 털어놓았다.

벤야민의 사상을 난해하게 만든 요인도 바로 개인적인 영역과 비개인적인 영역을 혼동하는 습관이었다. 사람들은 특정한 논제 하나가 그에게 왜 중요한지까지는 어찌어찌 끄집어낼 수 있었지만, 그 이상의 이해는 불가능했다. 그에게서 나온 모든 표현은 인간의 자연스러운 이해에 대항해 굳게 폐쇄되어 있었다. 어떤 목적으로 나온 발상이든 결국에는 소용없게 만들어 버리는 일이 그에게는 무척 중요한 듯 보였다. 그의 저술에서 흔히 볼 수 있는 매우 노골적인 인용문들도 그런 폐쇄 기능을 가지고 있었다. 벤야민은 각각의 인용문이 무엇을 뜻하는지에 대해 아무 설명도 덧붙이지 않았다. 독자 역시 거기에 숨은 의미를 해석해내려 해서는 안 된다. 그는 애초부터 인용문에 부연설명을 붙일 의도가 없었다. 심지어 벤야민은 한때 '파사주 작업'을 순전히 인용문 모음집 상태로 출판하려 해서 아도르노를 동요시켰다. 벤야민의 견해로는 이 인용문들에 대한 설명을 늘어놓기보다는 있는 그대로 두는 편이 나았다. 의미를 구체화하려다 오히려 불분명해져버릴 위험이 있기 때문이다. 실제로도 그런 경우가 있었다. 깨달음에 관한 한 이론을 구상했던 일이 바로 그것이었는데, 이 계획이 실패하기 전까지 벤야민은 이것이 곧 자신의 사상의 정수가 될 것이라고 평가했다. "변증법적 형상은 꿈을 재현하지 않는다. 이러한 확신이 내 의도에 반영된 적은 한 번도 없었다. 그러나 깨달음의 돌파구를 내포한 몇 가지 요소가 존재하며, 깨달음의 형상이 그 돌파구들을 통해 태어나는 듯 보인다. 마치 점점이 빛나는 별들이 모여 별자리를 이루는 것과도 같다. 이 위로 포물선이 그려지며 변증법을 유도한다. 변증법이라는 포물선은 형상과 깨달음 사이에 걸쳐진다." 그가 이 표현을 통해 노린 효과가 있다면 그저 '익숙한 내용을 혼란스럽게 만드는 것'이었다고 해도 과언이 아니다. 이해하기 편한 쪽보다는 난해한 쪽으로 설명을 끌고 간 것이다.

벤야민은 겉보기에 아주 명쾌해 보이는 정의를 내리는 데 재능이 있었다. 그러나 그의 정의는 앞의 경우와 마찬가지로 사물의 원리를 밝히기보다는 오히려 더 모호하게 만들었다. 예컨대 '관조'에 대한 논의에서 그는 다음과 같은 표현을 사용했다. "'관조'의 목적은 감각 속에서 순수한 느낌으로 지각되는 것을 가시화하는 일이다. 이는 매우 필연적이며, 이 필연성을 받아들이는 것이 '직관'이다." 이것은 벤야민 사상에 깃든 모호함을 보여주는 전형적인 사례이다. 사실 그의 사상은 처음에는 몇몇 특정한 사상적 조류와 유사해 보이기도 했다. 그러나 문장의 의미를 알 수 없게 만드는 벤야민 특유의 모호성 때문에 결국은 그러한 사상들과도 타협하지 못했다. 그의 사상이 추구하는 것은 잠언도, 단편적 사고도, 성찰도 아니었다. 부득이한 경우 샹포르Nicolas Chamfort의 '금언maxim' 정도로 이해할 수 있겠다. 샹포르는 이것을 다른 말로 '공리axiom'라 표현하기도 했는데, 그러한 표현들이 쓰인 이유는 이 개념이 '법칙'과 유사한 불특정의 무언가를 나타내고자 했기 때문이다. 우리는 이것을 '추상적인 관조' 혹은 '관조 가능한 법칙'이라고 정의할 수 있다. 또한 우리는 벤야민의 사상을 샹포르적인 금언의 형태에 입각해 생각해볼 수 있다. 하지만 이때에도 '법칙'과 '관조'는 서로 명확히 구분되지 않는다.

'목적지를 향하는 길을 제외한 모든 우회로는 바른 길이다.' 벤야민의 모토는 내략 이러했을 것으로 추측된다. 이것이 지닌 이성적 핵심은 단 하나의 관점을 통해서만 이해할 수 있다. 인간은 근대적 현실성을 더 이상 개별적으로 체험할 수 없으며, 인위적 승화를 통해서만 가능하다는 사실이 그것이다. 이는 카프카의 가르침이기도 하다. 이처럼 직접적 체험을 환상과도 같이 설명하는 일은, 익숙해 보이는 요소들 속에 현실의 예측할 수 없는 복잡성을 가시화하려는 목적을 지닌다. 이때는 바로 옆에 있는 사물마저도 아득하고 멀게만 보일 것이다.

벤야민이 카프카를 통해서처럼 자신에 대해 숨김없이 표현한 경우는 없었다. "카프카의 등장인물들이 지닌 순수함과 특별한 아름다움을 올바르게 평가하기 위해 반드시 염두에 둘 것이 하나 있다. 바로 이들은 실패한 자의 손에서 탄생했다는 사실이다. 실패에는 수없이 많은 상황들이 존재한다. 누군가 자신이 최종적으로 실패할 것임을 확신할 때 거기에 이르기까지의 모든 일은 꿈과도 같이 이루어진다고 나는 확신한다. 그러므로 자신의 실패를 열렬히 강조하던 카프카의 태도는 다른 어떤 것보다도 고찰할 가치가 있다." 이러한 종류의 진술은 오로지 자기 묘사로서 이루어질 때에만 강력한 확신이 깃든다. 즉, 이것은 벤야민의 명료한 자기 서술에 해당한다. 하지만 그는 카프카의 궁극적 실패를 확신한 반면 자신도 그럴 것인지는 확신할 수 없었던 듯하다.

숄렘은 이 실패한 인물이라는 개념을 이해하지 못하고 이 발상에 논리적 명료성을 부여하려는 시도를 한다. 실패는 더 많은 노력을 불러일으키는 한편, 그 노력의 성과는 결국 또 다른 실패에 헌납되고 궁극적으로는 모든 것이 수포로 돌아간다는 것이 숄렘의 결론이었다. "실패 자체가 노력의 목적이기 때문에 노력이 성공한다는 것도 당연히 실패를 의미한다." 벤야민에게 실패의 대명사는 바로 유년기였다. 유년기에 관해 그가 말하는 모든 것은 지체와 연관되어 있었다. 그에 의하면 세상에는 되돌릴 수 없는 한 가지 실수가 존재하는데,《일방통행로》에도 나타나 있듯이 그것은 바로 부모로부터 달아나는 일을 지체하는 것이다. 그러나 실제로는 그는 현실에서의 '달아남' 대신에 부모와의 내면적 거리를 유지하라는 쪽으로 지시를 완화했다. "유년기에 경험하는 마흔네 시간의 가출로부터 삶의 기쁨이라는 수정水晶이 양잿물 속에서처럼 결정체를 이룬다."

반면에 아도르노는 벤야민의 인생 경영 실패가 무엇을 의미하는 지 정확히 알고 있었다. 그리고 《부정변증법》 서문에 드러난 자신 의 철학에 의거해 '파사주 작업'의 실패를 설명함으로써 사실은 이 것이 성공한 작업임을 증명했다. 그의 연구가 지닌 '알고 보면 형 이상학적인 측면'을 벤야민은 '허용되지 않은 시적인 요소'라는 이 유로 거부했다는 것이다. 아도르노는 이것을 '항전의 선포'라 명명 했다. 이 개념은 완고한 철학이 겪기 마련인 어려움을 보여주는 동 시에, 그럼에도 불구하고 이러한 철학의 개념은 끊임없이 연구되 어야 한다는 핵심을 담고 있다. 벤야민의 '파사주 작업' 실패는 결 국 그것이 지닌 철학적 위엄을 표명하는 셈이다. 아도르노의 관점 에 이 실패는 "눈을 가린 채 변증법적 유물론을 세계관으로 채택하 는 일"로 '그려졌다.' 벤야민은 비록 항전하기는 했으되, 그가 변증 법적 유물론을 수용했음은 항복에조차 고유의 철학적 발상이 숨어 있다는 증거였다. "벤야민이 '파사주 이론'의 최종본을 집필해야 할 지 말아야 할지 결정하지 못했다는 데서도, 철학이란 오로지 완전 한 실패에 노출되었을 때에만 단순한 연구 행위 이상의 무엇이 된 다는 사고방식을 읽을 수 있다. 이것은 전통적으로 취득된 철학의 절대적 확신에 대한 대응이다. 자신의 사상에 대한 벤야민의 비관 주의는 비非변증법적인 낙관주의의 잔재로부터 나온 것이었다. 그 는 이 잔재를 신학적 색채를 띠던 자신의 초기 사상에서 따온 뒤, 형태를 바꾸지 않은 채 유물론적 사상에 집어넣었다. 아도르노는 벤야민의 표현들이 구심점으로부터 모두 똑같은 거리를 유지하고 있다고 말했는데, 이 언급도 그러한 사상에 어울리는 표현이다. 그러나 그 '구심점'을 하나의 단일체로서 파악해서는 안 된다. 그의 사상에 중심을 잡아 주는 단일한 요소는 존재하지 않았다. 그의 구심점은 분쇄되어 산재하는 것이나 마찬가지였다.

벤야민은 신학과 계몽주의적 제스처를 접목하는 일, 그리고 개인적 관심사에 신학을 활용하는 일을 유행시켰다. 단, 그 관심사는 내면세계의 영역 밖에 존재하지 않는다. 아도르노는 이러한 태도를 그저 받아들이는 데 그치지 않고 사상의 자기 고양으로까지 승격시켰다. 회의에 직면한 인간에게 할 수 있는 일이 남아 있다면 그것은 "의혹의 대상이 된 사물을 구원의 관점으로 관찰하는 일"이다. 구원의 관점으로 세계를 관찰할 때 계몽주의는 스스로를 하나의 계시로 선포하게 되며, 그것으로써 자신이 신학에 대해 지니고 있던 대립성을 해소할 수 있다. 요약하자면 계몽주의가 메시아로서의 자질을 자신의 전유물로 만드는 것이다. 벤야민이 이처럼 역사적 재앙에 역사신학적 가치를 부여했다면, 그의 숭배자들은 그것의 확산에 기여했다. 이러한 맥락에서 벤야민의 사상이 이룬 것은, 후대 철학자들이 역사적 재앙을 집단적으로 받아들이기보다는 개인의 차원에서 관찰할 수 있게 되었다는 점이다.

벤야민의 독특한 메시아 신앙은 신학적 형체를 주관적으로 표현하는 일인 동시에, 개인의 역사적 경험을 통지하는 의미를 지녔다. 그는 이 경험 속에서 뭐라 명명할 수 없는 무언가가 계시로서 나타난 것을 보았다. 그리고 메시아 신앙을 개인의 지적 능력으로 변환

시켜 발휘함으로써 역사적 재앙에 희망적인 면을 부여하고자 했다. 이는 그의 일상에서 강박신경증의 증세를 통해 그 정체를 드러냈다. 벤야민이 종교와 강박신경증에 관한 프로이트의 논문을 주의 깊게 연구한 것도 그 때문이다. 그러면서도 프로이트와는 달리 종교의 탄생을 강박신경증으로 치부하지는 않았다. 그보다도 종교는 강박신경증으로부터의 회복이었다. 메시아의 '유예'는 주관적 '망설임' 즉 현재를 대면할 때의 가장 사소한 방해물들에 개인적인 원인이 있다. 이처럼 개인적 체험을 신학에 비추어 고찰함으로써 벤야민은 독특한 착상을 이끌어냈다. "나의 사상과 신학의 관계는 압지와 잉크의 관계와도 같다. 두 경우 모두 하나가 다른 하나를 흡수한다. 단, 이때 압지에 적힌 것은 하나도 알아볼 수 없게 된다." 그럼에도 불구하고 신학의 근본적 착상만은 사라지지 않는다. 그 밖에도 여기에는 또 하나의 특이한 확신이 내포되어 있다. 즉 한 전통이 붕괴될 때 유일하게 살아남는 것은 그 전통의 구성물 중 무엇이 아니라 전통의 형성을 가능케 하는 발상뿐이라는 점이다. 사람들은 전통 형성 능력이 전통과 함께 몰락할 것이라 여길 것이다. 이상주의는 모든 종류의 '절대성'을 거부하며 무엇보다도 전통에 비판적이지만, 그 궤도의 끝에 다다르면 전통 형성 능력에 대한 이상주의로 변화하는 듯 보인다. 프로이트의 종교 비판도 이와 유사하게, 마지막에 이르면 종교의 전래 능력을 승인하며 끝맺는다. 인식 속에서 해체되는 전통에 대한 숄렘의 착상도 마찬가지로 여기에 포함된다. 다만 이것은 '인식에 의한 전통의 붕괴'가 아닌 '인식으로의 전이'로 이해되어야 한다. 여기에는 인식을 '완성된 전통' 즉 '카발라Kabbala'(유대교 신비주의_역주)로 여기는 듯한 태도가 엿보인다.

벤야민은 시사 정치에 아무런 관심도 보이지 않았다. 숄렘도 청년 시절을 회상하며, 정치와 관련된 모든 것은 벤야민을 그저 스치고 지나갔을 뿐이라고 증언했다. 독일의 상황으로부터 벗어나기 위해 1932년 이비자Ibiza로 망명했을 때에서야 그는 통찰력 있는 동시에 착각이기도 했던 착상을 바탕으로 역사적 사건을 관조한다. 이 발상에 그는 스스로 자부심을 느끼고 있었는데, 나치의 제3제국은 마치 모든 승객이 타기 전에는 출발하지 않는 기차와도 같다는 생각이 그것이었다. 이 기차는 결국 출발한다. 그러나 중요한 점은 출발 시점이 아직 모두가 올라타기 전이었다는 사실이다. 이러한 발상의 오류는 무엇보다도 벤야민이 지닌 현실성과의 거리가 증명하고 있다. '카프리Capri 섬에서 맞은 사상적 전환기'에 즈음하여, 그는 그때까지 자신의 사상에서 다루었던 '현재성들'을 "유행이 지난 것으로 단정 짓곤 했다"(교수 자격 획득의 실패를 독일의 대학들을 둘러본 '구식의 역마차 여행'으로 표현한 것도 이와 마찬가지이다).

이는 자신의 태도에 대한 경멸적 평가 이상의 무엇이었다. 왜냐하면 그가 자신의 사상에 새로운 지평을 열기로 결심했을 때에는, 앞서 구식 사상이 그랬던 것과 마찬가지로 무리한 극단성이 평가의 기준으로 작용했기 때문이다. 지난 사상의 빈자리는 전환기를 거치며 '공산주의적 징후'로 대체되었는데, 언제나 그래 왔듯이 마르크스주의에서도 벤야민은 비주류였다. 1929년 이래 벤야민의 저작들에 나타나는 마르크시즘적 경향에는 그의 사상 특유의 비주류성이 여실히 보존되어 있다. 비주류적이라는 단정은 브레히트Bertolt Brecht와 아도르노 사이에 위치하던 그의 불안정한 입지를 고려해야만 쉽게 내려진다. 두 사람은 모두 그에게 마르크스주의에 접근할 것을 권장했다. 둘 중 한 사람은 벤야민이 이를 기준으로 자신의 입지를 어림할 수 있게 만들고자 했고, 다른 한 사람은 그가 마르크스주의에 압도당하도록 하려는 의도를 지니고 있었다. 한편 벤야민은 거부감을 유발하는 이 두 사람의 요구에 단호한 우유부단함으로 대응했다. 다만 브레히트에게 다소 호감을 가졌었는데, 마르크스주의 때문이라기보다는 브레히트의 결연한 언어 속에 그 언어만으로는 파악할 수 없는 뭔가가 내포되어 있을지 모른다는 희망 때문이었다. 브레히트가 벤야민의 입지에 관해 공식적이고 결단력 있는 확증을 듣고자 한 반면, 벤야민은 자신의 입지를 완전히 유기한 채 브레히트의 유물론으로 잠복해 들어갔다.

호르크하이머Max Horkheimer와의 관계에서도 마찬가지로 유물론적 문제를 둘러싼 오해가 지배적이었다. 이 두 사람은 오로지 서로 의견 차이가 있다는 사실에서만 의견일치를 볼 수 있을 만큼 서로를 이해하지 못했다. 호르크하이머는 저 조잡한 유물론을 대체할 유려한 유물론을 내놓는 일이 벤야민에게 주어진 과제라고 생각했다. "나는 당신의 시도가 유물론적 사고방식에 공헌할 만한 훌륭한 결과를 가져올 것이라고 확신합니다"(1935년 9월 18일). 그러나 이 과제가 달성되기는 어려울 것임을 호르크하이머는 애초부터 알고 있었다. 유물론이 주는, 유려한 사상으로부터의 해방에 대한 기대는 바로 벤야민이 여기에 호감을 가졌던 근거였기 때문이다. 유물론의 내부에 유려함을 은닉할 수 있다는 생각도 매력으로 다가왔다. 이러한 매력에 혹해 그는 한때 공산당에 가입할 것조차 고려했는데, 순전히 궤변적인 오판에서 나온 이 착각은 비즈니스계의 모험 전략에 내포된 위험성에 비견할 만하다. 하지만 사람은 그렇게 예측 불가능한 요소, 영향력의 범위 밖에 있는 요소가 많을수록 점점 더 조직적으로 승패 확률의 계산에 몰입하게 된다. 벤야민이 마르크스주의에 심취했던 것도 이러한 맥락에서 이해할 수 있다.

공산당과 마르크스주의, 유물론을 향한 자신의 입장에 관해 벤야민은 이미 1919년에 쓴 일기에서 정확히 예상하고 있었다. 그는 여기에서 사회주의 내에서 지성인들이 맞이하게 될 운명에 관해 언급했다. "이러한 사회 질서 속에서 지성인은 미치광이로밖에 여겨지지 않는다." 공산주의와의 거리를 좁힌 카프리에서의 사상적 전환기는 자신의 예상을 진실로 만들기 위한 자기 실험이었다. 스스로를 자신의 선견지명에 일치시키려 했던 것이다. 그러나 그가 본래 이상주의자였다는 사실이 이 유물론에서도 드러나는 것은 부인할 수 없다. 유물론을 이상주의와 연결시키는 고리는 바로 정신적인 측면이었다. 이상주의적 관념의 거북스럽고 불충분한 면을 그저 참고 견디는 일은 어렵지 않았지만, 조잡한 유물론을 통해 이 거북스러움을 극복할 수 있을지는 미지수였다. 유물론의 핵심 요소인 물질적 원인과 조건이 정신적 현상을 설명하는 데 적합해지려면, 먼저 이들 자체가 정신적인 것으로 다루어져야 한다. 다만 유물론은 정신 현상도 물질적 작용의 산물로 여기므로 이것이 정신적인 것이 된다는 것은 스스로에 대한 반증이 될 수 있다. 유물론은 비물질적 성향을 띠는 조건하에서만 그 본질을 훼손시키지 않으면서도 정신적 존재로서 영향력을 행사할 수 있게 된다. 18세기의 살롱Salon(18~20세기에 성행한, 문화나 철학, 정치 등에 관한 토론과 사교의 장_역주)들에 등장한 유물론이 바로 그러한 경우였다. 그러나 이때 유물론은 완전한 변이를 거치지 않고 끝까지 속세적인 것으로 남는다. 지드André Gide가 묘사한 것처럼 하나의 발상이 탄생함과 동시에 그것에 상반되는 발상도 동반하는 정신적 역동성의 표출로서 존재하는 것이다. 반면에 벤야민은 기존 사상을 고루한 것으로 치부해 완전히 다른 것으로 교체해 버림으로써 상반되는 발상을 찾고자 했다.

자신의 지난 사상을 서슴없이 구식으로 정리해 버리는 벤야민의 태도는, 구체제에 대항하던 68세대가 그의 마르크스주의에 매력을 느끼게 된 동기였던 듯하다. 그러나 벤야민을 재현하려 학생들이 벌인 한바탕 연극의 대가는, 이들이 점점 더 벤야민 사상의 본질에서 벗어나면서 걷잡을 수 없이 커져버렸다. 벤야민의 저작을 마르크스주의적 혹은 유물론적인 작가의 것으로서 수용하려던 당시의 시도는 하나의 에피소드로 막을 내렸다. 그렇지만 이들은 자신에게 대응하는 세력마저 인식의 대상에 포함시켰다. 이렇게 거부마저도 포용한다는 점에서 이러한 수용은 충분히 매력적이었다. 그들이 관대할 수 있었던 이유는 마르크스주의를 거부하는 태도를 주저의 표시로 간주했기 때문이었다. 벤야민이 마르크스주의라는 타개책을 택하기로 단호히 결심해 놓고도 다소 망설였던 것과도 같았다. 그는 결단력이 요구되는 이 상황에서 계시와도 같은 영감을 따름으로써, 현재를 포기하고 과감하게 미래를 향해 전진하고자 하는 의지를 부여받았다. 그가 '제2의 현재'로서의 과거 속에서 움직였던 것과도 같았다. 제2의 현재란 기억에 저장된 과거 속에서의 현재를 의미한다. 이 착상은 영향력을 상실한 채 양적으로만 과도하게 많아져버린 전통에 대한 대응책으로 나온 것이었다. 현대 사회는 이 전통을 마치 혜성의 꼬리처럼 끌고 다니게 되었다. 현재의 삶에 대한 인식을 이미 죽은 과거의 환영으로부터 해방시켜야 한다는 것은 마르크스Karl Marx의 근본 사상이었다. 반면에 벤야민에게 '제2의 현재'는 노후해져버린 과거를 붙들어 맴으로써 진보의 양심을 괴롭히는 요소였다.

벤야민은 고유의 유물론을 통해 스스로를 브레히트식 '기능전환의 예술'의 대상으로 만들었다. 브레히트는 카프카를 '유일한 진짜 볼셰비스트'라고 칭하기도 한 인물이었다. 그러나 이러한 자기 실험도 벤야민에게는 하나의 수단에 지나지 않았다. 루카치Georg Lukács의 《역사와 계급의식》을 읽던 중에는, 변증법의 헤겔식 관념 및 주장은 공산주의에 반하는 입장인데, 자신이 착각하는 것이 아니라면 이와 맞서는 논쟁에서 그가 지닌 허무주의적 기본법칙이 표명되고 있는 것이라는 고백이 나온다. 그만큼 자신의 허무주의를 근본까지 파헤치기 위해서는 어떤 수단도, 심지어 유물론마저도 그는 마다하지 않았다. 유물론을 대하는 벤야민의 태도를 더할 나위 없이 잘 보여주고 있는 한 가지 사실이 있다. 그는 한 단계 발전된 유물론적 이론의 소유자라고 자부하며 이것을 좀 더 유용하게 사용하고자 했는데, 그 뒤에는 더할 나위 없이 사적이고도 내밀한 연유가 자리했다. 이 이론은 연모의 대상에게 가는 길을 열어주는 매개였던 것이다. 1935년 11월 24일에 그는 알려지지 않은 어느 여성에게 편지를 쓴다. 결국 발송되지는 않은 이 편지에서 그는 '역사적 인식'이라는 천칭, 그리고 '현재의 인식'이라는 추가 놓인 지울판에 관해 쓰고 있다. 당대 미술의 생존 조건에 관한 성찰을 통해 그는 이 저울판에 '몇 안 되는 무겁고도 육중한 무언가의 무게'를 달았다고 말한다. 편지에 따르면 그는 비길 데 없이 훌륭할 뿐 아니라 전혀 새로운 통찰력에서 나온 개념 및 그것의 표현법을 생각해냈으며, 마침내 "수없이 여러 번 논의의 대상이 되었음에도 검증되지는 않았던 유물론적 예술 사상이 이제는 존재한다"고 자신하게 되었다. 편지의 수신인은 바로 그에게 유물론적 모티브를 제공한 장본인이자 연모의 대상 아샤 라시스Asja Lacis였다. 벤야민에게 이 시기는 유물론과 사랑이 접합점을 이룬 셈이었는데, 마치 이것이 그의 이론에 행운으로 작용한 듯했다. "이 이론은 내가 당신을 만난 이래로 발견한 이론들 중 가장 훌륭한 것입니다. 그래서 저는 가끔 이것을 당신에게 보여드리고 싶다는 생각을 합니다."

사람들이 벤야민을 채 재발견하기도 전, 그리고 그의 저작들 중 두 권으로 구성된 소박한 《벤야민 선집Schriften, 1955》만이 출판되었을 때, 그의 글들은 마치 잊혀진 시대로부터 유리병에 담겨 흘러온, 생동감 넘치도록 난해한 편지처럼 여겨졌다. 그 복잡함은 전후 유럽에 유행하던 실존주의가 지닌 강박적인 직설법과는 대조되는 매력이었다. 벤야민 사상을 유행처럼 따르던 진보적인 학생들이 마침내는 이 저서를 자신들의 사고방식에 끼워 맞추어 숭앙하기 전, 그리고 그것이 엄숙한 아카데미 의식에 휩싸여 버리기 전에는, 벤야민 사상에 뚜렷이 드러나는 난해함에도 불구하고 그것을 읽는 일을 고통스럽지 않게 하는 무언가가 존재했다. 그의 초기 선집들 중 하나인 《계몽Illuminationen》의 제목에 바로 그런 것이 담겨 있다. 당시 순진한 독자들이 당면했던 수수께끼 중 하나는 바로 벤야민 사상이 지닌, 풀이가 전혀 불가능하다는 특성이었다. 그 앞에서는 어떠한 시도도 헛수고가 되어버렸다. 게다가 어떠한 유물론의 흔적도 찾을 수 없었기 때문에, 브레히트와의 연결고리를 찾는다는 것도 당시의 독자들에게는 상상도 할 수 없는 일로 여겨졌다. 거의 사십 년이 흐르고 나서야 작가의 삶과 사상적 환경에 관해 엄청나게 많은 것이 밝혀졌다. 이제 남아있는 과제는 사람들이 벤야민 사상을 최초로 접하던 즈음에 받은 은폐되지 않은 인상을 되찾는 일이다. 전후戰後 세대에게 벤야민은, 샤를 페기Charles Péguy의 개념을 빌려 표현하자면, '신비주의자'의 범주에 속했다. 신비주의자란 책략, 전후 상황의 계산, 사물의 도구화 등으로 특징지어지는

'정치적 인물'로의 하락 이전의 상태를 표현하는 개념이다.

또 한 가지 명확히 해야 할 것은 전후 세대가 벤야민 사상에 친숙하게 다가갈 수 있던 동기가 무엇인가 하는 점이다. 그토록 스스럼없고 친밀한 그들의 태도는 무엇에 근거했던 것일까? 자신들이 숭배하는 벤야민 만큼 생전에 '경계선과 거리 두기의 의미'에 커다란 가치를 부여한 사람은 드물었음에도 그랬다. 벤야민을 둘러싼 이 상황은 일종의 '성인聖人에게 친밀하게 다가가는' 무례한 태도가 재현된 것이었다. 그 자신은 이러한 사례로 카프카에 대한 막스 브로드Max Brod(체코 출신의 작가이자 카프카의 절친한 친구. 자신이 사망하면 미발표 원고들을 없애 달라는 카프카의 요청을 거스르고 그의 작품들을 정리, 출간한 장본인_역주)의 태도를 들며, 이를 경건주의pietism의 종교사적 징후로 묘사한 바 있다. 벤야민 숭배 의식 중에 이 경건주의 경향이 다시 한 번 등장한 것이라 할 수 있다. 숭배자들은 또한 작가에 대한 신성화를 통해 벤야민의 사상을 거리낌 없이 수용하는 와중에 사상과 작가 개인의 경계선마저 거리낌 없이 허물어버렸다. 벤야민 생전에 주목받지 못한 대가는 사후에 찬양으로써 돌려받았다. 비어 있던 자리를 마침내 숭배가 차지한 셈이었다. 벤야민을 둘러싼 특징은 그렇게 두 가지로 양분되는데, 하나는 동시대인들의 무관심이 동반된 무소속성, 그리고 다른 하나는 열렬히 발산되는 현대인들의 호응이다. 벤야민에게서 특정한 거리를 둔다기보다 거리낌 없이 숭앙하는 태도 때문에, 현대인들이 그의 사상을 대할 때 어떤 신빙성 있는 지적 가치평가 기준을 지니는지는 파악하기 어렵다. 모든 형태의 숭배에는 그 정신적 대상을 대하는 분별 있는 태도가 결여되어 있는 법이다. 숄렘을 통해서도 확인되듯 초기에는 오로지 친구 관계라는 매개를 거쳐서만 대중에게 인지되던 벤야민은, 이제 그 매개물을 벗어나 독자적으로 세상 사람들 앞에 세워졌다.

벤야민에게 접근하기 위해서는 우선 현대적인 사고방식으로는 이해하기 힘든 문장들을 모두 적어 두는 것이 좋다. 그러다 보면 독자들은 그가 자신의 작품을 통해 '거짓 꾸밈'의 흔적을 남기고자 했다는 사실을 발견할 것이다. 그의 표현들은 그것이 무엇을 다루는지 암시하고 있을 뿐이다. 특히 벤야민은 다른 어떤 작가보다도 '꾸밈'을 신뢰했다. 이때 제기되는 논쟁점은 벤야민에게 중요한 점이 무엇이었는가 하는 의문으로 귀결될 수 있다. 여기에 대한 해답은 꾸밈을 통해 암호화되어 있으며, 바로 그 점이 그의 저작에 도박과 같은 모험적 특성을 부여한다. 이 도박에서는 미지의 것, 나아가 전혀 예측 불가능한 승부에 내기를 걸고는 심지어 패하는 순간까지도 자신의 계산이 옳았다는 주장을 고수한다. 이는 왜상歪像과도 비교할 만하다. 서로 엉킨 선들 때문에 얼핏 왜곡되어 보이는 이 형상은 적합한 지점에 서서 관찰하는 순간 갑자기 매혹적인 광채를 드러낸다. 벤야민의 사상에는 바로 이런 잠재적 진리가 숨어 있다.

'불가능의 철학'의 대변인

　　발터 벤야민의 사후명성은 사실 그의 생전의 명성에서 비롯된 것이 아니었다. 심지어 그가 평론가로서 광범위한 활동을 펼치던 시기에도 그의 존재를 아는 사람은 소수에 불과했다. 단지 벤야민에 관해 공식석상에서 자주 언급하던 친구 테오도어 W. 아도르노만은 자신이 한 아주 초기의 진술에서부터 여러 근거를 들며 이를 반박했다. 하지만 다른 한편으로, 그와 절친했던 다른 동료들의 감탄에조차 언제나 납득하기 어려운 무언가가 존재했다. 마치 벤야민에 대한 그들의 존경심은 아직 모습을 드러내지 않은 '미래의 벤야민'을 향한 것 같은 인상을 준다.

　　아도르노와 게르숌 숄렘은 훗날 사람들이 벤야민에 대해 가질 인상을 형성하는 데 가장 큰 영향을 미친 이들이었다. 그러나 두 친구 모두에게 생전의 벤야민은 영원히 이행되지 않은 약속과도 같은 존재였다. 어쨌거나 그와 가장 가까운 친구들은 이렇게 자신들의 사상 속에서 벤야민의 사상이 사후 피난처를 찾을 수 있도록 도와주었다. 그래서 탄생한 것이 아도르노의 벤야민, 숄렘의 벤야민, 혹은 한나 아렌트Hannah Arendt의 벤야민이었다. 그러나 각각의 벤야민은 서로 조화되기 어려운 형상을 하고 있다. 예컨대 아도르노가 묘사한 이 철학자는 스스로의 불가능을 깨닫는 철학의 현신現身이자 전후 시대의 결승전이 열리는 무대 위의 주인공, '베케트Samuel Beckett의 형제'와도 같았다. 여기저기 흩어져 있는 데다 저마다 다양한 문학적 형식을 지닌 벤야민의 저작들은, 아도르노가 그린 이미지를 통해 마치 마법사의 손을 거친 듯 예상치 못했던 명료성을 획득했다. 그러나 아도르노는 그의 사상을 묘사하면서 친구의 실제 모습이나 시대적 조건 등에는 거의 손대지 않음으로써, 벤야민의 이미지에 어떤 초시간성을 창조해 냈다.

1940~1950년대에 태어나 60년대 초반부터 소위 '벤야민 르네상스'의 부흥에 기여한 세대는 바로 이 초시간성과 만난 것이었다. 그들은 이러한 이미지를 좇는 동시에 벤야민 사상에 관해 하나의 계보를 고안해 내고, 그의 지각과 예민한 감지력을 향한 무조건적 신뢰로 무장한 채 선대가 남긴 경험의 지뢰밭을 헤쳐 나갔다. 이러한 과감함은 벤야민의 사상을 받아들이고 그 속에서 피난처를 찾음으로써 그들이 느낄 수 있었던 안전함에서 기인했다. 끝을 알 수 없는 이 '벤야민 추종 현상'에는 또 한 가지 기이한 점이 존재했는데, 바로 벤야민 사상에 커다란 비중을 차지하는 형이상학적 철학에 대한 근접성을 이 세대는 전혀 알지 못했다는 사실이다. 또한 벤야민은 문학 및 철학계의 수많은 인물들, 예컨대 시인 슈테

판 게오르게Stefan George를 중심으로 하는 게오르게파Georgekreis나 플로렌스 크리스티안 랑Florens Christian Rang, 혹은 막스 코메렐Max Kommerell 등과 뚜렷한 친화력을 보이고 있음에도 이들은 벤야민 추종자들의 정신적 토대에서는 제외되었다.

암호화된 메시지

벤야민이 사용한 언어는 전염성이 강하다. 그러나 오로지 벤야민 단 한 사람만을 염두에 두고 탄생하기라도 한 듯, 이 언어는 오로지 벤야민에 관해 사용될 때에만 생동감을 얻는다. 벤야민의 사상 중에서도 단지 그라는 인물상에 접근하고자 하는 독자들에게 이 언어는 그를 알아보게 해주는 식별 신호와도 같다. 그러나 이러한 법칙은 전적으로 벤야민 사상의 수용에만 한정적으로 적용된다.

벤야민의 도시 이미지 혹은 '사유 이미지' 연구 저술들은 1920~1930년대에는 원래 문예비평 장르에 속했다. 그러나 이것이 사후에 명성을 얻었다고 해서 이 장르의 부활에 기여한 것은 아니다. 후대의 벤야민 연구가들이 이 저작들을 연구함으로써 얻을 수 있는 소득은 단 하나, '벤야민'이라 이름 붙여진 사상의 공간을 탐색하는 것이었다. 이 공간은 세상 모든 지도들 중 단 하나의 지도에만 표시되어 있는 것과 같아 정확한 위치를 찾기 힘들다. 벤야민의 글이 그만큼 유일무이한 독특성을 지녔다는 뜻이다. 지그프리트 크라카우어Siegfried Kracauer는 〈프랑크푸르트 알게마이네 차이퉁〉

에 벤야민의 도시 해석 에세이와 유사한 사설을 정기적으로 투고한 적이 있지만, 이 글의 모음집이 출간되었을 때는 벤야민의 경우와는 다르게 거의 주목받지 못했다. 여기에는 독자를 사로잡기에 역부족인 아주 미미한 정보만이 담겨 있을 뿐이었다. 기술적인 면에서 많은 것을 배울 수 있다는 점도 장점으로 작용하지는 못했다. 결국 크라카우어의 작품은 아도르노가 붙인 《크라카우어 에세이》라는 제목에서도 보이듯, 전형적인 현실주의로만 낙인찍혔다. 벤야민과는 비교할 수 없는 지그프리트 크라카우어의 '현상에 대한 충실함'과 '평이한 지각력' 때문에 이 글들은 후대에선 아무런 쓸모도 없었다.

그에 반해 벤야민은 수수께끼 같은 지각력을 지니고, 지각한 것을 은유적으로 표현함으로써 한층 더 심오하게 만드는 인물이었다. 그의 저서는 바로 이러한 특성들이 발현되는 공간이었다. 그를 추종하던 젊은이들 사이에서는 곧 벤야민이라는 인물 및 그의 회상 스타일에 맞추어 도시 지형을 해석하는 일이 관례처럼 되어버렸다. 《베를린의 유년시절》과 같은 지형 묘사 저서에 무대가 된 장소들이 거의 남아 있지 않다는 사실쯤은 큰 문제가 되지 않았다. 어차피 벤야민의 여행기는 본래 '몰락한 것'을 찾을 목적으로 구상되었기 때문이었다. 현실의 도시가 파괴되었다고 해서 가상의 몰락에 대한 고찰이 방해받을 일은 없었다. 그의 저서는 '몰락한 모든 것'에 대한 회고록으로 읽히게 되었으며, 이러한 독서방식의 끝에는 언제나 작가에 대한 회상이 등장하곤 했다.

권위의 붕괴

벤야민 사상을 접할 때 오로지 벤야민 한 사람만을 고려하던 초기 세대의 습관은, 그의 모든 저작들을 대하는 태도에서도 여실히 드러났다. 그것이 독일의 비극을 다루는 논문이든, 괴테의 친화력에 관한 논문이든, 재생산성에 관한 글이든 모두 마찬가지였다. 이 모든 것은 벤야민이 일구어낸 고유의 문학 장르라는 구심력을 중심으로 이루어졌다. 즉 벤야민에 의해 영감을 받은 연구 방식과 '명료한 인용문의 모음집'이라는 기본 형식에만 머물러 있었다. 작품들이 다루는 대상에 관한 독자적인 연구는 거의 개발되지 않았다. 이는 벤야민의 평론을 특징짓는 비非객관성에서 기인한 것으로 볼 수 있다. 왜냐하면 벤야민은 글에서 중심 소재가 되는 대상의 핵심이 완전히 자신의 사유 영역으로 흡수될 때까지 그 대상을 포위하고 거리를 좁혀 들어갔기 때문이다. 그리고 마침내 그 대상은 사유하는 사람과 완전히 동화되어 객관성을 잃는다. 사유의―이 부분은 그의 가장 초기 관심사였던 초기 낭만주의와 연관이 있다―대상이 무엇이건 간에, 그것을 향해 한 걸음 접근하는 만큼 자기 자신에 대한 거리 역시 좁혀간 것이었다. 달리 표현하자면 극도로 난해한 글들을 쓰는 벤야민 고유의 능력은, 그를 자신의 내면에서만 움직이게 했을 뿐 그 영역 밖에 있는 다른 어느 곳으로도 이끌고 가지 않은 것이다.

그의 저작들은 그 자체로서 이미 특정 대상에 관한 주해임에도 불구하고 그 내용이 너무나 난해해, 최소한 그 저작과 같은 분량의 주해가 추가로 필요할 정도였다. 그러나 벤야민은 언제나 자신의 글이 해당 테마에 관한 최종적 해설을 제공해야 한다는 전제하에 글을 쓴 듯하다. 이렇게 그의 글들이 언제나 최후적 성격을 띠고 있다는 사실은 그것이 '신성한 책'으로 추앙받는 데 근거가 되었다. 이후 어느 한 세대의 벤야민 연구가들은 이 품격을 훌륭히 습득하여 자신들의 글쓰기에 활용하기도 했다. 그리하여 그들의 연구 보고서는 벤야민의 원문이 그랬듯 불가침성을 지니게 되었다.

아도르노는 자신의 이론에 벤야민의 글들을 활용한 최초의 인물이었다. 사람들은 초기에 아도르노를 통해 벤야민을 배운 것이나 다름없었다. 그러나 아도르노는 이후의 다른 어떤 대가보다도 다양한 목소리와 문학적 유연성을 지니고 벤야민을 세상에 소개했다. 그는 벤야민의 저작에서 '전통이 지닌 권위의 붕괴 흔적'을 추적했으며, 여기에서 찾아낸 흔적을 모든 종류의 '권위 붕괴 현상'에 적용해 설명했다. 하지만 그가 이때 벤야민을 권위의 붕괴에 일조한 은밀한 공모자로 해석한 반면, 스스로를 경솔하게 '반反권위적' 세대로 칭했던 그 다음 세대는 벤야민을 '권위의 붕괴 이후 마지막 남은 최후의 권위'로 추앙했다. 이 진보적인 세대는 이미 오래전에 이루어졌어야 했던 옛 권위의 청산을 달성하는 것을 목표로, '이미 쓰러져 가는 것이라도 완전히 쓰러질 때까지 쳐야 한다'는 것을 슬로건으로 삼았다. 그러나 이것은 벤야민의 지적인 태도와는 대조를 이룬다. 벤야민은 당대의 시대정신에 의해 청산된, 아주 미약한 근거를 지닌 논제들까지도 신중히 다루곤 했기 때문이다.

참수斬首로의 초대

벤야민을 마르크스주의적 사상가로 분류하려던 시도만 제외하고는 벤야민 해석을 둘러싼 갈등은 예상외로 거의 일어나지 않았다. 1972년 이래 발행된 방대한 벤야민 논문 전집은 그를 둘러싼 조잡한 마르크스주의적 논쟁에 대항하는 방어물로 기획되었다. 그럼에도 발행인은 벤야민 사상의 유물론적 모티브를 강력히 강조했는데, 그 이유는 벤야민의 친구인 숄렘 때문이었다. 숄렘이 벤야민의 신학적 성향을 지나치게 강조했기 때문에 이에 대한 논의를 완화하려고 했던 것이다.

그처럼 아도르노와 숄렘은 벤야민의 마르크스주의적 면모를 은폐하려 했다는—이 한 가지 공통점 외에 두 사람이 제시한 벤야민의 이미지는 전혀 달랐다—의혹을 받곤 했다. 그러나 기우와는 달리 벤야민 추종자들이 쌓은 성벽이 무너지는 일은 일어나지 않았다. 무척이나 독선적이던 숄렘은 현존하는 벤야민의 가장 오래된 친구를 자청하며 그를 마르크스주의로 편입시키려는 모든 시도에 대항했다. 이 부분에서 관대함을 보이지 않기는 아도르노도 마찬가지였다. 그는 이미 벤야민 생전에 브레히트로의 접근을 저지했을 뿐 아니라, 벤야민이 마르크스주의에 대해 보였던 호감을 변명하기 위해 어떤 가설을 궁리해냈다. 즉, 벤야민의 태도는 호감이 아니라, 마르크스주의자들이 자신의 이론에 공격을 퍼부을 것에 대비해 면역력을 키우려는 처신이었다는 것이다. 하지만 1960년대 말 이래로 진행된, 벤야민 추종 세력을 '시민적'이고 '마르크스주의적'인 세력으로 분류해 넣으려던 일련의 시도는 어차피 점차 사그라졌다. 마르크스주의를 대하던 벤야민의 태도에 명확성이 결여되어 있었다는 점을 고려해보면 이는 필연적인 귀결이었다. 비주류성을 선호하던 그의 연구 습관은 마르크스주의에 관해서도 최대한 주변적 관점에 서도록 그를 인도했다. 뿐만 아니라 그는 마르크스주의적 지식을 습득하자마자 이것을 신학적으로 변형시켰다. 그러니 벤야민의 사상에서 마르크스주의 성향을 찾으려던 무리가 금방 시들해진 것도 무리는 아니다.

그가 공산주의의 정치적 현실을 알면서도 마르크스주의적 환상을 버리지 않았던 데에는 애정도 한몫했다. 구소련 출신인 아샤 라시스와의 첫 만남이 계기가 된 것이다. 이때부터 벤야민의 태도는 거의 무조건적으로 돌변해, 그 자신은 물론 다른 누구라도 공산주의를 위해 감수해야 했을 대가를 적나라하게 눈앞에서 확인하고도 물러서지 않았을 정도였다. 이처럼 공산주의에 일시적 호감을 품었다는 이유만으로 벤야민의 명예가 훼손되었다는 주장도 나왔으나, 이는 근거 없는 것이다.

벤야민 추종 좌파가 그의 프롤레타리아적 호감을 둘러싼 착각에 빠져 있던 기간은 무척 길었다. 프롤레타리아 제식祭式이 후기 부르주아지의 장식품에 지나지 않게 되었다는 사실을 간과했던 것이다. 이러한 추세가 시들해진 결정적인 이유는, 마침내는 벤야민 사상이 정치적 테마에 부적합한 것임을 그들이 깨달았기 때문이었다. 그 밖에 또 한 가지 검증된 사실은, 벤야민을 연구할 때는 언제나 애초 목표와는 다른 결과에 도달하게 된다는 것이었다. 새로운 것을 발견하기 위해 벤야민을 활용하려던 사람들은 결국 자신의 결의가 얼마나 비현실적이었는가를 깨닫고 크나큰 실망감만 느낄 뿐이었다. 벤야민은 우회로의 달인이었으며 마지막에는 언제나 이 우회로가 목표 자체였음이 드러난다. 모든 길은 미궁 속으로 빠져들고, 목표가 어디인가에 대한 숙고는 이 미로 속에서 길을 찾기 위한 암호로만 쓰일 뿐이다.

신실信實한 위조

벤야민은 어떤 경로를 거쳐 지적 성인聖人의 대열에 합류되었는가? 벤야민은 사망 이후 세상으로부터 한동안 잊힌 재였다. 그러나 그의 몇몇 친구들이 찬양의 말을 꺼내기 시작하면서 뒤늦게 주목받게 된다. 친구들이 아니었다면 이루어지지 않았을 성과이다. 게다가 이 '선포'에는, 이미 오래전부터 영웅들을 간판으로 내세워온 학술기관의 공식 승인이 필요했다. 지적 재산이 눈에 띄게 고갈되어 가던 무렵부터, 학술기관이 특정 지식인이나 그의 사상을 훌륭한 것으로 인정하는 경우도 드물게 이루어졌다. 하지만 발터 벤야민이 이룬 업적만큼은 논란의 여지없이 진가를 인정받을 수 있던 유일한 경우였다.

학술기관으로부터도 그가 위대한 사상가로 승인될 수 있었던 주요 근거 중 하나는 아이러니하게도 그가 일찍이 이 기관들에 대해 느꼈던 회의였다. 벤야민이 그러한 회의를 표명하기 시작한 것은 이미 학생 시절부터였고, 실패한 교수 자격 논문을 핑계로 결국은 학술계로부터 배제되기까지 했다. 1960년대와 70년대 세대는 바로 이 점 때문에 더욱더 벤야민을 숭배한 것이 틀림없다. 당시의 학술 기관은 권위의 약세 및 저급한 양심이라는 말로 특징지어졌고, 이러한 불명예와 더불어 가치가 하락하는 중이었다. 반대로 벤야민 숭배는 점점 더 힘을 얻어 가며, 마침내는 '불가침의 영역'마저 조성했다. 혹은 벤야민 숭배의식의 내부에는 처음부터 '불가침한 전통'을 형성하고자 하는 소망이 숨어 있었는지도 모른다. 조금 더 가까이에서 들여다보면 이러한 숭배의식이, 대학이 이미 완전히 상실한 '학문적 추앙' 기능의 일부를 대체하기조차 했음을 알 수 있다.

벤야민 숭배의식이 지닌 또 하나의 특징은 정작 숭배되는 대상과는 관계없는 숭배가 이루어진다는 사실이다. 이 점에서도 이 의식은 종교적 성인들을 향한 숭배와 유사성을 지닌다. 여기에서는 모든 장면이 경외스럽고, 모든 체험에는 뭔가 충격적인 것이 내포되어 있다. 형식을 갖추어 경의를 표하는 아카데미의 방식과는 전혀 다르다. 벤야민 숭배자들의 눈에는 자신의 숭배 대상과 아카데미 형식 사이에 커다란 불균형이 존재하는 듯 보였고, 아카데미가 그들에게 별다른 인상을 주지 못했던 이유도 바로 여기에 있었다.

비동일화의 의식儀式

벤야민이 전후 세대의 머릿속에 '유대인 사상가'로서의 이미지를 각인시키는 데 크게 기여했음은 주지할 만한 사항이다. 심지어는 유대 종교사와 유대 신학을 연구한 동료 게르숌 숄렘보다도 벤야민의 영향력이 훨씬 더 강력했다. 사실 벤야민의 유대 정체성이 발현되도록 돕는 데 힘을 쏟았던 숄렘의 노력은 헛수고에 그쳤다는 편이 옳다. 그러나 적어도 벤야민을 매개로 유대 사상가들에 대한 사람들의 선입견이 사라졌다는 데 의의가 있다. 또 한편으로는 자신의 유대 혈통에 대한 벤야민의 우유부단한 태도가, 자아 정체성 문제를 겪던 전후 세대에게 무척 인상적으로 다가온 듯하다. 그는 자신의 혈통에 대해 일종의 굴복 및 불명확한 태도를 취하곤 했다. 또한 벤야민은 스스로를 유대 혈통에 종속시키려는 의지도 거의 갖고 있지 않았는데, 이는 남들과의 동일화를 거부하던 전후 세대의 의지와도 같은 것이었다. 이도르노의 비판직 이론 역시 이러한 '비동일화'의 철학을 다루고 있다. 벤야민 사상에 담긴 극도의 난해함은 남들과 차별을 이루는 '비동일화' 개념을 한층 더 뚜렷이 보여주고 있다.

알려지지 않은 명작

게르숌 숄렘이 처음으로 벤야민의 지기知己를 자청하며 발언에 나섰을 때는 이미 벤야민 사상을 수용하려는 움직임이 사람들 사이에 퍼져 가고 있었다. 그들이 벤야민을 이해하는 데 토대로 삼은 것은 일찍이 아도르노가 대중에게 소개한 벤야민의 이미지였다. 그러나 아도르노가 1955년 《벤야민 선집》을 통해 그를 처음으로 세상에 소개한 사람이었다면, 숄렘은 이후 그보다 훨씬 광범위한 규모의 벤야민《전집Gesammelte Schriften, 1972-1999》의 구성에 커다란 영향력을 발휘한 장본인이었다. 이 집대성 작업은 몇몇 회의적인 견해를 무릅쓰고 마침내는 벤야민이 목표한 모든 것의 귀결점이라 할 수 있는 《파사주 프로젝트Passagen-Werk》에까지 이르렀다. 그러나 숄렘이 벤야민과 주고받은 편지에는 이 프로젝트를 우선시하는 벤야민에 대한 숄렘의 불신이 드러나 있었다. 숄렘은 벤야민에게 히브리어를 배우고 함께 팔레스타인으로 갈 것을 촉구했었는데, 이 파사주 작업은 숄렘에게 방해물이었기 때문이다. 한편 벤야민은 파사주 작업에 몰두하느라 친구의 제안을 소홀히 했다. 뿐만 아니라 이 작업은 그가 자신의 상황 및 결심에 대해, 즉 숄렘의 제안을 이행할 수 없는 이유에 대해 굳이 해명하지 않도록 돕는 구실이 되었다.

숄렘은 또한 벤야민을 마르크스주의자로 부활시키려는 이들 역시 불신의 눈초리로 바라보았다. 벤야민의 핵심저작이라 할 수 있는 《파사주 프로젝트》를, 좌파 벤야민주의자들은 벤야민이 마르크스주의자였음을 증명하는 결전의 전투장으로 삼으려 했기 때문이었다. 파사주 작업을 향한 숄렘의 불신은 아마도 이 단편들이 세상에 나온다면 장기적으로 벤야민에 대한 실망만 야기하고, 그럼으로써 벤야민에 대한 사람들의 경외심마저 손상될지 모른다는 두려움에서 비롯되었을지도 모른다. 그가 피레네 산맥을 넘던 벤야민의 마지막 자취를 담은 리자 피트코Lisa Fittko의 보고서를 발행한 이유도 바로 이러한 두려움에서였다. 이 보고서는 숄렘으로 하여금 벤야민이 지니고 있던 육중한 서류가방 속에 파사주 작업의 원고가 들어 있다고 추측하게 만드는 시발점이었다. 그는 벤야민이 이 가방에 든 원고가 반드시 보존되어야 한다고 언급한 적이 있다고 주장했다. 숄렘은 이 원고가 단순한 인용문 및 자료의 뭉치가 아닌 걸작의 경지에 이르렀으며, 조만간 발표를 앞둔 탈고 단계였다고 추정했다.

비밀에 싸인 채 분실된 이 서류가방에 무엇이 들어 있었는지는 결국 알 수 없었지만, 어쨌든 《파사주 프로젝트》의 발행인은 몇 장 되지 않는 벤야민의 '역사철학적 명제'들을 묵직한 분량에 담아내는 데 성공했다. 이 결과물을 인정하는 일이 숄렘에게는 쉽지 않았을 것임이 틀림없다. 그에게 가장 중요한 숙제는 바로 벤야민의 대표작에 담긴 사상을 보존하는 일이었는데, 겨우 몇 장 남아 있던 원고들에는 이 사상이 부적절하게 소개되어 있다고 여겼기 때문이다. 《파사주 프로젝트》는 수년간 벤야민 사상 연구가들의 토론장 역할을 했다. 이때 나온 해석들은 그야말로 다채로웠으며, 이 작품을 향한 기대 또한 그만큼 엄청났다. 그런데 정작 책이 출판되자 기대했던 비평의 목소리는 웬일인지 들려오지 않았다.

《파사주 프로젝트》에 대한 다양한 해석은 대부분 벤야민 본인이 집필 과정에서 떠올렸던 착상과는 다를 것이 분명하다. 벤야민도 이러한 불협화음이 일어날 것임을 충분히 예상했을 것이다. 그럼에도 굳이 이를 사전에 방지하려는 노력은 하지 않은 듯하다. 오히려 자신의 사상을 더욱 수수께끼처럼 만들어 버림으로써 후대의 혼란을 가중시켰다. 숄렘은 이와 같은 '성공적인 실패'를 놀이처럼 즐기는 벤야민의 애착을 잘 알고 있었다. 혹시 그는 벤야민의 대표작이 점차적으로 사라지는 것을 눈치 채고, 비록 내키지는 않지만 이 작품의 발간을 돕는 것을 우정의 마지막 의무로서 받아들인 게 아닐까?

방어 수단으로서의 오해

남들이 자신을 오해했다는 핑계를 방어 수단으로 삼는 일은 지적 창작물의 영향력에 도움이 되지 않는다. 아도르노는 벤야민에 관해 쓴 첫 번째 평론에서 이미 애정 어린 투로 이러한 의견을 언급했다. 그리고 기선을 제압하는 의미에서, 이러한 점 때문에 벤야민 사상은 공공 매체에 적합하지 않음을 정당화하려 했다. 벤야민을 대중 앞에 등장시켜 봤자 오해만 가중시킨다는 것이다. 실제로도 그는 아마 누구보다도 많은 오해를 받은 작가라고 할 수 있다. 오늘날 벤야민의 창작물이 무더기로 발행되어 나오고 그 영향력이 점점 더 커져 나가는 현상만 보아도 이를 짐작할 수 있다. 명망 있는 사상가의 연구가 늘어날수록 오류 해석이 생겨날 가능성도 그만큼 커지기 때문이다. 실제로 수많은 사람들이 원작자의 의지와는 상관없이 나름대로 벤야민의 사상을 해석하고 있다. '평론가로서의 벤야민'이라는 후광은 아도르노에 의해 강력히 거부되었기 때문에 이제 남은 것은 벤야민을 각자 내키는 대로 철학자 혹은 반反철학자로 변신시키는 일이었다. 이 와중에 '비주류이자 독선가 기질을 지닌 인물’이라는 불명예스러운 이미지가 생겨날 가능성도 있었다. 하지만 이것은 아카데미파 주류 학자들이 그를 험담하느라 내놓는 구실에 불과했고, 근대 사상사에서 벤야민은 어디까지나 ‘절대적 금언’의 저작자이자 ‘불가능의 철학’의 대변인이 되었다.

그는 언젠가 카프카에 관해 쓴 편지를 숄렘에게 보냈는데, 이 서신은 벤야민 연구에서 큰 의미를 갖는다. 이 편지에서 그는 오해 속에서 피난처를 찾는 일이 자신에게는 도피의 방책임을 고백하고 있다. 그리고 그것을 설명하기 위해 프란츠 카프카의 일화를 예로 든 것이다. 카프카는 친구 브로드에게 자신의 사후에 작품들을 없애 줄 것을 부탁한 적이 있디. 그러나 브로드는 약속을 어기고 작품들을 출판해 카프카라는 이름이 빛을 보게 만든 장본인이었다. 벤야민에 따르면 교묘하게도 카프카는 브로드가 자신의 말을 따르지 않을 것을 미리 예상하고 그에게 사후 관리를 맡긴 것이었다. 브로드가 자신을 잘 이해하지 못하고 있음을 일찍부터 간파하고 있었기 때문이었다. 바로 이것이 카프카의 모순적인 행동에 대한 벤야민의 해석이었다.

이러한 발상을 가진 인물이라면, 사람들의 ‘오해’를 활용하는 일이 얼마나 안전한지를 굳게 믿고 있음에 틀림없다. 청년 시절에 이미 거짓에 관한 이론을 고안해 내기도 했던 벤야민은, ‘참된 것’을 과대평가하느라 그릇된 것에 더욱 세심한 주의를 기울여 관찰하는 인물이었다. 오해는 그가 거짓 못지않게 매우 중요시했던 요소이다. 표면적으로 브레히트에게 동조하려는 듯 보여 다른 두 절친한 친구 아도르노와 숄렘을 긴장시켰던 벤야민의 태도도 이와 연관시켜 해석할 수 있다. 즉, 그는 자신의 본의를 숨기고 영원히 브레히트라는 가면 뒤에 숨고자 했던 것이다. 나아가 유물론 자체가 그에게는 은닉의 장소였다. 그는 굳이 내키지 않음에도 유물론 속으로 숨어들어가 안식처를 찾고자 했으며, 자신의 몇몇 간행물에 유물론을 언급하기도 했다. 벤야민에게 유물론이란 매혹적인 동면冬眠 장소와도 같았다. 미래에 자신의 이름이 아직 거론될 가능성을 남겨 두는 데에는 유물론보다 적합한 장소가 없다는 것이 그의 판단이었다. 유물론은 역사상 사람들의 입에 가장 많이 오르내리는 이론들 중 하나이다. 따라서 자신의 이론에도 그 흔적을 남겨둔다면 훗날 유물론이 논의되는 자리에서 자신의 이름이 자연스럽게 거론될 것이기 때문이다. 벤야민은 생전에는 이 낯선 사상 속에 숨어버림으로써 자신의 흔적을 지워버렸으나, 이는 결국 보장된 미래를 위한 교묘한 장치였다. 다시 말해 그의 행동은 당시 유행하던 마르크스주의에 의지하려는 유약한 지식인의 모습을 보여주는 것은 아니었다.

벤야민은 1919년에 이미 사회주의 질서 속에서 지성인은 미치광이로밖에 보이지 않는다고 말한 바 있다. 숄렘에게 그토록 깊은 인상을 준, 진리를 지닌 사람에게는 그에 상응하는 소득이 따르게 마련이라던 벤야민의 확신의 이면에는 바로 이러한 모습이 존재하고 있었다.

성공적인 니체주의

벤야민이 학교 교육을 받던 무렵에는 니체의 사상이 한창 전염병처럼 확산되던 중이었다. 당시의 니체주의는 1960~70년대 세대에 만연한 벤야민주의와 마찬가지로 무척이나 서툴렀다. 그러나 벤야민의 저작 중, 예컨대 경구 모음집인 《중앙공원Zentralpark》에서처럼 니체라는 이름이 등장하는 부분에는 어떠한 함축성이 존재한다. "신은 죽었다"라는 니체의 말이 보들레르Charles Baudelaire의 가톨릭주의와 동일한 기능을 한다는 견해가 바로 그 예이다. 그런 한편으로 자신의 창작활동에 대한 관념에서 다른 무엇보다도 벤야민의 신경을 건드렸던 바가 있었으니, 바로 "니체의 것과 유사한, 일종의 일기와 같은 글 나부랭이"라던 브레히트의 질타였다.

하지만 어차피 이 모든 것은 일시적 동요에 지나지 않았다. 벤야민의 사상이 니체와 좀 더 깊은 관계를 맺는다는 사실은 그의 사후 명성을 통해 뚜렷해진다. 니체는 생전에 발표했던 저작들에 의해서보다 사후 남겨진 대표적 저서를 둘러싼 의문점들 때문에 더욱 위대해진 인물이다. 마찬가지로 벤야민에 대한 세상의 흥미를 일깨운 것도 그의 사후에 남겨진 《파사주 프로젝트》였다고 할 수 있다. 모든 기존의 가치를 재평가 혹은 파괴함으로써 장갑이라도 뒤집듯 쉽게 19세기를 통째로 뒤집어버리려 했다는 점에서 이 작품은 니체의 '가치의 재평가'와 정신적으로 연관되어 있다. 비록 《파사주 프로젝트》는 그의 생전에 출판 단계까지 이르지는 않았지만, 이 때문에 오히려 '존재하지 않는 작품'으로서 벤야민의 사후명성에 결정적으로 기여했다. 생전에 이 작품을 발표하지 않은 것 또한 벤야민 자신의 의도였다고 볼 수 있다. 그 밖에도 엘리자베트 푀르스터-니체Elisabeth Förster-Nietzsche의 횡포(니체의 누이동생 엘리자베트는 니체의 유작들을 관리하며 그를 반유대주의이자 인종차별주의자로 왜곡한 바 있다_역주) 사례는 벤야민의 유작 관리인들로 하여금, 그의 작품들이 왜곡되지 않도록 철학적으로 정확히 정리하는 데 신중을 기하도록 만들었다. 《벤야민 선집》의 파사주 단편 모음에 포함된 경구 모음집 《중앙공원》을 읽는 독자는 이것을 그의 유작 전체와 비교해보아야 할 것이다. 그러면 섬세하게 선별되고 조합된 선집이 얼마나 매혹적인 품격을 지니는지 깨닫게 된다. 벤야민의 유작 관리인들은 이처럼 세심한 노력을 기울였으나, 벤야민 숭배자들은 그들을 좀처럼 신뢰하려 들지 않았다. 벤야민 사상이 유작 관리인들의 손에 왜곡될 수 있는 여지를 언제든 열어둔 것이다. 선집에 포함되지 않은 원고들 중에 무슨 내용이 포함되어 있는지를 둘러싸고도 논쟁이 끊이지 않았다. 그렇지만 이러한 현상은 독자적인 사후명성이 형성되기 위한 통과의례이다. 한 사상가를 둘러싸고 벌어지는 논쟁은 그의 사후명성을 증명하는 증거물인 동시에, 사후명성의 세계로 진입하는 첫 단계이기도 하다.

　더불어 스페인의 국경마을 포르 부Port Bou에서의 극적인 자살은 벤야민이라는 이름이 지닌 후광에 결정적인 역할을 했음에 틀림없다. 벤야민과 관련된 전후 첫 출판물에서 그에게는 남들과 명확히 구분되는 수식어가 주어졌는데, "히틀러의 앞잡이들로부터 도피하던 중 스스로 생을 마감한 철학자"라는 문구가 바로 그것이었다. 이 간단명료한 수식어가 등장한 이래 벤야민의 죽음은 니체의 불운한 운명에 비견할 만한 사건으로 주목받기 시작했다. 니체의 비극적 파멸과 그의 광기어린 기록, 그리고 정신 착란 속에 생을 이어가야 했던 점 등은 벤야민의 불행했던 삶과 여러 모로 닮아 있다. 그리하여 포르 부에 있는 벤야민 기념비는 오늘날 독일 문학의 역사가 남긴 일련의 성지들 중 하나로 남아 있다. 튀빙엔Tübingen의 횔덜린 탑에서 바이마르Weimar의 실버블릭 빌라Villa Silberblick(니체가 생애 마지막 3년을 보낸 저택이자 니체 문헌 보관소_역주)에 이르기까지, 이러한 장소들은 모두 실패의 기념비이자 세상으로부터 거부된 존경과 노력의 상징으로 사리매심해왔으며, 후대에라도 그늘의 명성을 되찾아 주기 위해 자리를 지키고 있다.

벤야민의 사상은 정신적 삶과 사후명성 사이의 불균형을 특히 적나라하게 보여주는 사례이다. 그는 은밀히 사후명성을 소망하면서도 다른 한편으로는 그것을 불신했기 때문이었다. 한 사상의 사후명성에서는 그것이 지닌 정신적 측면보다는 비정신적 측면이 지배적으로 드러난다는 견해가 바로 불신의 근거였다. 이러한 견해가 옳았음은 벤야민을 향한 현대인들의 맹목적인 열광에서도 확인된다. 벤야민이라는 이름조차 언급되지 않은 글, 벤야민의 저작에서 단 하나의 문장도 인용하지 않은 글만이 진정으로 벤야민 사상을 계승하는 작품이라 할 수 있을 것이다.

6

나치 법학자, 그러나 결코 무시할 수 없는
칼 슈미트

Carl Schmitt
1888.7.11-1985.4.7

간수를 매수하다

칼 슈미트의 사후명성은 특이한 과정을 거치며 이루어졌다. 오랜 기간 동안 그는 사람들의 입에 나치의 법의 파수꾼—이 칭호는 초창기 그의 문하생이던 발데마르 구리안Waldemar Gurian에 의해 처음 사용되었다—으로만 오르내렸을 뿐이다. 슈미트의 사상은 그가 사망한 이후에야 놀랍도록 크게 부활했다. 그의 주요 저작들뿐 아니라 주변적인 작품들까지도 이탈리아와 프랑스, 미국 등지에서 번역되었으며 논의의 대상으로 자리 잡았다. 〈정치 신학Politische Theologie, 1922〉이나 〈정치적인 것의 개념Der Begriff des Politischen, 1927〉, 〈대지의 노모스Der Nomos der Erde, 1950〉, 〈파르티잔 이론 Theorie des Partisanen, 1963〉 등의 논문들도 마찬가지이다. 이러한 '사후 승리'는 칼 슈미트의 생애 마지막 수십 년—그는 100세 생일을 3년 앞둔 1985년 사망했다—동안의 명성을 훨씬 능가하는 것이었다. 다만 이러한 승리가 어디에서 유래한 것인지에 대해서는 좀 더 분명한 해석이 필요하다.

독일 내에서 나온 해석들을 살펴볼 때 눈에 띄는 점은, 이 해석들이 하나같이 조직적인 접근법을 취하고 있다는 사실이다. 그러한 해석들은 이전까지 고작해야 몇 가지 요점 및 논쟁거리를 통해서만 논의에 오르내리던 슈미트의 사상체계를 주도면밀하게 측정한다. 슈미트 연구학자들 중에서 가장 활동적이었던 이들은 그의 생전에 항상 가까이 지내던 친구들 및 제자들이었다. 피에트 토미슨Piet Tommissen이 수년에 걸쳐 홀로 진전시켜온《슈미티아나 Schmittiana, 2001》전집에는 칼 슈미트에 관한 친구들의 증언 및 그의 사소한 출판물, 그리고 슈미트가 레이몽 아롱Raymond Aron과 알렉상드르 코제브Alexandre Kojève를 비롯한 유럽 전역의 동료들과 나눈 서신 등이 실려 있다. 칼 슈미트를 중심으로 한 광범위한 지적 인맥의 네트워크가 세월이 흐를수록 이저럼 가시화되고 있는 섯이다. 그는 그만큼 서신을 통한 의사전달 및 대화에 천부적인 재능을 지니고 있었고, 덕분에《슈미티아나》에도 풍부하고 다채로운 자료가 실릴 수 있었다. 여기에 실린 내용들은 무엇보다도 향후 슈미트 평전을 기획하는 데에도 유용하게 쓰일 자료들이었다.

이 고집스런 노력은 칼 슈미트가 남긴 일기와 서간문에 대한 관심의 증폭이라는 부수적 소득을 낳았다. 그 결과 그가 1905년부터 1913년 사이에 누이에게 보낸 편지들이 책 한 권으로 엮여 나온 것을 시작으로, 곧이어 1912년 10월부터 1915년 2월까지의 일기가 뒤따라 발간되었다. 일기의 초반부는 누이에게 보낸 편지들이 작성된 시기와 맞물려, 이 기간 이후로는 서로 다른 두 가지 형식의 기록물이 남게 되었다. 편지는 친근하면서도 서간문에 걸맞

은 형식을 갖추어 작성된 반면에, 일기는 지극히 개인적이고 무질
서하게 기록되어 있다. 슈미트의 사상과 인간 슈미트는 이처럼 사
적인 내용을 담은 출판물들을 통해 기묘하게 서로 엮이기 시작했
다. 사람들은 슈미트가 초기에 쓴 학술저작과, 학술저작 못지않은
명성을 누리던 문학작품들을 새로운 눈으로 보게 되었다. 슈미트
의 사적인 기록을 학술저서와 문학작품에 반추시키기 시작한 것이
다. 특히 이전에는 학문 저술만 가지고는 슈미트의 인간적 특성을
판단하기 힘들었다. 문체에서 드러나는 예리함과 고도의 박진감을
통해서나마 그의 인간적 성향을 짐작할 수 있을 뿐이었다. 그러나
슈미트라는 인물의 전반적 특성은 아직 구체적인 형태로 전면에
부각되지는 않던 상태였다. 그렇게 오랜 세월 동안 한 방향으로 자
리 잡혀 있던 슈미트의 인간성이 《슈미티아나》 출간 이후에야 다
양한 면모를 드러내며 알려진 것이다.

　그 밖에도 기이한 점은, 빌헬름 시대(독일제국의 황제 빌헬름 2세가
재위했던 1888~1918년 사이의 시대_역주) 후기의 젊은 법학자였던 칼 슈
미트에게 오늘날에 와서야 세인의 관심이 쏟아지고 있다는 사실이
다. 슈미트는 바이마르 공화국Weimarer Republik 시대의 훌륭한 법학
자였고, 1936년까지는 국가 사회주의 세력이 막 침범하고 있던 프
로이센의 고문관 겸 대학 교수로 재직했다. 이렇게 화려한 경력을
두고 하필 빌헬름 시대의 슈미트에게 관심이 쏠린 것을 보면, 사람
들이 뭔가 착각하지 않았나 싶은 생각도 얼핏 들 것이다. 그러나
이때의 젊은 칼 슈미트는 학문뿐 아니라 문학과 예술 분야에도 조

예가 깊었다. 아마도 이 점이 오늘날 세인의 흥미를 불러일으키는 것인지도 모른다.

당시 그가 학문과 예술 중 어느 쪽에 더 강하게 이끌렸었는지는 미지수다. 예컨대 슈미트는 시인 테오도어 도이블러Theodor Däubler 와의 우정을 평생 동안 마치 일종의 문학적 기념비처럼 소중히 여겼다. 그러나 슈미트에게 문학은 학문과 비교해 우위를 점하지 못했다. 마침내 문학 방면에서 좌초하고 학문을 선택한 그는, 문학적 실패에 좌절보다는 특유의 학구적이고 냉정한 태도로 대응했다. 문학에 대한 환멸의 징후는 그의 일기에도 기록되어 있다. 뒤셀도르프와 베를린에서 몇 주 동안 도이블러를 만난 뒤 기록한 일기가 그것이다. 이때 그는 노이블러와 상시산에 설쳐 대화를 나누기도 하고 개별적으로 도이블러의 문학작품을 읽기도 했으나, 여기에는 눈에 띌 만큼 뚜렷한 목표의식이 결여되어 있었다. 동시에 칼 슈미트는 유대인 작가이자 진보적 정치가였던 발터 라테나우Walter Rathenau와 서신 교환을 시작했다. 그는 라테나우에 관한 논설 한 편을 발표한 적도 있고, 1913년에는 친구인 프리츠 아이슬러Fritz Eisler와 공동으로 발표한 풍자 작품《그림자의 틈Schattenrisse》에서 그를 묘사하기도 했었다. 그 밖에도 슈미트의 일기에는 다양한 작품들에 관해 언급되어 있는데, 무척이나 격앙된 어조로 기록된 것 중 하나가 바로 막시밀리안 하르덴Maximilian Harden이 창간한 주간지〈미래Zukunft〉이다. 또한 프리츠 마우트너Fritz Mauthner의, 현재는 분실되고 없는《언어 비판에 관하여Beiträge zu einer Kritik der

Sprache, 1901-1902》에 대한 상세한 비평도 실려 있다.

그러나 슈미트의 글에서 누구보다도 두드러지는 등장인물은 뭐니 뭐니 해도 슈트린트베르그August Strindberg와 바이닝거이다. 여성에 관한 이 두 사람의 철학은 한때 설득력 있는 것으로 받아들여지기도 했다. 그러나 슈미트가 이들의 여성 편력에 처음 관심을 갖게 된 것은 아마도 개인적 경험 때문이었을 터이다. 카리Cari라는 여성은 슈미트의 일기에 지속적으로 등장하며, 여기에는 그녀의 존재가 슈미트에게 지니던 심오한 이중성이 일관되게 나타난다. 카리와의 애정관계는 마치 하나의 실험과도 같았다. 성性과 정열, 독립과 애정, 지배에의 욕구와 배신에의 의혹, 슈미트는 실험을 통해 이 모든 양립하는 요소들 사이에 균형을 이루고자 했는데, 사실 이는 거의 달성 불가능한 시도였다. 유럽 각지에서 활동하던 스페인 출신 무용수였던 카리는 '세르비아 출신의 귀족'으로 위장해 슈미트와 결혼하지만, 이 거짓 연극은 결혼 후 곧 들통 나고 만다. 귀족 칭호에의 욕망을 품었던 슈미트는 환상이 깨지기 전까지 슈미트-도로틱Schmitt-Dorotic('도로틱'은 카리가 귀족으로 가장하기 위해 사용한 성_역주)이라는 성을 사용했다. 이미 유명해진 이 일화를 알고 있는 독자는 슈미트의 일기를 읽으며 카리에 관한 부분이 등장할 때마다 감동적이면서도 기괴한 느낌을 받을지도 모른다. 이는 얼핏 제임스 보스웰James Boswell의 일기에 등장하는 연애 스캔들을 떠올리게 한다. 보스웰은 어떤 연애 사건이 실망으로 막을 내린 후에도 여전히 그것을 열렬한 사랑으로 묘사하고 있다.

카리와의 연정 관계가 진행되던 중에도 슈미트가 그녀의 비밀을 눈치 챌 기회는 존재했다. 어쩌면 진실이 밝혀졌을지도 모를 이 기회는 그러나 이내 지나가 버렸다. 비록 진실은 아직 분명히 드러나지 않았지만, 이후 그의 일기에는 어렴풋이 의구심이 드러나고 있다. 바이닝거의 이론에 근거해 이 여성과 관련된 비현실성과 의혹을 암시적으로 적어둔 부분이 그것이다. 하지만 다른 한편으로는, 모든 의혹을 무릅쓰고 자신의 '욕망의 대상' 즉 카리를 향한 애정과 존중을 확고히 하려는 노력 또한 엇갈리고 있다. 어쨌거나 글쓴이는 자신의 기록이 언젠가 세상에 알려질 것이라는 가능성을 전혀 염두에조차 두지 못한 듯하다. 다만 독자들을 혼란스럽게 만드는 것은 몇몇 구절에서 드러나는 지극히 사적인 내용이 아니라 이 기록물 자체에서 드러나는 특유의 문체이다. 독자들은 이 일기가 한 신출내기 법학자에 의해 간결하게 쓰인 기록임을 염두에 두고 읽어야 한다. 이러한 직위에 있는 이들은 대부분 상황을 사무적으로 파악하는 일에 단련되어 있으며, 그 기록 또한 그에 걸맞은 고유의 양식을 띠기 때문이다. 그러한 글에 사용되는 언어에는 미사여구가 없고 매사가 손에 잡힐 듯 간단명료한 문장으로 묘사된다. 심지어 슈미트는 심리적인 내용조차도 이렇듯 사무적인 방식으로 묘사할 수 있었다. 다음과 같은 글귀가 그 전형적인 사례이다. "내 몸은 나에게 적과도 같이 느껴진다. (그리고 내 몸에게 비위를 맞추어줄 수도 있다. 신실한 기독교도인 나는 원수조차 사랑하기 때문이다.) 내 몸은 감옥이다. 나는 나를 괴롭히는 간수를 매수한다. 그는 내게 아름다운 여인을 허락한다. 그러면 얼마 동안은 감옥도 아주 편안히 지낼 만한 장소가 된다."

 냉소적이라는 말은 여기에 들어맞는 표현이 아니다. 그보다는 극도로 사무적인 태도로 이해하는 편이 옳다. 달리 표현하자면 '마취된 것처럼 아무런 고통도 느껴지지 않는 언어'라 할 수 있다. 게오르크 하임Georg Heym의 일기에서 느껴지는 철면피 같은 문체라든가, 혹은 카프카의 일기와도 연결시킬 만하다. "무익하게 일하고, 읽고, 낭독하고, 청취하고, 기록함. 이후 그에 상응하는 무의미한 만족. 두통과 불면에 시달림. 장시간 동안 집중해서 일할 수 없음"(프란츠 카프카의 일기, 1915년 1월 18일). 칼 슈미트의 일기 역시 이러한 종류의 문장으로 가득하다. "나는 피곤하고, 일에 집중할 수 없으며, 죽은 듯하고, 인생이 그저 흐르도록 내버려둘 뿐이며, 수백 수천 가지의 거짓을 눈치 챘으며, 거짓 없이는 더 이상 어쩔 수 없다는 사실을 깨달았다"(1914년 7월 21일). 1914년 여름은 카프카가 별 생각 없이 이런 문장을 적은 시기이기도 했다. "독일이 러시아에 선전포고를 내렸다. 오후, 수영 강습"(1914년 8월 2일). 같은 날 칼 슈미트의 일기는 다음과 같이 시작된다. "전쟁에 관해 대화하던 중에, 나는 영국이 우리에게 대항해 무장하고 있음을 들었다. 나는 어느 비밀요원의 집에서 저녁을 먹었는데(그는 돈을 은닉할 계획을 가지고 있다!), 쾌활하고 즐겁고, 무척이나 자부심에 찬 기분이었다……." 그보다 하루 전에는 전쟁에 대한 독특한 고찰을 기록했는데, 이는 폭력적인 전쟁의 경과에 관한 것이 아니라 어떤 운명에 대한 예견에 가까웠다. "아마도 슬라브인들은 승리할 것이다. 게르만인들이 엘베Elbe강 동쪽 지역(오늘날의 북부 폴란드 지역_역주)을 게르만화했기 때문이다. 그곳의 슬라브인들은 게르만에 동화되어 마침내는 프로이센인이 탄생했다. 그리고 프로이센은 독일의 다른 지역들을 정복했다. 저 으르렁대고, 서슬이 퍼렇고, 지성도 감정도 전혀 없는 기계와도 같은 프로이센의 영혼은 독일인들이 러시아를 정복하도록 내버려두지 않을 것임이 틀림없다. 이것을 일종의 형이상학적 정의라 부를 수도 있을 것이다."

그 뒤로도 그는 종종 전쟁의 정세에 관해 숙고하곤 했다. 특히나 최전방의 군인들과 나눈 대화는 그에게 충격인 동시에 매혹적으로 작용한 듯하다. 꿈속에서 그는 전투기들이 도시에 폭격을 가하는 장면을 보기까지 했다. 같은 해 9월에 그는 다음과 같이 기록했다. "끔찍한 전쟁에 대한 공포가 자주 엄습해온다. 정세가 어떤 방향으로 나아갈지 누가 아는가. 전쟁이란 순전히 집단학살이다. 오로지 모든 것이 파괴될 뿐이다. 수천 명의 러시아인들이 바다 속으로 내몰리거나 총살당했다"(1914년 9월 13일). 신참 관리였던 슈미트는 잠정적으로 군복무를 면제받았다가, 문서에 명시된 면제기간이 종료될 즈음에 위수衛戍병으로 징집되어 뮌헨München으로 간다. 당시 독일은 전쟁의 직접적인 영향을 거의 받지 않던 지역이었다. 그럼에도 불구하고 슈미트의 머릿속에 전쟁은 어렴풋하면서도 무척이나 뚜렷한 흔적을 남겼는데, 그러한 인식은 그가 마침내 공식적으로 참전자의 입장이 되자 마침내 섬뜩한 예측으로 발전했다. 이 예감은 그때까지만 해도 전쟁의 고통을 실감할 수 없던 그를 일깨우는 계기가 되었다. "지금 전 유럽은 어마어마한 병적 흥분으로 들끓고 있다. 아마도 단기간에 광기의 열병이 이 나라의 국민들을 덮칠 것이고, 그때는 우리 모두가 더 이상 서로를 알아볼 수조차 없게 될지도 모른다. 그 다음에는 고난의 시대가 닥쳐올 것인데, 그 범위와 정도는 중세에 이루어진 (수도사들의) 고행에 비할 바가 못 된다. 그 고난의 강도는 마치 수백만의 목숨을 앗아가는 근대적 전쟁을, 과거의 노예들이 감당해야 했던 채찍질의 고통에 비교하는 것과 같다. 오늘날 일반적으로 관찰되는 타성과 편협함은, 그러한 상황이 폭발할 것에 대한 공포이자 최후에 이른 자들의 나약한 거부의 몸부림으로밖에 설명되지 않는다. 이 거부의 몸짓이 아무 소용없는 것임을, 그래서 더 비참하고도 고통스러운 것임을 누구나 절감하고 있다." 슈미트는 이 불안한 상황에서, 더 이상 어찌해볼 수 없다는 무기력함과 자살이라는 두 가지 극단적 정서 사이의 예리한 날 위에 선 채 간신히 균형을 유지하고 있었다. 더 이상 헤어 나올 수 없는 상황에 처한 사람들은 상황을 종료하기 위한 최후의 방책으로 자살을 택하게 마련이다. 그처럼 극단적인 상황의 한 예로는 가난이나 채무, 배신 등의 실질적 문제와 연관되어 있고, 다른 한편으로는 끝없는 야심을 지닌 이가 명예를 잃었을 때의 절망에서 나오기도 한다.

바로 이 일기의 작성자가 한편으로는 뛰어난 문학적 재능을 드러내는 습작을 수도 없이 썼으며, 다른 한편으로는 그의 첫 번째 저서인 《법과 판결Gesetz und Urteil, 1912》을 집필했다는 사실은 참으로 믿기 어렵다. 전자는 오늘날까지도 사람들에 의해 다시 들추어지고 문학적으로 음미되는가 하면, 후자는 예리한 체계이론가의 작품으로 받아들여지고 있다. 슈미트 자신도 종종 언급하고 있듯이 그가 자신의 과거 기록들을 나중에 다시 들추어 보곤 했다는 사실도 그리 놀랄 만한 일은 아니다. 그의 수수께끼 같던 젊은 날의 기록들은, 오늘날 그것을 읽는 독자들에게뿐 아니라 슈미트 자신에게도 매혹적인 과거로 빠져들게 해주는 매개였다.

관념 속에서의 입지

20세기에 지대한 영향력을 행사한 작품을 쓴 작가들의 사적인 기록을 엿보는 일은 마치 공포의 밀실을 들여다보는 것과도 같다. 《서구의 몰락Untergang des Abendlandes, 제1부 1918, 제2부 1922》집필 기간 동안 오스발트 슈펭글러Oswald Spengler가 쓴 일기는 평범한 인간관계에 서툴고 고뇌에 찬 한 인간의 모습을 드러내고 있다. 그는 사람을 꺼리는 성격과 가식을 지닌 채 인생과 싸워 나가야만 했으며, 스스로도 "유년기부터 이미 미치광이의 내면적 삶"을 이끌어 왔다고 말한 바 있다. 게오르크 루카치가 《영혼과 형식Die Seele und die Formen, 1911》을 집필하는 동안에 쓴 일기는 '자기 도취자'의 모습을 잘 보여준다. 그는 자신을 마비시키는 좌절감으로부터 오직 주기적으로, 즉 집필 기간 동안에만 자유로울 수 있으며, 키에르케고르 식의 약혼 드라마(키에르케고르가 뚜렷한 이유 없이 약혼녀 레기네 올젠에게 파혼을 선언해 의문을 일으켰던 일화를 지칭_역주)를 자신의 문학 이론적 관점에 엮어 넣기도 했다. 루카치의 초기 작품에는 이렇듯 실존적 긴장감이 지배적이었다. 이것은 당시에 세기를 대표하는 급진적 작품들을 탄생시킨 배경이기도 했다. 그러나 뒤늦게 입지를 바꾼 후 루카치가 쓴 작품들에는, 초기에 나타났던 실존적 측면은 더 이상 볼 수 없게 된다.

특정한 시기를 전후해 작품에서 드라마적인 요소가 사라지는 현상은, 앞선 예와는 다른 맥락에서 다른 몇몇 작가들에게도 찾아볼 수 있다. 1933년 일어난 국가 사회주의 체제의 출범이 바로 그 기준점이 되는 시기이다. 여기에 해당하는 작가들은 나치 지배 기간 동안에는 사회 체제에 걸맞은 강한 어조를 사용하지만, 전후에는 그러한 특성들이 흔적도 없이 사라진다. 하이데거의 프라이부르크Freiburg 대학교 총장 취임 연설("독일 대학 주관적 신념")이 그 대표직인 사례이다. 그는 1933년 5월 23일에 한 이 연실에 관해 훗날 몇 가지 기록물을 남겼는데, 실제 연설과 이 기록물들 사이에는 어투에서부터 극단적인 차이를 보인다. 연설에서는 나치 체제 특유의 강력한 어조가 사용된 데 비해, 이후의 기록물들은 어느 유작 수집가가 썼다고 해도 납득할 수 있을 만큼 사무적인 어조를 취하고 있기 때문이다. 에른스트 융어Ernst Jünger의 《광채Strahlungen, 1949》에 실린 진술은 사적인 일기의 형식에 맞추어져 있으며, 고트프리드 벤Gottfried Benn의 작품 《이중인생Doppelleben, 1950》은 자신의 착오를 하나의 사건 속에 대입시켜 훌륭히 묘사한 변명서이다. 사건의 진술 과정에서 작가 개인은 마치 홍적세洪績世의 마스토돈Mastodon(코끼리와 유사한 태고의 동물_역주)이 지상에서 자취를 감추듯이 사라져버린다.

바이마르 공화국 시대의 뛰어난 법사상가이자 국가 사회주의 치하에 법조인으로 활동한 칼 슈미트는, 수감 생활 중의 단상을 모은 얇은 책인 《감옥에서 전하는 안부Ex captivitate salus》를 1950년에 출간했다. 이 책의 집필 당시 그는 뉘른베르크 전범재판소에서 자신에 대한 소송 여부의 결정을 기다리던 중이었다. 그러나 여기에서는 그는 1933년에 그가 국가 사회주의자로 변절한 동기에 대해 단한 마디도 언급하지 않았다. 뉘른베르크의 재판부가 그를 고발하는 데 증거로 삼았을 만한 내용 역시 눈에 띄지 않았다. 대신 그 자리는 영혼의 대화들로 채워졌다. 이 대화는 에두아르드 슈프랑거Eduard Spranger나 칼 만하임Karl Mannheim, 알렉시스 드 토크빌Alexis de Tocqueville, 클라이스트Heinrich von Kleist나 테오도어 도이블러와이루어지기도 했으며, 때로는 대척자對蹠者가, 때로는 수호신들이대화 상대가 되기도 했다. 역사적으로 큰 의미를 갖는 인물들 중, 1933년 국가 사회주의 체제의 '출범'과 더불어 새로운 체제로 편입한 지식인들이 다수를 차지하는 것은 아니다. 이 소수의 지식인들이 당시의 입지 변화에 관해 그토록 할 말이 적은 이유는 무엇일까? 혹은 질문한 이들이 대답을 못 들은 척한 것은 아닌가? 그것도아니면 정작 듣고자 한 대답을 듣지 못했거나, 기껏 얻어낸 대답이라곤 그들에게는 관심 없는 사항뿐이었던 것은 아닌가?

혹자는 1947년부터 1951년 사이에 탄생한 칼 슈미트의 저작들을 통해, 나치에 동조한 지식인들의 사고방식을 엿볼 수 있을 거라고 기대할지도 모른다. 그러나 슈미트는 사적인 내밀함을 보고하는 일과는 거리가 먼 인물이었다. 독서를 통해 얻어진 착상이 아닌 것, 혹은 자신의 생각을 함축적으로 표현하고자 하는 목적에서 이루어지지 않은 것이라곤 아무것도 없었다. 대부분은 간결하면서도 매우 인상적으로 표현된 단편들이었는데, 이는 아직 완성되지 않은 그의 작품들을 위한 단편이거나 혹은 이미 발표된 작품들을 보충하는 것이었다. 이러한 기록들은 수감자의 몸으로 허락되지 않았던 대화를 대신하는 것임에 틀림없었다. 그는 자신이 그런 담화의 기쁨으로부터 영원히 격리되었다는 느낌을 받았다. "우리의 착상이 지닌 풍성함, 우리의 넘치는 통찰력, 우리가 사치스럽게 누렸던 대화들은 얼마나 위대한 것이었던가! 모든 것이 상품화되는 오늘날, 이 인색한 소小자본주의자들과 그들의 수전노적 발상과 그들의 보잘것없는 통찰력, 이 모든 것을 볼 때마다 나는 내게 주어진 (지적) 사치에 대해 기뻐한다." 그의 착상들과 통찰력은 이렇게 일기 속에서만 불타올랐다. 때때로 개인적인 편지와 대화 기록이 언급되기는 했지만, 일기를 읽는 이가 슈미트의 자화상을 마주할 일은 거의 없다. 슈미트 자신에 관해서는 기껏해야 다음과 같이 은유적으로 암호화되어 있는 게 전부였다. "헛되이 고객을 기다리고 있는 저 작은 상점 주인에 대해 이토록 안타까운 마음이 드는 이유는 무엇인가? 반면에, 우리 스스로가 언제나 손님의 입장에 서 있었음에도, 지금 헛되이 상품을 구걸하는 저 고객이 어찌 되든 나와는 상관없다고 여기는 이유는 또 무엇인가?"

이러한 기록들은 책으로 묶여 발간되었다. 발행인인 프라이헤르

폰 메뎀Eberhard Freiherr von Medem도 언급했다시피, 슈미트는 애초부터 사후의 출판을 염두에 두고 이 글을 썼다. 어쩌면 그는 어떤 경고를 글에 담고 싶었는지도 모른다. 1947년 8월 25일에 쓴 첫 번째 기록에부터 이미 교묘한 풍자가 숨겨져 있었다. 이는 그에게 익숙한 표현법이었다. "고결한 소박함과 침묵하는 위대함; 침묵? 침묵을 지키는 이들의 침묵이 이 나라에? 경건주의적이고 인간적인 침묵. 나는 자문한다. 누구를 향한 침묵인가? 침묵은 바로크적인 현란함과 대립되는 논쟁적 개념이다. '침묵과 고결한 소박함'이라는 개념에서 가장 분명한 점은 바로 이것이다." 전혀 논쟁의 여지가 없어 보이는 '침묵'이라는 단어는, 불과 몇 줄의 글에 의해 무기로 변신했다. 몇 문장 뒤에 작가는 이와 유사한 기교를 통해 이 글에 반복적으로 등장하는 소재들 중 하나로 독자를 유도한다. '지식인들의 반역'이라는 테마가 바로 그것이다. 이는 줄리앙 방다Julien Benda가 1920년대의 민족주의적 지식인들을 향해 쓴 유명한 고발문―《Trahison des clercs, 1927》―의 제목이기도 했다. "표면상 '지식인의 반역'으로 보이는 이것은 정녕 무엇이었던 말인가? 그 뒤에는 지식인들을 비열하게 배신한 또 다른 반역이 존재한다." 말하자면 돈과 군중에 의해 배신당한 뒤 국가의 보호를 구하고자 했던 이들을, 사람들은 이제 '반역자'라 비난하고 있다는 것이다. 배반당한 이들이 오히려 배반자로 낙인찍힌 셈이었다. 그러나 반역을 논할 때면 자주 인용되곤 하는, 소유격으로 쓰인 이 제목의 의미를 슈미트가 한 것과 같은 방식으로 뒤집으려는 발상은 누구도 하지 않을 것이다. 다시 말해 나치를 위해 일한 이들이 배신당한 장본이라고 생각할 사람은 아무도 없다는 얘기다.

그러나 여기에서 슈미트는 그 외에 다른 누구도 입 밖에 내지 않았을 질문을 던지고 있다. 적어도 지식인들이라면 자신들이 행한 반역을 절대로 새삼 언급하려 들지 않았을 것이다. 반역자라고 비난받는다고 해서 지식인으로서의 역할까지 손상시키지는 않기 때문에, 몇 마디 비난을 감수한 뒤 무사히 지식인의 지위를 유지하기 위해서이다. 그러나 슈미트는 반역자와 반역당한 자라는 개념을 새로이 끄집어내 재정의했다. '반역자'로서 그들은 한 시대의 이념과 우상을 창출해낸 막강한 배후 조정자로 남는다. 반면에 '배반당한 자'로서의 그들은 정지적 작오라는 피치 못할 숙명에 패한 것이라 볼 수 있다. 슈미트는 그러한 착오가 들어설 여지를 남겨 놓고자 했으며, 이는 바로 그의 임무이기도 했다. 그러나 이 기록물에서 반역에 대해 이중적 의미를 담고 있는 특정 발언을 찾을 수 있을 거라 기대하거나, 혹은 '그런 일이 어떻게 이루어졌는가' 깊이 알고 싶어 하는 독자에게 돌아오는 것은 실망뿐이다. 대신에 작가는 어떤 '인물'을 관찰할 기회를 독자에게 주고자 한다. 그 인물은 자신의 입지를 철회하지도, 스스로를 거짓 포장하지도 않는다. 그보다는 자신의 일생에 담긴 사상적 모티브와 논쟁적인 측면을 한데 모은 후, 실을 자르지 않고도 엉킨 실타래를 풀어 낼 방법을 모색하는 것이 그 인물이 지닌 목적이었다. 그는 자신이 리바이어던 Leviathan(구약성서에 나오는 괴물의 이름으로, 토마스 홉스에 의해 국가와 같이 '계약으로 맺어진 공동체'를 의미하는 용어로 쓰임_역주)이 삼켰다가 다시 토해내기를 세 번이나 반복한 인물이라 말한다. 요컨대 거대한 권력에 의해 악용되고 배반당한 것이라 할 수 있다. 또한 스스로를 성경에 나오는, 참회할 것을 사람들에게 전하라는 신의 명령을 거역하고 물고기에게 먹힌 예언자 요나에 비유하기도 했다. 요나는 물고기 뱃속에서 3일 동안 참회의 기도를 올리고 구출되지만, "그러느니(참회하느니) 나는 물고기 뱃속에 앉아 관찰한 것들이나 상기하고 있겠다."

슈미트의 《글로사리움Glossarium, 1991》은 냉정한 어조로 이 재앙의 역사를 묘사했다. 그러나 그의 어조는 죄과에 대한 변명을 단호히 거부하고 있다. 참회를 종용하는 설교나 죄를 묻는 심문 따위의 형식은 여기에 보이지 않는다. "히틀러주의의 진정한 죄인이자 원흉은 누구인가? 이러한 인간상을 만들어낸 것은 누구인가? 이 전율스러운 사건을 세상에 퍼뜨린 장본인은 누구인가?" 혹은 이러한 문구도 눈에 띈다. "우리는 어떻게 이 불순한 구렁텅이로 곤두박질쳐졌는가?" 이에 대한 대답은 저 "'사회적·지적 무無'라는 어둠으로부터 탈출한" 개인에 초점을 맞추고 있다. '개인'은 "당시 막 형성된 독일의 (민족주의적) 언어와 정서를 흡수"한 다음, 그 정서가 지닌 "야수적인 가혹함, 그리고 자신이 속한 사회에 만연해 있던 (민족주의적) 정서와 모토"를 실체화한 것이다. 슈미트는 자신의 기록 전반에 '슈트라우빙거Straubinger 형'이라는, 문학에 나오는 가상의 주인공을 반복해 등장시키고 있다. 그는 이 인물을 "원칙적으로 말해 독일이라는 국가를 형성해 놓고는 곧바로 그를 유기해버린 불쌍한 악마"라고 표현한다. 또는 '무시무시한 속임수'를 쓰는 데 성공한 듯 보이는 '사기꾼'으로 묘사하기도 했다. 이 사기꾼은 그를 정복한 자들에 의해 특정한 '발상'의 확산자로 활용되는데, 그 발상은 그가 향후 속임수를 쓰는 데 사용한 바로 그것이었다. "오늘날 (전후의) 원상복구에 힘쓰고 있는 저 당나귀들이 히틀러를 음악의 영역에서 는 리차드 바그너Richard Wagner(반유대주의자였던 바그너의 작품은 나치 의 선전도구로 활용되었음_역주)와, 그리고 인문학 영역에서는 나와 동 일화시키는 데 과연 성공할지……." 이러한 위협적 문구는 독일 민 족국가 형성 및 사상의 역사에 관한 칼 슈미트의 기록에 고도의 긴 장감을 부여한다.

그는 히틀러에 이르러 19세기가 막을 내렸다고 해석했다. 그때 까지 "무척이나 순수하게 여겨졌던 몇몇 사회적 정서와 모토"가 히 틀러의 손아귀에 들어가고, 사람들은 이를 "놀라면서도 환영하는 태도로" 맞아들였다. 나아가 히틀러가 그것을 실현시키는 데에도 일조한다. 바로 이 시점부터 이러한 정서와 모토가 구체화되기 시 작한 것이다. 이러한 해석에는 칼 슈미트 세대의 정서, 즉 19세기 에 대항하는 표현주의적 세대의 정서가 더불어 드러난다. 이 세대 는 이중적 의미에서 극도의 적대감을 지니고 있었다. 그러나 시대 적 추세와는 별개로 슈미트라는 한 개인의 경험이 반영되고 있기 도 하다. 그는 자신이 예견한 바를 사람들에게 주저하지 않는 인물 이었다. 대중은 그를 경멸했으나 그는 이들에 대항해 '끝없는 우월감'을 느낀다. 그로써 슈미트는 우민을 선도하는 독일 엘리트의 운명을 나누어 짊어진 것이었다. 그러나 다른 한편으로 그는 지식인으로서의 우월감을 지니고, 슈트라우빙거의 자부심을 경멸하듯 엘리트의 정신적 자부심을 얕보기도 한다. 슈트라우빙거의 자부심은 엘리트에게 두려움을 깨우치기 위해 등장시킨 대역이었던 셈이다.

이 기록에는 슈미트 일대기의 초기부터 비췄던 태도, 즉 독일 민족국가 형성의 움직임으로부터 거리를 두던 태도와 관련된 내용이 지속적으로 등장했다. "나에게는 세상의 빛이 존재하지 않는다. 말하자면 나는 독일 이상주의의 세계에 속해 있지 않다. 그저 하나의 목소리일 뿐." 그가 삶의 여러 단계에서 자신과 관련성을 지닌다고 여긴 인물들도 이러한 민족국가 형성 추세의 밖에 존재했거나, 고작해야 그 주변부에 위치하고 있을 뿐이었다. 토마스 홉스Thomas Hobbes, 파스칼Blaise Pascal, 막스 슈티르너Max Stirner, 브루노 바우어Bruno Bauer, 알렉시스 드 토크빌, 도노소 코르테Juan Donoso Cortés, 키에르케고르, 모리스 오리우Maurice Hauriou, 조르주 소렐Georges Sorel, 레옹 블루아Léon Bloy, 테오도어 도이블러 등이 바로 그들이었다. 다만 대문호 괴테는 슈미트가 참고한 '역사적 증인'의 대열에서 항상 제외되었다. 슈미트가 그를 고작해야 위대한 침묵자로 존경했을 뿐이었기 때문이다.

이처럼 이상주의와는 거리를 두었던 슈미트임에도, 후기의 기록에서 그는 이상주의 사상, 그중에서도 특히 헤겔을 재조명하고 있다. 그리고 "왜냐하면 길을 잃고 방황하더라도 그것은 여전히 정신이기 때문이다.”라는 헤겔의 말을 “독일 이상주의의 착각을 가장 적나라하게 보여주는 기록”이라 칭한다. 그러고는 이것을 자신의 기대와 연결시키려 한다. 그의 기대란 바로 이상주의 철학에서 그릇된 부분을 제거해 내고 여분으로부터, “기독교가 지닌 모든 힘이 원상복구되는 것보다 더욱 강력하게” ‘기적의 힘’을 분출시키고자 하는 것이었다. 헤겔 철학의 잠재력은 오직 이러한 조건이 충족될 때만 발휘될 수 있다는 것이 그의 견해였다. 그때는 헤겔 철학이 기존의 고루한 이론적 역할은 물론 실용적 역할과도 작별을 고할 것이다. 대학의 연단에서 철학 수업의 도구로 사용되는 것이 헤겔 철학의 이론적 역할이라면, 실용적 역할이란 “전투적인 모스크바 마르크스주의의 무기”로서의 역할이었다.

“나는 독선의 ‘작은’ 비극을 잘 알고 있다.” 이는 《감옥에서 전하는 안부》에 등장하는 구절이다. 그러나 여기서 말하는 비극은 그다지 작아 보이지만은 않는다. 《글로사리움》을 읽는 이는 슈미트가 자기 정당화를 위해 동원 가능한 모든 수단을 사용했다는 사실을 알게 될 것이다. 그중에서도 우선적으로 들 수 있는 예는 1933년의 새 정부 ‘출범’을 함께 한 동료들, 즉 ‘위대한 동조자’들을 이용한 것이다. 이들은 이제 과거의 짐을 벗고 대중 속으로 귀환할 방법을 모색하는 중이었다. “하이데거는 양쪽 모두로부터 아주 만족스러운 점수로 귀환 시험에 통과했다. 고트프리드 벤은 매우 훌륭한 점수를 얻었으며 에른스트 윙어는 비참하게도 불합격했다.” 그렇다면 슈미트 자신은 어땠는가? “내가 어떤 평가를 받을지 기다리는 중이다." 그러나 스스로를 대기자로 지칭하면서도 그는 애초부터 시험을 치를 마음이 전혀 없었다. 그의 기록에 친구이자 같은 길을 걷는 동료로서 자주 등장하던 에른스트 융어는, 소설 《헬리오폴리스Heliopolis, 1949》의 출판 이후 슈미트에게서 "자신의 발상을 있는 대로 써버리는 단세포 생물"이라는 경멸을 받아야 했다. "반半신화적 베일이라는 안개에 감싸인 채" 입 다물고 숨어 지내는 편이 좋을 것이라고 독설을 퍼붓기도 했다. "그는 매우 현명하게 들리는 말을 수없이 늘어놓고 있기는 하나 중구난방이다." 슈미트가 보기에 결국 에른스트 융어는 두꺼운 책을 쓰기는 했으되 아무 결정적인 문구도 쓰지 못했으며, "오로지 가짜 신화의 무대만 그려댔을 뿐이다."

그러나 독일로부터 망명했던 소위 '적'들을 향해 슈미트가 퍼부은 악담에 비하면, 과거 나치 체제의 '동조자'에 대한 원한은 아무 것도 아니었다. "마르크화의 기적: 토마스 만이 독일 땅에 다시 나타나다." 이 정도는 최근에 일었던 '마르크 민족주의(유로 통화 도입 시 표출되었던 마르크화에 대한 독일인들의 애착을 비유한 표현_역주)'만큼이나 코웃음으로 넘길 수 있는 표현이었다. 가령 칼 야스퍼스Karl Jaspers나 구스타프 라트브루크Gustav Radbruch에 대한 언급에는 경멸이 주를 이루고 있었다. 예를 들자면 이들은 1945년 "(나치로부터) 해방된 독일의 학문을 대표하는 간판스타들"이었다는 비아냥거림이 그것이었다. 하지만 이 모든 상황에는 언제나 다음과 같은 원칙이 어김없이 지켜졌다. 논쟁화하지 말라, 논하려 들지 말라! 칼 슈미트는 험담을 일삼는 자는 그 자신 또한 험담의 대상자가 되게 마련이며-"험담의 대상자의 영혼은 곧바로 험담하는 자에게 흡수된다."-논쟁을 좋아하는 이는 언젠가 자신의 비밀까지 발설하게 마련이라는 사실을 항상 되새기곤 했다. 그러나 한편으로 그는 자기 자신을 인식하는 일에 주저했다. 적어도 남들이 자신을 인지하는 일을 꺼려했음은 분명하다. "사람들은 타인이 자신을 인식하거나, 자신에 관해 어떤 점을 발견하는 것을 견딜 수 없어 한다. 남들에 의해 파악되는 것을 기꺼워할 이는 아무도 없다. 그렇기 때문에 사람은 자신을 꿰뚫어보는 이에게 적의를 느끼는 것이다."

앞서 '정치적인 것의 개념'이라는 논문에서도 슈미트는, 자신의 정치논문이 지닌 실존적 단면을 기시화하기 위해 시인 데오도이 도이블러의 문장을 인용하고 있다. "적이란 나 자신의 의문이 형상화된 것이다."라는 문장이 그것이다. 그의 논문은 결국 실존적으로 옳음이 증명되었다. 국가성의 종말에 대해 진단하는 논문을 쓴 후 그에게 적대관계가 형성되었다는 것이 그 증거였다. '정치적인 것의 개념'이 우호관계와 적대관계를 일깨우고 그 판단 기준으로 활용되는 것은 "실존적 옳음을 보여주는 확실한 징후"라는 것이 그의 견해였다. 그의 기록에는 또 동지와 적을 구별하는 일-이는 "나는 구별한다. 고로 나는 존재한다."라고 표현할 만하다-은 정치적인 것을 초월해 지적 긴장감을 낳는다고 쓰여 있다. 이것은 이후 유행하는 무관심으로 점철된 이해 방식, 다시 말해 전후 시대의 단순 해석적 세계관과 정확히 대비된다. 요약하자면 이미 해체된 것을 안일한 태도로 뭉뚱그려 하나의 전체로 보는 대신에, 더욱더 공격적으로 구별하고 분리하려는 시도인 것이다. 그 밖에도 슈미트는 그가 "무척이나 좋아하는, 1849년에 유래한 '브루노 바우어 인용문'"을 몇 번이나 등장시켰다. "약탈할 대상에 관해 그 대상이 스스로를 아는 것보다 더 정확하게 간파하고 있는 자만이 정복에 성공할 수 있다"는 것이 그 인용문이다. 여기서 '약탈 대상'이라는 단어에는 방어적 의미가 부가된다. 즉 약탈되는 대상은 패배 후에라도 정신적으로는 정복당하지 않기 위해 방어 자세를 취해야 한다.

그렇다면 슈미트의 경우 패배한 후를 대비해 진정한 방어책을 가지고 있었던 것일까? 사실 그는 세상의 이해를 구하기 위해 지나치게 많은 것을 동원했다고도 말할 수 있다. 개인적인 문제가 그의 저서에 등장하는 일련의 테마 및 의문들과 엮이고 있었다. 합법성, 정당성, 적과 동지의 구별, 국가 간의 전쟁이 내전으로 변천하는 과정, 전 지구적인 평화 회복 및 세계 변화 계획에 맞추어 새롭게 등장한 범죄들 등이 바로 그러한 테마들이다.

당시의 세대를 특징짓는 '문화에 대한 회의懷疑'가 완화되거나 회유되지 않고 이토록 고집스럽게 보존된 경우는, 슈미트의 기록물말고는 다른 어디에서도 보기 어렵다. "외국이라는 것은 없고 오로지 하나의 국가만이 존재하는 세계는 얼마나 지독할 것인가. 탁 트인 옥외로 나갈 길도, 자유롭게 내 힘을 측정하거나 시험해볼 공간도 존재하지 않는다." 전체주의라는 무시무시한 장치는 20세기 최대의 공포를 자아냈음에도, 슈미트의 글에서 전체주의는 오직 '절대적 현세'를 실현시킨 한 시대의 선구자 정도로만 표현될 뿐이다. 주지할 점은, 이 선구자는 자신이 명령한 '안락함'에 맞추어 움직이지 않는 이들 앞에서는 즉각 교란자이자 범죄적 압제자로 변신했다는 것이다. 《글로사리움》의 저자는 모든 것이 "고도로 문명화되고 조직된, 그러나 순전히 물리적인 안락함의 상태"로 귀결될 것이라고 내다봤다. 거기까지 생각이 미치자 또 한 번 거대한 속임수에 휘말렸다는 느낌이 그를 사로잡으며 실존적 공황 상태로 내몰았다. 기록의 처음부터 끝까지 칼 슈미트는 자신의 극적인 인생을 야기한 원인을 해독하고자 필사적으로 애쓴다. 기록의 마지막 즈음에서 마침내 프랜시스 베이컨Francis Bacon의 어느 우화에서 자신에게 딱 들어맞는 섬뜩한 표현을 찾아냈다. "나는 샘물(혹은 '난원지')이다. 이 샘물 속으로 악한이 들어섰다."

7

'동물'과 '속물'의 역사를 예견한 헤겔주의자
알렉상드르 코제브

Alexandre Kojève
1902.4.28-1968.6.4

민주적 스노비즘의 종착역

　1932년, 파리 교외의 방브Vanves 시에 위치한 코제브의 주소는 '리쎄가Boulevard du Lycée 15번지'였다. 전쟁 발발 후에는 거리 이름이 '스탈린그라드Stalingrad 가'로 바뀌었으며, 헝가리 의거가 일어난 다음 해인 1957년에 가서야 마침내 '리쎄가'라는 원래의 주소가 쓰이게 되었다. 이러한 주소 변경의 역사는 곧 세계사의 정세 변화를 반영하는 증거이기도 했다. 1902년 모스크바에서 태어난 알렉상드르 코제브 만큼이나 20세기의 숙명적 격변에 대해 강도 높게 숙고한 철학자도 드물 것이다. 그 밖에도 그는 무척이나 심오한 방식으로, 즉 헤겔 철학에 대한 주해자로서 성찰의 과정을 거쳤다. 헤겔에 의해 철학이 완성되었다는 굳은 믿음 때문이었다.

　당시에 헤겔주의는 이미 한물 간 사상이었다. 코제브가 관심을 가진 철학 양식은 사람들의 관심 밖이 된 지 이미 오래였다. 1840년대의 젊은 헤겔주의자들은 "향후 세계사를 구성하는 내용은 무엇이 될 것인가"(루돌프 하임Rudolf Haym)라는 물음에 심취하기도 했으나, 이때를 마지막으로 헤겔철학의 유행은 사그라져 있었다. 그러나 다른 한편으로 헤겔주의는 코제브가 살았던 시대에 아주 적합한 것이기도 했음이 분명하다. 예컨대 파리의 초현실주의파 예술가와 문학가들이 여기에 매혹되었다는 사실이 그것을 증명한다. 이들은 1933년에서 1939년 사이에 열린 코제브의 헤겔 강연에 귀를 기울이곤 했다. 레이몽 케노Raymond Queneau가 책임지고 출간을 맡았던 《헤겔 독해 입문Introduction à la Lecture de Hegel, 1947》은 코제브의 헤겔 강의 내용을 모아 편집한 것이나, 이것은 당시 코제브가 차지하던 입지를 보여주는 증거로는 턱없이 부족하다. 당시 코제브는 프랑스의 지성인들 사이에서 거의 전설적인 인물로 여겨지고 있었다.

고향인 러시아를 떠나 독일을 거쳐─그는 하이델베르크에서 칼 야스퍼스의 지도로 박사 학위를 받았다─파리에 정착한 이 철학사는, 독일어를 거의 알아듣지 못하는 수강생들 앞에서 역사상 가장 난해한 철학서들 중 하나인 헤겔의 《정신현상학Phänomenologie des Geistes, 1807》에 관해 설명했다. 당시 이 저서는 아직 프랑스어로 번역되지도 않은 상태였다. 알렉상드르 코제브는 이 저서를 읽은 지 50년이 지난 뒤에야 이 독서 경험에 대해 언급한다. "한 해가 지나는 동안 나는 이것을 처음부터 끝까지 세 번 반복해 읽었지만 결국 아무것도 이해하지 못했다(이렇게 말하는 이유는, 여기에 나오는 내용을 전부 이해하지 못하면 결국 아무것도 이해할 수 없기 때문이다). 그러나 나는 이 작품에 관해 논하는 역사학자들 역시 사실은 그중의 무엇도 이해하지 못했음을 깨닫게 되었다." 그가 헤겔의 저서를 읽고 이해한 바가 실제로 헤겔이 말하고자 한 것과 일치하는지는 알 수 없는 일이다. 그러나 코제브에게 이는 그다지 중요한 일이 아니었다. 어차피 그는 역사가 종말에 도달했다는 사실을 전제하고 헤겔을 읽었으니까.

이는 결코 진단이 아니라 꾸밈없는 확신이었다. 그는 곧잘 이렇게 말하곤 했다. "여러분 주위를 둘러보십시오. 세계의 격동을 포함한 모든 것이 역사가 매듭지어졌음을 보여주고 있습니다." 모든 일은 어디에서고 일어나고 또 어디에서고 반복될 수도 있다고 그는 생각했다. 1968년에 코제브가 피력한 다음과 같은 말이 그러한 견해를 증명한다. "오늘날의 베를린은 정확히 내 청년 시절의 라탱 지구Quartier Latin(소르본느 대학교를 중심으로 한 파리의 한 구역_역주)의 모습 그대로입니다." 그리고 그는 역사의 진보 속도가 점점 더 둔해진다고 판단했는데, 그에게 이것은 역사의 종말이 다가왔음을 무엇보다도 명확히 보여주는 징조였다. "역사의 움직임은 점점 더 느리게 전진하고 있습니다." 이러한 언급은 그가 당시 혜안을 통해 관찰한 바를 표현한 것이다. 역사의 종말은 멀리에서 겨우 윤곽을 드러내기 시작한 것이 아니라 이미 손에 잡힐 듯 가까이 다가와 있다. 그리고 그것은 바로 정체된 상태이자 역사적 사건들로 얼룩진 마비 상태이기도 했다.

코제브는 이러한 상태가 혁명 이후의 근대 국가, 즉 단일 세계국가Weltstaat에서 제도적 틀을 갖추어 갈 것이라고 내다보았다. 다만 그가 확신할 수 없었던 한 가지는 공산주의와 자본주의 중 어느 편이 체제의 경쟁에서 승리하고 세계국가를 이룰 것인가 하는 문제였다. 여기에는 두 가지 가능성이 존재했는데, 하나는 서구가 자본주의적·민족주의적 체제를 유지함으로써 소련에 정복당하는 것이었고, 다른 하나는 두 경제체제가 통합됨으로써 서구가 소련을 정복하는 것이었다. 세계국가는 이러한 방식으로 완성되어야 했다. 후에 소비에트를 중심으로 한 공산권 블록이 무너지면서 정세가 전혀 다른 방향으로 발전했다는 사실도 그는 별로 개의치 않았을 것이다. 그 결과, 즉 오늘날 전 세계를 휩쓸고 있는 '지구화'는 해석하기에 따라 그가 생각한 두 번째 가능성과 대체로 들어맞는다고 할 수 있기 때문이다. 이 밖에도 코제브에게는 그의 근본 원칙에 부합하는 몇 가지 다른 발상이 존재했다. 예컨대 1948년에 그는 마르크스주의가 복표했던 송작 단계가 미국에 의해 이미 달성되었다고 천명했다. 어느 재기 넘치는 논설을 통해 그가 발표한 바에 따르면, "헨리 포드Henry Ford는 유일무이하고 지대한 의미를 갖는 진정한 20세기 정통 마르크스주의자"였다.

1959년 일본 여행 후 코제브는 역사의 종착 단계에 대한 새로운 발상을 내놓으며 다시금 세상을 놀라게 했다. 이번에는 일본의 상황에 접목시킨 대안이었다. 그는 일본 문화에서 미국 문화와 정통으로 대비되는 역사모델, 즉 독자적인 일본식 '역사의 종착점'을 발견했다고 주장한다. 그리고 이를 위해 스스로도 매력적이라 생각하는 개념을 고안해 냈으니, '민주적 스노비즘Snobbism'이 바로 그것이다. 일본의 문화적 엘리트가 지니는 행동 양식이 '미국식 생활양식'과 만남으로써 민주화되는 한편, 그들의 전통 생활태도와도 여전히 밀착되어 있었다. 이렇게 해서 '군중을 위한 스노비즘'이 탄생한다. '역사의 일본식 종착 단계'에 대한 이 고찰을, 코제브는 그가 사망하던 1968년 새로 출간된 헤겔 입문서에 주석으로 달아 넣었다.

코제브 이후 전통주의와 근대화는 다양하고 기묘한 형태로 서로 교차되고 전환되기를 반복했다. 코제브가 생존해 있었더라면 이를 종착 단계로 향하는 길의 장애물이 아닌 과도기적 현상으로 간주했을 것이다. 당시에도 그는 다양한 인종들이 서구 사회로 유입되는 추세를, '단일적이고 보편적인 세계국가'에 관한 자신의 고찰과 상충되는 현상으로 여기지 않았다. 그보다는 '세계국가로 가는 중간 단계'로 여겼을 뿐이다. 그의 눈에는 이 모든 현상들이 세계국가의 기본구조 형성 과정으로 보였으며, 누구나 그 체제를 받아들일 수 있게 되는 준비 단계이기도 했다.

역사의 종말이라든가 서구의 몰락 등에 관해 논의하는 학자들은 하나같이 미래를 '진단'하는 언사, 나아가 예언적인 수사학을 사용한다는 점에서 공통된 특성을 지닌다. 게다가 이 학자들은 진단한 일이 이미 현실에서 진행되고 있다고 단정 짓는다. 예컨대 슈펭글러는 서구의 몰락을 증명하는 결정적인 순간이 이미 지나갔다고까지 말한 바 있다. 역사의 종말은 이미 달성되었다고 코제브가 굳게 믿었던 것과 마찬가지이다. 그러나 이러한 종류의 진단이 특정 사건을 근거로 삼아 설명될 때에는 항상 식상해지게 마련이다. 1990년에 바로 그러한 일이 있었다. 소비에트연방이 붕괴되자 많은 사람들이 승리와 패배에 관해 논하기 시작했다. 프랜시스 후쿠야마Francis Fukuyama는 《역사의 종말The End of History and the Last Man, 1992》을 발표해 커다란 반향을 불러일으켰다. 덩달아 코제브의 '시대 진단 이론'이 재조명되며 얼마간 세간의 주목을 받기도 했다. 그러나 이는 얼마 가지 않아 식상해졌을 뿐만 아니라 곧 사람들의 뇌리에서 잊혀졌다.

그러나 코제브 사상의 핵심은 그런 유행과는 근본적으로 달랐다. 이것을 효과적으로 이해하기 위한 최고의 방법은 코제브의 사상을 독자적인 다른 철학자들의 것과 비교하는 일이다. 예를 들어 레오 스트라우스Leo Strauss에게 고대철학은 절대진리와 동격이었는데, 고대철학이 스트라우스에게 갖던 의미는 헤겔의 현상학이 코제브에게 막대한 의미를 지녔던 것과 같았다. 스트라우스와 코제브 사이의 담론은 20세기를 통틀어 철학계의 가장 흥미로운 사건들 중 하나였다. 코제브는 헤겔 해석에서 인류가 이루어 온 세계사를 '인정받기 위한 투쟁'으로 재구성했다. 이에 슈트라우스는 '인정'만으로는 충분치 않다는 말로 반박한다. 오로지 지혜, 즉 올바른 통찰력만이 인간을 진정으로 만족시킬 수 있다는 것이다. 따라서 세계국가는 '지혜'의 지배와 대중적 보급을 특징으로 할 수 있어야 하며, 단일화와 보편화만으로는 충분하지 않다. 그렇지 않으면 바로 오늘날 두드러지는 바와 같이 편협한 종교의 힘이 우위를 점하게 된다는 것이 그의 주장이었다. 그러나 레오 스트라우스의 이러한 대응은 모순된 것이었다. 그가 내세우는 '올바른 통찰력'의 대중화는 애초부터 불가능했다. 올바른 통찰력이란 대중에게 보급할 수 없는 것이 아니다. 혹 이 일이 달성된 것처럼 보이는 경우가 생긴다면 이는 틀림없이 선동Propaganda을 동원해 이루어낸 것일 터이다. 무엇이 옳은 것인지 대중의 머릿속에 강압적으로 주입하는 것이다. 결국 이것은 '지혜로 대표되는 국가'가 아니라 전체주의 국가의 한 변용에 지나지 않을 터이다.

그 밖에도 레오 스트라우스는 '궁극적인 국가의 형태' 이론의 핵심을 향해 또 다른 반론을 제기했다. 역사가 '궁극적인 국가'를 향해 치닫는다는 가설은 속임수라는 것이다. 언젠가 보편적이고 단일화된 국가에 다다를 것이라는 희망 하나로 인류가 수세기 동안 무한한 노고를 바쳐야 할 이유가 대체 무엇이란 말인가? 그러한 여정의 끝에서 인류가 마주하게 될 진실이라고는, 자신들이 그동안 스스로의 인간성을 해쳐 왔을 뿐이며 궁극의 상태에 다다름과 동시에 태초의 역사로 회귀했다는 사실뿐이다. 그러한 결과가 올 것을 안다면 그토록 부단한 노력을 기울여야 할 이유가 어디에 있는가? 궁극의 통찰력을 달성한 후에 원초적 욕구가 지배하는 태초의 세계로 회귀한다는 것은 코제브가 헤겔의 《정신현상학》으로부터 얻은 다분히 니체주의적인 귀결이었다. 한편 레오 스트라우스는 이것을 기만으로 여기며, 코제브의 이론에서 역사의 어떤 목적을 통해서도 밝혀지지 않을 '허무주의적 부정否定'이라는 반란을 상기했다. 단일화된 세계국가에서 사라져가는 인간성을 지킨다는 일은 허무주의적으로 생각하지 않고서는 상상조차 불가능했다. 레오 스트라우스는 허무주의의 표어를 다음과 같이 내걸었다. "전 국가의 군인과 노동자여, 스스로를 방어하라! '자유의 제국'의 도래를 저지할 시간이 아직 남아 있는 한, '궁극의 제국'이 필요로 하는 한 모든 힘을 다해 그를 수호하라!" 코제브 철학의 허무주의적 핵심이 레오 스트라우스에 의해 그 속살을 드러낸 셈이다.

볼셰비키로부터 도피한 후인 1920년, 코제브는 바르샤바의 어느 도서관에서 어떤 깨달음을 얻는다. 데카르트René Descartes의 흉상과 붓다의 흉상이 하나의 형상으로 서로 녹아 들어가는 환상을 체험한 것이다. 이때부터 그는 철학일기를 쓰기 시작했다. 그리고 두 위인의 사상에서 공통된 법칙을 모색한 그는 마침내 그 답을 '자기 자신을 향한 성찰'에서 찾는다. 밀하자면 그의 헤겔주의는 서구의 합리주의와 불교의 접목을 추구하는 이 근원적 상념으로부터 싹튼 셈이었다. 당시의 코제브는 '사유思惟의 세계를 성찰하는 일'이 가능하다고 여겼다. 그러기 위해서는 사상을 무無로 파악하는 일이 선행해야 했다. 또한 자기 자신을 성찰하기 위한 이 훈련에는 불교 및 동아시아 언어 연구가 필수적이었다. 유럽인이 힌디어를 배우지 않고 힌두사상을 이해하는 일에는 어마어마한 어려움이 요구된다고 여겼기 때문이다. 그 어려움은 한 철학자가 자신의 사상을 표현하기 위해 새로운 철학 개념들을 고안해내는 데 겪는 어려움과 맞먹을 정도로 클 것임에 틀림없다. 이는 코제브의 철학적 언어가 지닌 완고함 및 난해한 특성이 어디에서 기인한 것인지 어느 정도 설명해준다.

코제브가 바르샤바의 도서관에서 찾아낸 '내면적 존재'에 대한 사유는 이후 비밀스러운 징표와도 같이 그의 사상 곳곳에서 발견된다. 특히 이 사상이 예상외의 방식으로 적용될 수 있던 기회는 바로 예술철학 분야에서였다. 코제브는 1920-1921년의 이탈리아 체류를 계기로 예술철학에 매료된다. 그는 자신의 예술철학을 일차적으로 이탈리아 르네상스 미술 연구에, 1929년 이후에는 추상미술에 응용했다. 특히 추상미술 연구에는 숙부인 바실리 칸딘스키Wassily Kandinsky와의 서신 교환이 바탕이 되었다. 그가 발견한 예술의 '내면적 존재'란 각각의 예술작품이 지닌, 어떠한 모방을 통해서도 재현할 수 없는 고유의 요소이다. 좀 더 정확히 표현하자면, 아무리 정밀하게 모방하더라도 모방작에는 결코 표현될 수 없는 그 무엇이었다. 왜냐하면 모방은 기술적으로 아무리 정확하더라도 그 작품이 살아 온 세월과 '화가의 손길'을 지워 버리기 때문이었다. 이 두 가지 요소가 결여되면 감각적 측면도 그만큼 작품에서 사라진다. 따라서 코제브는 모방을 통해 복제가 가능한 '기술적인 예술'과, 눈에 보이는 것을 뛰어넘는 '감각적인 예술'을 명확히 구분 지었다. 그리고 후자를 구별하는 방법을 '내면적 존재의 철학적 방법'이라 정의한다. 예술을 인간이 창조해낸 다른 모든 사물들과 구별 짓는 단 한 가지 요소는 "내면에 존재하는, 그리고 사유 불가능한 요소이다. 정확히 말해 순수한 사유를 감각적으로 파악하는 일이다." 코제브에게 예술작품이란 '사유에서 나온 순수한 착상'이었다. 이것은 그 발상을 가능한 한 제한하는 일 없이 구체화하는 작업을 통해 표현된다. 예술작품의 후면에는 '무無'가 나타나며 예술작품 내부에는 현실성을 사라지게 만드는 힘이 지배하게 된다. 현실성은 사라지고 오로지 순수한 발상만이 남는 것이다. "발상이란 생각해낼 수 있는 것이 아니다. 그것은 그림 속에 존재하는 것이 아니라, 현실에서의 창작 이면에 놓인 '무'로서 느껴질 뿐이다. 이것이 바로 예술과 학문의 차이점이다."

알렉상드르 코제브는 '예술에 내재된 영혼'에 관한 어렴풋한 발상을 바실리 칸딘스키에게 이해시키고자 했다. 그가 칸딘스키에게 이야기한 바는 예술의 차원을 넘어, 어떤 면에서 자신의 철학적 사유 중에서도 가장 내밀한 부분에 대한 설명이었는지 모른다. 그리고 코제브 자신은―이러한 짐에서 그는 작품으로부터 '현실성'을 제거하는 예술가에 비견할 만하다―특수한 정치적 형태를 구상함으로써 자신의 사상에서 '현실성'을 제거한다. 예술철학에 기댐으로써 그는 머릿속에 어렴풋이 떠도는 착상을 어렴풋이나마 묘사해낼 수 있었다. 예술가들이 작업하듯 착상을 구체화하는 동시에, 예술작품이 그렇듯 현실을 활용하는 일, 바로 이것이 코제브의 철학에 모순적 특성을 부여한 요인이었음에 틀림없다. 그의 철학은 모든 종류의 현실적 조화를 비껴간다는 특성을 지녔다. 예술작품과 마찬가지로 코제브의 철학 역시 언어로 표현할 수 없는 무엇인가를 실현시키고자 했다. 그가 다양한 모델을 통해 다소 극단적인 형태로 제시한 '궁극적 국가'에 대한 발상도, 예술작품들과 마찬가지로 어떤 내면적 존재를 목표로 하고 있었을 것이다.

드골을 흠모하고 '프랑스와 결혼한'
앙드레 말로

André Malraux
1901.11.3-1976.11.23

판테온에서의 모험

앙드레 말로에 관한 새로운 전기문이 하나 탄생할 때마다 그 주인공은 조금씩 작아진다. 그에 관한 서적들이 두터워질수록—가장 최근에 나온 올리버 토드Oliver Todd의 전기문은 700여 쪽에 육박한다—그가 이미 스무 살 무렵부터 자기 자신에 관해 조금씩 창조해나가던 영웅전과 신화의 가치가 작아지는 것이다. 진실이야 어찌됐든 추세는 그렇다. 말로가 자신의 삶에 대해 마음대로 덧붙였던 것 중에 상당 부분은 그의 생전에 이미 허구로 드러났다. 말로의 친구들은 이미 그 사실을 잘 알고 있었음에도, 그가 허구를 꾸민다는 사실에 반감을 갖지는 않았다. 자신들도 영웅적인 인물의 신화에 등장인물이 될 수 있음을 자랑스럽게 여겼기 때문이었다. 한 인물의 일대기가 이런 식으로 영예로운 위인전으로 변신하는 현상은 오로지 프랑스에서만 가능했는데, 왜냐하면 프랑스는 서구의 국가들 중 민족적 영웅에게 명예가 주어지는 일이 여전히 가능한 유일한 국가였기 때문이었다.

파리에 위치한 판테온은 프랑스의 민족적 명예사名譽史를 상징하는 장소이다. 앙드레 말로 역시 1996년 장엄한 의식이 열리는 가운데 이곳에 안치되었다. 미라보Honoré Gabriel Riqueti de Mirabeau(그는 불명예스럽게도 곧 마라Jean Paul Marat에게 자리를 양보하고 판테온Pantheon에서 물러나야 했다. 그러나 마라는 미라보보다도 이 자리에 더 부적합한 인물이었기 때문에, 겨우 몇 년을 이곳에 머문 끝에 미라보의 뒤를 따라 판테온에서 내쫓겼다)와 루소, 그리고 볼테르Voltaire를 시작으로 이곳에 입성한 위인들 중 말로는 일흔두 번째 주인공이었다. 나폴레옹Napoléon Bonaparte은 장군과 학자들을 이곳에 안장시켰다. 그러나 현대에 이르러서는 어떤 분야에서 어떤 업적을 이룬 인물에게 판테온 안장의 영예를 부여하는가가 난제가 되었다. 특별한 선정 기준이 존재하기 않기 때문이나. 장 모네Jean Monnet 및 마리 퀴리Marie Curie와 피에르 퀴리Pierre Curie 부부는 소수의 선택된 위인들 중 일부이다. 역사에 대한 반추가 선별을 쉽게 만들기도 했다. 예컨대 프랑스 혁명 200주년을 맞아 프랑스인들은 콩도르세Nicolas de Condorcet와 몽쥬Gaspard Monge, 아베 그레고아르Abbé Grégoire를 추모하며 판테온에 안장했다.

드골Charles de Gaulle은 자신의 재임 기간 동안 오로지 단 한 번만 '판테온 안장'이란 영예를 부여했다. 1964년 12월 19일 레지스탕스 지휘자였던 장 물랭Jean Moulin의 유해가 판테온으로 이장된 일이 그것이다. 이날 앙드레 말로의 연설은 그의 웅변술 및 웅변가로서의 열정 덕분에 무척이나 인상적이면서도 일견 기이한 느낌까지 들었다. 그의 목소리는 가늘고 높은 동시에 단호한 의지를 드러내듯 긴장된 톤이었으며, 몸짓은 프랑스 혁명이 일어났던 시대의 연설자들이 흔히 그랬던 것처럼 과장스러웠다. 이 목소리와 제스처를 동원해 그는 프랑스의 저항의 역사를 높이 기렸다. "장 물랭, 당신은 이렇게 이곳에 들어섰으며, 당신이 이룬 위대한 업적도 이와 함께 하고 있습니다. (중략) 그늘 속에서 태어나 그늘과 함께 사라진 당신의 형제들과 더불어 이곳으로 들어오소서. 밤의 결사단의 형제들과 함께!" 훗날 앙드레 말로에 관해 평가한 어느 평론가는 그가 장 물랭 찬양 연설에서 자기 자신까지 염두에 두고 있었다고 추측했다. 즉 저항운동에서 자신이 수행한 역할을 크게 과장시켜 연설 내용에 포함시켰다는 것이다.

말로는 1940년에 독일군에 체포된 적이 있으나 별다른 어려움 없이 비점령 지역으로 탈출했다. 그의 친구였던 드리외 라 로셸Pierre Drieu la Rochelle은 그를 나치 협력자로 끌어들이고자 애썼으나 그는 이 시도를 물리치고, 1944년이 될 때까지 탈출지에서-그 자신이 표현한 바에 의하면-'드골주의적 중립'을 견지한 끝에 1944년 3월에는 마침내 완전히 레지스탕스에 합류한다. 그러나 말로의 전기에 등장하는 그의 활동 경력이나 포로 경험, 최후의 순간에 총살을 면했던 경험 등은 확인 결과 근거 없는 것으로 판명되었다. 뿐만 아니라 네루Jawaharlal Nehru나 마오Mao Zedong, 드골 등과의 대담도 말로가 《반反회고록Antimémoires, 1967》을 통해 보이고 싶어 한 것만큼 운명적이었거나 정치적 유증遺贈의 성격을 띠고 있지도 않다는 사실을, 이 회고록을 읽은 사람이라면 금방 눈치 챘을 것이다. 적어도 앙드레 말로가 이미 1920년대 초반에 마오를 처음 보았다든가, 당시 광둥에서 중국 공산주의 혁명가들과 함께 일했다든가, 혹은 스페인 내전 당시 비행중대를 이끌었다는 등의 영웅적인 일화들은 어느 정도 설득력을 잃은 것이 사실이다. 현실은 말로가 그랬다고 믿고 싶어 했던, 그리고 글과 연설을 통해 스스로 확신했던 모습과는 달랐던 것이다.

그러나 미화되지 않은 그의 실제 인생만도 충분히 모험적이었다. 우선 그는 양친에 대해 거의 언급한 적이 없었다. 자신의 출신을 혐오했던 그는 열일곱에 부모와 학교를 모두 등진 후 고서적상과 주식투자를 통해 독립했다. 1920년에는 입체파 시詩문학에 관한 첫 논분을 발표하고, 이듬해에는 페르낭 레거Fernand Léger의 목판화가 삽입된 첫 번째 작품《종이 달Lunes en papier, 1921》을 출간했다. 스무 살밖에 안 된 젊은 말로는 이미 파리의 아방가르드Avantgarde 진영에 속해 있었다. 1921년에는 클라라 골드슈미트Clara Goldschmidt와 결혼하는데, 그녀는 독일의 막데부르크Magdeburg에 살다가 가족과 함께 파리로 이주한 유대계 독일인이었다. 1923년 소위 고고학 탐사를 명분으로 아내를 동반한 채 인도차이나로 건너간 말로는 프놈펜에서 도굴자로 몰려 체포된다. 실제로 그 둘은 정글 깊숙이 숨어 있는 사원에서 조각상들을 훔쳐낸 다음, 이를 파리로 가져가 미국 고미술상에 팔아넘길 계획을 가지고 있었다. 앙드레 말로가 이로 인해 3년형을 선고받자 파리에서는 동요가 일었다. 곧이어 작가들과 화가들의 청원이 잇따랐고, 말로는 집행유예를 선고받고 풀려난다. 그는 곧 파리로 돌아오지만, 1925년 또다시 인도차이나로 건너가 신문을 발행하고 '월남 청년 혁명 동지회Jeune Annam'의 활동을 지원했다.

모험가 말로는 이후 정치 활동에 참여하는 지식인으로 변신한다. 집필 활동도 병행하며 극동에서의 모험을 자신의 문학에 투영시키기 시작했다. 1928년에는 소설《정복자Les Conquérants》가, 1930년에는 《왕도La Voie Royale》가, 그리고 1933년에는 말로에게 공쿠르 상Prix Goncourt 수상이라는 영광을 안겨준 《인간의 조건La Condition humaine》이 연달아 출간되었다. 유명한 작가가 된 그는 곧 반反파시즘 활동가를 겸하게 된다. 사진작가 지젤 프로인트Gisèle Freund의 여러 사진 가운데 1935년 유명한 반파시즘 작가 회의에서 연설하는 말로의 모습도 볼 수 있는데, 이때 그의 탁월한 웅변술은 회의장 전체를 사로잡았다. 그즈음 말로는 유럽 좌파 지식인으로 명성을 날리게 되었고, 사람들은 망명중인 트로츠키Leo Trotzki와 함께 있는 말로, 그리고 1934년의 모스크바 작가 회의에서 고르키Maxim Gorki와 나란히 앉아 있는 말로를 보게 되었다. 이 몇 년간의 경험은 후일에 소설《경멸의 시대Le Temps du mépris, 1935》 속으로 녹아들어간다. 한편 그는 스페인 내전에서 공화군을 위해 비행중대를 조직하기도 했는데, 이 일이 실제로 어느 정도 성공적이었는지는 아직도 의견이 분분하다. 어쨌든 그는 자신의 소설《희망L'Espoir, 1937》 및 이를 바탕으로 제작한 영화에서 당시의 일화를 매우 인상적으로 다루고 있다.

2차 세계대전이 종료되었을 때, 말로는 최고의 찬사를 받는 저항 투쟁가로 칭송받는 인물이 되어 있었다. 그리고 이미 종전 이전부터 열렬한 드골주의자이기도 했다.《반회고록》에서 그는 드골 장군과의 첫 번째 대화에서 과거 자신의 경력에 대한 장군의 질문에 대답했던 일을 적고 있다. "그 질문에 대답하기는 무척이나 쉬웠다. 나는 사회적 정의를 위한 투쟁에 참가했다. 더 정확히 말하자면 사람들에게 기회를 주기 위한 투쟁이었다." 그러고 나서 그의 머릿속에는 더 이상의 어떤 질문도 필요 없게 만들 만한 대답이 하나 더 떠올랐다. "그리고 나는 프랑스와 결혼했다." 마치 사람이 여러 번 사랑에 빠지지만 결국은 한 사람만을 결혼 상대자로 택한다는 이치를 닮은 말이다. 이러한 표현은 드골의 스타일에 딱 들어맞는 것이었고, 그 덕분에 말로는 전후 단기간 존재했던 드골 정부에서 정보부 장관직을 맡게 되었다. 이후 1958년에 드골이 재취임한 후에는 문화부 장관이 되는데, 이때 그가 행한 일들 중에서 무엇보다도 인상적인 것은 바로 파리에 있는 건축물들의 외벽을 말끔히 정비한 일이었다. 그 밖에도 그는 프랑스의 각 지방에 '문화의 집 Maisons de culture' 건립을 추진하며, 개장식이 있을 때마다 직접 참여해 인상적인 연설을 행했다. 모나리자와 밀로Milo의 비너스를 사상 최초로 여행길에 오르게 한 장본인도 말로였다. 이 작품들은 뉴욕과 도쿄 같은 도시에서 전시되었다. 게다가 문화부 장관직을 맡으면서도 그는 젊은 시절과 다름없이 여행 애호가였다.《반회고록》에서는 이 시기에 세계를 돌아다니며 네루나 마오를 만났던 일을 인상 깊게 묘사하고 있기도 하다. 그러한 만남을 말로는 '식민지 시대가 종식될 무렵의 동·서양의 만남'으로 표현했다.

말로는 진정한 드골주의자였다. 드골주의란 모험가이자 정치적 지식인으로 살아온 그의 삶을 총칭하는 말과 다름없었다. 그는 '민족'을 식민지 및 탈식민지 시대로부터 나온 결과물로 여겼는데, 특히 프랑스에서 '민족'을 완성시킨 장본인은 드골이라는 확신에 근거하는 것이 바로 말로의 드골주의였다. 회고록에서 그는 '민족 우위' 경향이 20세기 역사의 중심 사건임이 이미 증명되었다고 주장하기도 했다. 다만 이때 민족 우위가 의미하는 것은 '우월함'의 민족주의가 아닌 '특수성'의 민족주의이다. 그가 목격한 바에 따르면 이 시대에는 심지어 공산주의의 중심부에서도 민족주의가 부활하고 있었다. 혁명 이후 러시아의 국가였던 '인터내셔널가'가 2차 세계대전을 거치며 애국주의적인 '소련찬가'에게 자리를 내주고, 스탈린이 '조국 소비에트'를 외치기 시작한 데서도 이는 잘 드러난다. 탈식민주의의 드골식 정의, 즉 유럽의 귀향이라는 표현 역시 민족적 특수성에 대한 존중의 의미를 내포하고 있었다. 독일 방문 중에 드골이 행한 유명한 연설도 오로지 이 기본 원칙을 이웃국가들에 전파하고 있다. 민족주의는 유럽이라는 조국에서 함께 살아가기 위한 전제 조건이었다.

드골주의적 이상의 대표적인 사안은 바로 유럽 통합에의 구상이었다. 그리고 세월의 흐름과 함께 대체로 잊히기는 했으나, 원래 드골주의에 내포되어 있던 것은 유럽 통합뿐만이 아니었다. 여기에는 국제무대에서 서구가 수행할 역할을 재정의하려는 의도도 포함되어 있었다. 민족으로의 귀환은 말로에게도 '세계문명 속에서의 진보'에 대한 환상을 거부한다는 의미였다. 젊은 시절의 국제적 성향에서 민족주의로 돌아선 것인데, 말로에게 이러한 입지 변화를 유도한 것은 바로 청년 시절 극동에서의 체험이었다. 당시 말로는 서구 문명의 전파가 아시아에 가져온 극적인 정치적 결과를 가까이에서 목격할 수 있었다. 그리고 서구 문물의 전파는 시간이 흐를수록 새로운 의미를 갖게 되었다. 예컨대 소설 《정복자》에는 '광동 총파업'을 알리는 서구식 플래카드가 급변하는 세계의 상징으로 등상하기노 한다. 사람들은 이제 도저에서 옛 유럽의 생활양식과 기술을 활용함으로써 정치적으로 유럽으로부터 벗어나려는 참이었다. 유럽은 소위 발달된 문명 도구들을 사용하여 아시아에 상륙했고, 이 문명을 수용한 아시아가 이제 역으로 그 도구들을 사용해 역사의 무대로 재등장하려 하고 있었다. 나아가 이는 서구 세력에 대항하는 데에도 사용되고 있었다. 유럽은 이러한 문명의 전파를 통해 표면상으로 온 지구에 확산되어 있었다. 말로는 이러한 추세로부터, 식민 지배 세력이 붕괴하더라도 서구화 현상만은 살아남을 것이라는 사실을 간파해냈다. 바야흐로 구미歐美 문명이 전 지구적으로 전파되기 시작했다. 마르크스-레닌주의에 근거한 모든 혁명적 움직임조차도 서구에서 파생된 보편성universalism을 수용하고 있었다. 보편성은 해방 이데올로기로부터 결코 분리될 수 없는 것처럼 보였다.

회상록에서 말로는 인도차이나에서 모험을 함께한 메리Méry라는 이름을 가진 동료의 표현을 빌려 이러한 진보에 대한 견해를 전하고 있다. 그는 탈식민주의가 유럽과 미국에 큰 변화를 초래하지 않았다고 주장한다. 그리고 서구는 이전의 식민지에서 퇴각하는 것이 아니라 전 세계의 민족들을 계속해서 문명화해 나갈 것이며, 세계인에게 민주주의와 기계문명과 현대의약품을 전해줄 것임을 예고했다. 그러한 혜택을 받는 민족들은 이전까지의 구시대를 종식시킬 것이며, 그러면 이들의 옛 시절로부터는 아무런 흔적도 남지 않을 것이다. 또한 이 과정을 거치는 다양한 민족들은, 정도의 차이는 있겠지만 결국은 서구인들과 유사해질 것이라는 언급도 덧붙였다. 종국에 "세계에는 오로지 하나의 문명만이 존재한다. 그리고 모든 민족의 과거는 알지 못하는 사이에 이 유일唯一문명 속으로 흡수되어 갈 것이다." 이 문장은 문명의 거대한 진보 과정을 명확히 설명하고 있다. 앙드레 말로의 세대는 바로 이 진보 과정의 목격자였다. 게다가 이 과정은 일시적인 것에 그치는 것이 아니라 끈질기게 미래를 향해 연장될 것처럼 보였다. 하지만 정당하게 문명이라 부를 만한 가치가 이러한 경향 속에 과연 존재했는가? 이후 말로에 의해 천명된 '민족으로의 회귀'는 정치적 입지 변화의 차원을 넘어, 바로 오늘날 세계화라 불리는 문명의 단일화 현상에 대한 거부로써 탄생한 것이었다. 그의 예견에 따르면 미래의 세계 정치적 질서는 서구에 의해 촉발된 기술적·경영적·경제적 역동성의 표출로써 존재하기보다는 각자의 특수한 상황에 맞게 현실화될 터였다. 즉, 이러한 진보 과정의 끝에 놓여 있는 것은 단일한 세계 문명이 아니다.

1930년대에 좌파로서 정치에 참여했던 지식인들 중 이러한 주장을 앙드레 말로만큼 직접적으로 천명한 이는 아무도 없었다. 그의 사고 전체는 단일 세계문명이라는 진보의 방향을 부정할 증거를 찾는 데 몰두해 있었다. 탈식민주의의 거대 수혜자인 동시에 수천 년 역사의 주역이었던 중국과 인도에서 그 증거를 찾아보려고도 했다. 그러나 당시에는 이들이 미래에 어느 길을 걷게 될지 짐작하게 될 징후도 아직 보이지 않았다. 앞서 언급했듯이 말로는 《반회고록》에 네루 및 마오와의 대담에 관한 일화를 과장하여 첨가했는데, 이 대담의 내용 중에도 결정적인 사항은 보이지 않는다. 뿐만 아니라 이 일화들은 앙드레 말로 본인에 의해서도 대체로 허위로 인정되었다. 그나마 한 가지 주목할 사항은, 여기에서 국제정치의 새로운 행위자로 미국이 언급된다는 것 정도이다. 한 세력이 전혀 힘들이지 않고 지도자 역할을 떠맡게 된 것은 미국이 최초였다. 마오는 대담에서 미국의 등장을 어떤 새로운 현상, 즉 '세계경찰의 탄생'으로 표현하기도 했다. 하지만 1976년 11월에 사망한 앙드레 말로는 식민제국 종식 이후의 세계정치에서 오직 서막만을 경험했다. 따라서 그 자신이 거부한 세계화 추세에 미국이 장래 박차를 가할 것이라는 사실도 그의 생전에는 짐작하기 어려웠다. 소비에트연방이 아직 존속하던 당시에, 국제정치에서 미국이 점할 독자적인 권력은 아직 극히 초기 단계로서만 인지되었기 때문이다. 게다가 서구 문명의 압력 하에 놓여 있던 민족들에게도 아직 결정적인 전환점이 나타나지 않고 있었다. 근대성에 대항한 문화적·종교적 유보가 낳은 첫 번째 혁명 사례는 1978년에 이르러서야 일어난다. 이란 혁명 이후 이란 왕정이 호메이니Ayatollah Ruhollah Khomeini 지배 하의 신정神政 이슬람 국가로 전환된 사건이 그것이었다. 이 혁명은 드디어, 유럽으로부터 탄생한 보편적 해방 이데올로기와 아무 관련도 없는 최초의 역사적 사건이 된다.

전 세계의 민족들은 유럽 문명의 확산을 저지하지 못했다. 앙드레 말로는 이러한 힘을 발휘할 수 있었던 유럽의 문명이 무엇이었는가에 관한 질문에 일찍부터 골몰했다. 그는 유럽이 세계를 문명화할 임무를 지녔다는 주장에 회의적이었는데, 그것을 뒷받침하기 위해 1926년 청년 시절 극동 지역에서의 경험을 집결하는 일종의 성명서를 작성했다('앙드레 말로와 동양André Malraux et l'Orient'). "우리 문화의 본질적 특성은 그것이 폐쇄적이라는 데 있다. 이 문화에 정신적 목표란 존재하지 않으며, 우리로 하여금 행동하도록 강요할 뿐이다." 반면에 아시아의 다양한 문화들은 공통적으로 "'수동성'이라는 미덕을 지니고 있으며, 이것은 그들이 가진 가치들 중 최고의 인간적 표현방식"이다. 따라서 아시아의 관점으로 유럽을 관찰하면 말로의 세대가 지닌 문제점들이 극도로 두드러져 보이는 것이다. 그리고 이 경험은 "단 하나의 세계문명 및 제한된 현실이 불가피하다는 사고를 타파해야 한다"는 생각에까지 이른다. 세계의 서구화에 맞서, 아직 가능성을 지닌 이들이 정당한 권리를 되찾

224

도록 도와야 했다. 앙드레 말로는 유럽의 청년들이 모든 힘을 다해 이 시대를 타파하고 지금까지와는 다른 '새로운 인간형'의 모색에 힘써야 한다고 역설했다. 단, 이것은 아시아라든가 다른 어떤 이국의 문화를 본받아야 함을 의미하지 않는다. 오로지 자주적인 사고만이 새로운 인간형을 발명하는 데 도움이 된다.

청년 말로가 부르짖은 반란은 낙관적 허무주의 및 니체에게서 받은 영감을 견지하고 있었다. 니체는 말로의 사상에 영향을 끼친 유일한 철학자였다. 그는 청년 시절에 자신의 허무주의에 관해 힘주어 공언한 바 있다. "확신 없이 행동할 수 있는 이는 아무도 없다고 누군가가 말했다. 반대로 나는 그들이 확신하는 것 못지않게 강력히, 확신의 결여는 누구에게는 수동성을 부여하는 한편 다른 누구에게는 극단적인 행동을 하게 만든다고 믿고 있다." 확신이나 믿음이 결여된 상태로도 열정적인 삶을 살 수 있는 여러 가능성 중 하나로 그는 모험을 선택했다. 안정된 삶은 그에게 부차적인 요소에 지나지 않았다. 그는 훗날 정치에 참여함으로써 자신의 삶에 안정성을 부여하기는 했으나, 언제나 가장 격렬한 삶을 살 수 있는 장소를 찾던 말로에게는 이때도 입지 변화의 가능성이 항상 열려 있었다.

그에게 고대 예술은 모험적인 삶을 살게 해주는 또 하나의 가능성이었다. 고고학적 탐험, 오래전 쇠락한 문명과의 대면, 그리고 그러한 문명을 가상적으로 부활시키는 일은 앙드레 말로가 고백한 '확신의 결핍'을 영감으로 승화시키는 동시에, 결핍의 자리를 무한한 내용들로 채워주었다. 1926년의 성명서에는 다음과 같은 문구도 들어 있다. "아시아, 쇠락한 문명들, 그리고 인종학이 내게 강렬한 열정을 불어넣어 준 것은 불과 얼마 전의 일이다. 나는 이 문명에 속하는 이들이 지녔던 생활양식을 접하는 순간 깊은 경외감에 사로잡혔다. 뿐만 아니라 다른 모든 종류의 이국 문화는 나 자신이 속한 문화를 비추는 거울이 된다. 이에 더해 각 문화들이 지닌 독특성과 우연성은 나의 열정에 힘을 더해 주었다. 이 독특성과 우연성은 특히 아시아의 문명이 지닌 다양한 표현양식을 통해 표출된다." 2차 세계대전 이후 말로는 몇 번이고 새로 교정되어 나온 출판물들 및 새로운 구상안들을 통해 자신의 예술철학을 피력했다. 《예술의 심리학La psychologie de l'art, 1946–49》, 《침묵의 소리Les voix de silence, 1951》, 《가상의 세계 조각박물관Le musée imaginaire de la sculpture mondiale, 1952–54》, 《신들의 변모La métamorphose des dieux, 1957–77》 등이 그러한 작품들이다. 우리는 특히 이들 작품이 1950년대 이래 지녀 온 모습에 주의할 필요가 있다. 그의 예술철학은 앙드레 말로가 혁명 참여와 같은 정치적 모험을 감행하던 시기의 사고방식과는 전혀 다른 양상을 지니기 때문이다. 정치적 모험가로서의 그는 '혁명으로부터 전통으로의 회귀' 및 그에 수반되는 '민족으로의 회귀'를 추구했다.

예술에 관한 지난 세기의 수많은 저작들 중 말로의 작품처럼 독자적인 것도 없다. 그의 작품은 특히 '가상 박물관'이라는 개념에 의해 유명해졌다. 이 개념은 과거의 모든 예술품들을 근대적 사진

복제 기술 등의 재생산 기술을 빌려 변형시킨 뒤 이를 가상의 '초超박물관'에 전시하는 방법을 지칭한다. 모든 시대, 모든 문명들로부터 나온 모든 작품들은 사상 처음으로 이 박물관에 전시되며, 이곳에서는 각각의 작품이 다른 모든 작품들과 연관을 맺게 된다. 하지만 이러한 상상은 디지털 이미지의 시대인 오늘날에나 실현 가능한 것이다. 이 착상은 '기술적 복제 가능 시대의 예술작품'에 관해 발터 벤야민이 고안했던 사상과도 일맥상통한다. 실제로 말로는 벤야민의 사상을 이미 1930년대 말에 접한 바 있다. 그렇지만 이 개념은 결코 말로의 예술철학에서 중추적인 사항이 아니라, 단순히 박물관이 앙드레 말로에게 의미하는 바가 극단적으로 표출된 개념일 뿐이다. 이 박물관에서는 종교와 같이 특정 기능을 목적으로 창작된 예술품, 예컨대 기도에 쓰이는 성상 등도 종교와 전혀 관계없는 다른 작품들과 연관을 맺을 수 있다. 가상 박물관의 모든 작품들은 이처럼 변모metamorphose 과정을 거친다. 사실 이러한 관점은 18세기 초 이래로 줄곧 박물관 이론의 기본 구성 요소로 자리 잡아온 것이기도 하다.

　말로의 독창성은 준準예술적 재능에서 나왔다. 이 능력은 그로 하여금 근대 박물관의 세계로 눈을 돌리게끔 만들었을 뿐 아니라, 오늘날 미술사학 분야에서 그의 저서를 거의 찾아볼 수 없는 이유도 설명해준다. 흔히 쓰이는 미술사학 방법과는 달리, 말로의 가상 박물관은 자료도 연대표도 없는 예술이기 때문이었다. 박물관은 1800년경 이후부터, 당시 흔히 쓰이던 표현을 빌리자면 '시대와 양식에 따른' 예술품의 전시에 기초해 조성되었다. 즉, 예술작품을 연대순에 따라 배열하는 방식은 작품에 다가서기 위한 기본조건이었던 것이다. 박물관을 매개로 조성된, 예술을 대하는 새로운 시각도 바로 이러한 방식에서 비롯되었다. 그러나 말로는 자신의 저작에서 이 전통적 접근방식을 유례없이 극단적으로 차단했다.《침묵의 소리》를 보면 그가 전후 베를린에서 행한 강연과 관련된 내용이 등장하는데, 여기에서 그는 누구나 걸려들 수 있는 '중독'에 대해 경고한다. '누구나'란 바로 근대미술 작품들을 시대적 순서에 따라 감상하는 이를 가리켰다. 근대미술은 그 자체로서 연대표에 대한 저항의 의미를 내포하고 있을 뿐 아니라—새로운 것은 단 하나의 일직선상에 끌어다 댈 수 없는 것이다—말로의 견해에 따르면 근대미술은, '전 세계 모든 미술'과의 연계 속에서 관찰되어야 하므로 연대기 순으로 전시되어서는 안 되는 것이었다.

예술에서 연대표에 집착하지 않고 작품들을 감상하면 별안간 광범위한 비교의 가능성이 펼쳐진다. 이때는 어떤 예술품이라도 다른 모든 작품과의 비교가 가능해진다. 비교가 주는 충격은 의심할 바 없이 말로의 예술철학에서 가장 오래된 동인이었다. 1922~1923년 겨울, 클라라와 앙드레 말로 부부는 박물관에서 일하는 쾰른Köln 출신의 남자—그는 당시 쾰른의 동아시아 미술관에서 큐레이터로 일하던 알프레드 살모니Alfred Salmony였다—를 손님으로 맞이했는데, 이때 그는 말로의 눈앞에 다양한 문명에서 나온 예술품 사진들을 죽 늘어놓았다. 그중에는 태국의 조각상이나 중국 한나라에서 유래한 두상, 그리고 로마네스크 양식의 조각상들도 있었다. 이 사진들은 그가 기획 중이던 '극동과 유럽에 관한 전시회'를 위해 직접 수집한 것들이었다. 영화의 화면이 바뀌는 것과 같은 시각적 설정을 시도한 이 방식은, 당시 초현실주의와 아방가르드 예술잡지들뿐 아니라 얼마 안 가 〈횡단면Der Querschnitt〉 같은 유명한 예술 전문지에도 등장한다. 말로의 가상 박물관도 바로 여기서 아이디어를 얻은 것으로 추정된다. 이와 같은 '문화들 간의 해후'를 보여주는 결과물로는 예술사상 가장 극적인 작품이자 우리에게도 친숙한 간다라Gandhara의 그리스-불교 양식의 조각상들이 있다. 이 작품들은 당시 전시회 및 고고학 관련 간행물들을 통해 널리 알려졌다.

쇠락한 문명의 부활에 대한 말로의 환상은 이미 그의 아시아 행을 예고하고 있었다. 문명의 부활은 다른 시대와 다른 양식들과의 접촉을 통해서만 가능했다. 소설 《왕도》에서 그는 정글 깊숙이 묻혀 있던 사원에서 조각상들을 도굴하던 일화를 묘사하고 있는데, 이 작품에서 착안한 이론은 향후 그의 예술 관련 저작들에도 여전히 영감으로 작용했다. "나는 예술을 위한 시대란 존재하지 않는다고 생각한다. (중략) 나에게 박물관이란 신화가 된 과거의 예술품들이 잠자고 있는 장소이다. 이 예술품들은 그들이 탄생한 시대의 삶에 여전히 종속되어 있으며, 현대의 예술가들이 자신을 다시금 현실의 삶으로 되돌려 주기를 고대하고 있다." 나아가 작품의 후반부에 이르면 그는 예술가들뿐 아니라-앙드레 말로는 과거의 예술품을 소생시킬 수 있는 예술가의 능력에 관해 끊임없이 숙고했다-

가상의 박물관에 들어서는 모든 관람자들을, 예술품을 현실세계로 부활시키는 권력을 지닌 권위자로 묘사한다.

몰락한 문명의 소생에 대한 그의 관점을 인정한다면 그토록 큰 논란을 일으킨 도굴 행위에도 면죄부를 줄 수 있을 것이다. 물론 말로가 원래 미술상에 팔아넘길 목적으로 도굴을 했다는 사실을 고려에서 제외하면 말이다. '예술작품의 천명天命'은 그것이 탄생한 시대와 장소에 언제까지 머무르기보다는, 적극적으로 다른 시대, 다른 장소의 예술품들과 의사소통에 나서는 것이다. 그리고 도굴 행위는 천명이 실현되도록 돕는 것일 뿐이다. 이는 비방 드농 Dominique Vivant Denon의 행위를 눈감아준 것과 딱 들어맞는 대목이기도 하다. 드농은 루브르 박물관을 건립해 나폴레옹 시대에 전 유럽으로부터 약탈한 예술품들을 전시한 장본인인데, 이 과정에서 누구도, 심지어 문화재를 약탈당한 국가들조차도 이렇다 할 이의를 제기하지 않았다. 당시는 세계문학의 시대가 갓 열리기 시작한 시기였다. 그러나 그 전부터도 이미 세계 문화에 대한 환상은 자라나고 있었고, 박물관이란 바로 그 환상에 구체적 형상이 부여된 것이었다.

극동 여행 중에 앙드레 말로는 유럽 절충주의eclecticism(18세기 말부터 19세기 말까지 서구에서 확산된 과도기적 건축 양식으로, 식민지 건설과 더불어 세계 각국에 전파됨_역주) 양식이 세계적으로 확산되어 있음을 목격했다. 그리고 이 양식이 쇠퇴할 즈음, 다시 말해 유럽이 세계를 제패하고 식민 통치를 하던 시대가 종식될 무렵에 자신의 견해

를 수정했다. 즉, 세계문명이란 이제 그에게 환상에 불과했다. 쇠
락한 모든 문명이 남긴 예술품의 부활도 마찬가지였다. 세계의 다
양한 문화가 적나라하고 야만적인 세계화에 의해 잠식되어 가는
오늘날, 그러한 개별 문화가 살아남을 것이라는 소망만큼이나 황
홀한 꿈에 지나지 않는 것은 예술에 존재하지 않는다.

9

예술과 정치, 영국과 소련을 오간 이중생활자
앤서니 블런트

Anthony Blunt
1907.9.26–1983.3.26

소비에트로 달아나지 않은 스파이

"나 말이야, 훌륭한 연극배우 같지 않아?" 앤서니 블런트는 형 윌프리드Wilfrid Jasper Walter Blunt에게 물었다. 몇 번을 곰곰이 생각해봐도 윌프리드는 동생에게서 속임수나 거짓말 따위의 아주 미미한 징후조차 감지한 기억이 나지 않았다.

1979년 11월 5일 영국 하원, 마거릿 대처Margaret Thatcher는 '네 번째 스파이'의 신원에 대해 공식 발표했다. 그 주인공은 놀랍게도 영국 정보기관 MI5의 전 직원이자 여왕의 소장 예술품을 관리하는 개인 고문, 게다가 케네드 클라크 경Sir Kenneth Clark과 더불어 영국에서 가장 권위 있는 미술사학자이기도 한 인물, 바로 앤서니 블런트였다. 게다가 그는 이미 1941년부터 1945년까지, 다른 수많은 동세대 동료들처럼 '아마추어'로서 영국 정보기관 MI5에서 활동한 경력도 있었다.

1963년 킴 필비Kim Philby가 모스크바로 도주하고 이중간첩으로서의 그의 가면이 벗겨진 사건을 시작으로, 그동안 영국 정보기관에 구멍이 뚫려 있었다는 사실이 만천하에 드러났다. 나머지 두 스파이들인 도널드 맥클린Donald Maclean과 가이 버지스Guy Burgess가 발각된 이후에는 이미 이 사건을 둘러싼 영국과 미국의 대적 첩보 활동도 이루어지고 있던 참이었다. 필비가 도주한 후 앤서니 블런트는 자신도 발각될 가능성에 대비해야만 했다. 1964년 그는 겨우 때맞춰 자수하기로 결심했고, 덕분에 전적인 비밀 엄수를 보장받을 수 있었다. 오랜 세월 동안 은폐되었던 사건에 대한 언론 보도를 접한 여론의 반응은 어땠을까? 한마디로 충격 그 자체였다. 심지어 자수 이후에도 블런트는 마치 아무 일도 없었다는 듯, 1945년 이래로 맡아온 '여왕의 미술품 관리인'이라는 직함까지 유지해 왔던 것이다. 1979년 그는 자신이 1930년대 중반부터 소련 국가보안위원회KGB를 위해 일했다는 사실을 공개적으로 진술했고, 이는 한 주요 텔레비전 프로그램에서 방송되었다. 그러나 놀랍게도 사람들은 여전히 자수한 그를 감싸기에 바빴다. 블런트의 영향력이 미치고 있던 학술 기관들 및 영국 학술 아카데미도 그를 서열에서 제외시키는 일을 두고 주저했다. 대신에 그는 자신의 기사단, 즉 함께 첩보활동을 했던 동료들과의 우정을 포기해야 했다.

앤서니 블런트를 감싸던 사람들의 태도가 이해할 수 없는 것만은 아니었다. 그는 자수함으로써 재판정에 서는 일은 면했지만, 설령 재판에 회부되었더라도 어차피 증거 불충분으로 무죄 처분이 내려졌을 것이기 때문이다. 어차피 소련은 그의 첩보활동이 이루어지는 동안 영국과 전쟁을 벌인 적이 없기 때문에 굳이 따지자면 법적으로 무거운 반역을 저지른 것도 아니었다. 오히려 소련과 영국은 나치 독일 세력에 대항해 동맹 관계를 맺고 있었고, 이러한 정치적 관계는 냉전 시대가 열릴 때까지 지속되었다. 사정이 이렇다 보니 그 이전까지 블런트가 소련을 위해 행한 첩보 활동은 동시에 조국을 위한 일이기도 했다고 간주되었다. 다만 히틀러와 스탈린이 동맹했던 기간에도 변함없이 소련에 충성심을 보였던 이는 무조건 소련 행을 택해야 했으며, 이후에도 이중의, 혹은 쪼개진 충성심에 대해 변명할 기회는 주어지지 않았다. 그의 손에 의해 소련으로 넘어간 정보들이 나치의 손에까지 들어갔을 수 있기 때문이었다. 사실 1930년대에 대학에 다닌 세대 중에서 아주 조금이라도 마르크스주의적·사회주의적·공산주의적 호감을 품지 않았던 젊은이는 없었다. 당시의 엘리트 젊은이들이 이중간첩 행위를 한 것도 조국에 대한 배반이라기보다 마르크스주의적 호감의 차원에서 보는 것이 옳다. 문제는 이중간첩 행위를 어디까지 '무죄'로 판단해야 하느냐는 것이었는데, 히틀러와 스탈린 사이에 동맹이 이루어졌던 기간이 바로 그 판단 기준이 되어준 셈이었다.

좀처럼 꿰뚫어보기 어려운 인물이라는 점에서 앤서니 블런트는 사람들에게 무척이나 강렬한 인상을 주었다. 이중 첩보원이라는 실체가 드러난 후에도 이러한 특성은 그대로였다. 자신의 이중적 삶에 대한 진술은 너무나 당연하게 들려서, 그것을 비판하는 일이 오히려 무의미해 보일 정도였다. 마치 소련을 위해 첩보 활동을 한 것이 정치적 의지 때문이라기보다 지식인의 모험심에서 나온 행위였다고 변명하는 듯했다. 혹은 이 모든 것이 상류층 특유의 변덕스러운 장난에 지나지 않았다고 말하는 것도 같았다. 즉, 속세를 향한 귀족적 경멸감 때문에 정치적 환상으로 도피하고자 했던 행위라 할 수 있다. 영국 정보위원회도 조사위원회를 구성해 수차례 블런트를 심문했으나, 그런 식의 애매한 대답 외에는 아무런 소득도 얻어낼 수 없었다. 조사위원회는 물론이고 집요하게 간첩사냥에 나섰던 기자들까지 아연하게 만들 만한 구체적 사안이나 증거는 끝내 나오지 않았다.

1940년 영국 정보기관에 들어왔을 때는 이미 그가 소련을 위해 일하기 시작한 지도 오래였다. 같은 해, 그는 이탈리아 미술에 관한 얇은 책 한 권을 집필했는데《이탈리아 르네상스 미술론Artistic Theory in Italy》이라는 이 작품은 오늘날까지도 이 분야에서 표준서로 통한다. 서문은 1월 28일에 쓴 것으로 표시되어 있다. 블런트는 여기에, 학문적 동료들―프리츠 작슬, 루돌프 비트코버Rudolf Wittkower, 에드거 빈트Edgar Wind―에게 의례적인 경의를 표시하기에 앞서 몇몇 낯선 이들에게 특이한 감사의 말을 적어두었다. 그 첫 번째 대상은 영국으로 이주해 살고 있던 마크르스주의 미술사가인 프레데릭 안탈Frederick Antal이었다. 나머지 두 사람은 앤드류 가우Andrew Gow와 가이 버지스라고 명시되어 있었는데, 이들은 이 분야에서는 전혀 낯선 이름들이었다. 우선 블런트는 섬세한 마르크스주의적 방법론 학자인 프레데릭 안탈을 향해, "내가 이 책에서 미숙한 솜씨로 응용한 방법론을 지도해주신 데 대해, 그리고 그 밖의 여러 세부 항목에 아이디어를 주신 데 대해" 감사의 말을 전했다. 서문에서 직접적으로 언급하지는 않았지만, '방법론'이란 바로 마르크스주의 유물론을 뜻했다. 가우를 향해서는 "결정적인 순간에 독려 및 조언을 준 데 대해," 그리고 버지스에게는 "이 테마의 기저에 놓인 모든 질문들에 관해 끊임없이 토론 및 동인을 제공해 준 점에 대해" 감사하고 있다. 별 의미 없는 듯 보이는 이 모든 언급은 사실 마르크스주의적 동지애를 내포하고 있었다. 다시 말해 그들이 제공해 주었다는 조언이나 동인은 미술사학과는 전혀 관계없는 것이었다. 가우는 블런트가 케임브리지의 전설적인 트리니티 칼리지에서 수학할 때 그를 개인 지도한 스승이었다. 블런트의 전기 《반역의 가면The Mask of Treachery, 1988》을 쓴 존 코스텔로John Costello의 말처럼, 가우는 케임브리지의 좌파 지식인들 사이에서 '원로'로 통했다. 코스텔로는 케임브리지의 젊은 지식인들 사이에 소련 첩보원 조직망을 맨 처음 형성한 인물이 바로 가우였다고 믿었다.

가이 버지스는 괴팍스러운 성격과 술을 가까이하던 습관으로 유명했다. 대대적인 간첩 수색 작전이 펼쳐진 것도, 역시 소련 간첩이었던 버지스가 1951년 도널드 맥클린과 함께 소련으로 도주한 이후부터였다. 이 때문에 블런트는 몇 년 후 마침내 자수할 수밖에 없었다. 워싱턴의 영국 대사관 직원이었던 가이 버지스와 도널드 맥클린이 1950년 용의자 선상에 올랐을 때, 블런트는 이곳에 뚫린 구멍을 메우기 위해 외무부의 안보국에 자진해서 임무를 요청했다. 《이탈리아 르네상스 미술론》의 서문에서 그가 간첩의 행동

238

이라기에는 무척 조심성 없게도 버지스와의 친분 관계를 밝혔다는 사실을, 누군가 조금만 주의를 기울였더라면 금방 기억해낼 수 있었을 터였다. 그러나 달리 생각한다면 이렇게 공공연한 태도가 오히려 그를 숨겨주는 방패막이로 작용한 것은 아닐까? 실제로 블런트는 1951년 이후 용의자 선상에 오르기도 했으나, 열한 번에 걸친 심문 끝에 자신을 향한 의혹을 모두 거두는 데 성공했다. 뿐만 아니라 버지스와의 관계가 사소한 친분이었던 것처럼 꾸밀 수도 있었다. 그는 버지스가 한 일이 알코올중독자의 환상에서 나온 행위일 뿐이라고 둘러댔는데, 알고 보면 이런 진술을 통해 버지스와 맥클린을 감싸려 했던 것임이 틀림없다. 심문에 참여한 공무원들 중 몇몇은 그가 거짓말을 하고 있음을 심삭했으나 이를 증넝해낼 방법이 없었다. 놀랍게도 블런트가 이 상황에서 표출한 버지스를 향한 경의를 이들은 간과한 듯하다. 그러나 지적·정치적 동료애의 흔적이 그 순간에 얼마나 교묘히 가시화되었는가를 간과한 사람은 블런트를 심문했던 정보기관의 관리들뿐이 아니었다.

이 사건의 진짜 핵심은, 블런트가 예의 서문에서 언급한 '방법론' 즉 유물론이 그의 저서 및 학술 논문들을 통틀어 조금도 나타나지 않는다는 사실이다. 그는 '미숙한 솜씨로나마' 이를 적용했다며 프레데릭 안탈에게 경의를 표했지만, 마르크스주의 미학이나 예술사회주의 등은 그의 미술사에 전혀 적용된 적이 없다. 당시의 예술가 사회주의는 이런 종류의 저서에서 '예술가의 사회적 지위'에 관해 몇 페이지를 할애하는 일이 관례였는데, 이러한 전통으로부터도 아무런 흔적을 찾을 수 없었다. 이 얇은 미술 이론 책자는 마르크스주의로부터 전혀 영향을 받지 않았을 뿐더러, 오히려 사회주의나 마르크스주의에 근거한다고 여길 만한 관점과 대립되는 내용으로만 빈틈없이 메워져 있었다. 마르크스주의보다는 '비엔나 학파'라든가, 함부르크로부터 망명해 1933년 런던에 정착한 '바부르크 학파'가 사용하던 전문적인 미술사 작문법을 흠잡을 데 없이 응용한 문체에 가까웠다. 눈에 잘 띄지 않는 서문에서 헌정의 대상으로 삼은 방법론과 이데올로기가 본문에 이르러서는 등장할 기미조차 보이지 않는다는 사실은 무척이나 큰 수수께끼였다.

이러한 의문은 앤서니 블런트가 1930년대 좌파 미술사 전문지에 근대 미술 관련 기사를 기고하며 '마르크스주의적' 미술사가로서 등장했음을 고려할 때 더욱 커질 수밖에 없다. 당시에 그는 무척이나 엄격한 사회주의 미학의 신봉자로 이름을 알렸다. 이후의 미술사 논문들에서는 그러한 성향이 거의 드러나지 않았기 때문에, 그의 옛 예술비평 관련 언론기사들이 뒤늦게야 재발견되었을 때 이는 커다란 센세이션을 불러일으켰다. 세상으로부터 잊힌 지 오래이던 '좌파 미술사가' 블런트의 면모를 재발굴해 낸 장본인은 조지 슈타이너George Steiner였다(1980년 〈뉴요커〉). 이후 존 코스텔로는 슈타이너가 사용한 연구방식을 좇아 몇 가지 보충적인 사실들을 밝혀냄으로써 블런트의 이중적 인물상을 보완했다. 이로써 블런트가 언론에 투고했던 기사와 미술사 학술 저작 사이의 거리 혹은 비연계성이 더욱 명료해졌다. 전자가 전형적인 좌파 지식인의 그것이라면, 후자는 이데올로기와는 거리가 먼 보수적 학술 논문의 면모를 지녔다. 블런트가 1932년에서 1939년 사이에 발표한 자료들을 슈타이너는 1930년대 '살롱 마르크스주의'의 전형으로 정의한다. 즉 겉으로는 좌파의 전형을 지니되, 여기에는 "변증법적 유물론의 철학적 측면, 혹은 이것의 초석이라 할 수 있는 마르크스주의의 교의와 노동이론에 대한 심오한 이해"가 결여되어 있다.

하지만 한편으로 블런트는 마르크스주의라는 '새로운 신앙'의 진지한 지지자들 중 한 명으로 인정되었다. 일례로 그는 시인 C. 데이 루이스Cecil Day Lewis에 의해 1937년 출간된 《사슬에 매인 영혼 The Mind in Chains》을 다른 여러 작가들과 공동집필했다. 블런트는 이 중에서 '자본주의와 사회주의 체제하에서의 예술'이라는 장을 맡았다. 이는 일종의 강령 논설로, 마르크스주의를 "특정 양식 혹은 개별적 예술작품이 지닌 특성을 역사적으로 분석하기 위한 무기"로 찬미하고 있다. 이는 그저 말뿐인 신앙의 표현이었는가? 그로 하여금 마르크스주의에 귀의하도록 간청했거나 강요했거나, 혹은 위협했을 사람이라도 있었단 말인가? 그러나 향후 그의 미술저작이 어찌 변화되었든 간에, 이때 그의 마르크스주의 예술사관은 자유의지에서 나온 것이었던 듯하다. 예컨대 블런트는 예술과 예술가의 자유에 관한 레닌의 공언을 인용한 적이 있는데, 이 공언은 자본주의 진영으로부터 수없이 비난을 사던 것이었다. 레닌에 의하면 공산주의자는 예술이 온갖 형태를 빌려 중구난방 식으로 발전하는 일을 태만하게 지켜보고만 있어서는 안 되며, "우리는 그 발전 방향을 이끌 방안을 마련함으로써 마지막에 나올 결과물의 형태를 차근차근 빚어 나가야 한다." 이 문장은 자본주의 사회의 예술 및 예술가가 처한 상황을 간접적으로 비판하고 있다. 공산주의자들은 이처럼 자본주의 예술을 그토록 비관적으로 묘사함으로써, 예술의 성공과 실패 여부를 독자적으로 판결하고자 하는 야심에 구실을 붙였다. 블런트에게도 공산주의 체제에서 전통 미술의 종말은 이미 예정된 것처럼 보였다. 따라서 머지않아 이 체제에서 살아남는 것은 노동자의 휴양소를 장식하기 위해 자치 단체에 의해 주문 제작되는 벽화뿐일 것이라고 생각했다. 멕시코의 리베라Rivera와 오로스코Orozco의 벽화가 여기에 본보기가 될 것이다. 이 단순한 예술은 인간 존재의 현실, 그리고 인간에 대한 단순한 지각을 위해 더없이 적합한 예술 장르이다.

그러나 살롱 마르크스주의적 관습보다 더 놀라운 것은 이 시기 앤서니 블런트의 예술비평에 지속적으로 배어 있는 '솔직함'에 대한 숭배이다. 조지 슈타이너는 이 스물아홉 살의 미술사학자가 1937년 파리에서 피카소Pablo Picasso의 〈게르니카Guernica〉를 감상한 후 〈관객Spectator〉이라는 이름의 시사 잡지에 그에 관해 기고했던 일을 묘사했다. 블런트는 이 기사에서 〈게르니카〉를 '사적인 정신착란'에서 나온 작품이라 비난하고 있다. 화가가 게르니카 사건이 지닌 '정치적 의미'를 이해하기나 하고 이 그림을 그린 것인지 의심스러울 정도라는 것이다. 당시 블런트의 눈에 피카소는 이미 보잘것없는 아방가르드 집단의 속빈 미학주의에 사로잡혀 있는 '과거의 화가'로밖에 보이지 않았다. 이 거만한 비평가는 자기철학에나 골몰해 있는 아방가르드에 대항해 '솔직함'을 내세웠다. '솔직함'은 개인적 양심과 관련된 것이 아니다. 그보다는 인간의 역사적 운명을 규정하기 위해 필요하며, 역사를 더 정확히 꿰뚫어볼 수 있도록 이끌어주는 냉철한 선생이기도 했다. 블런트는 지배계급을 그린 도미에Honoré Daumier의 풍자화를 통해 이것을 증명하고자 했다. 이는 특히 "그가 노동자들에게 그들의 삶이 위대한 예술의 소재가 될 수 있음을 알려준다는 점에서" 더욱 여실히 증명된다.

그러나 블런트는 후일에 가서 자신의 피카소 비판에 대한 변명을 시도한다. 이때의 진술에 따르면 그는 당시 피카소의 그림에 무척이나 깊은 감명을 받았으나, 동시에 하나의 이론적 관점이 그로 하여금 반발심을 일으키도록 만들었다는 것이다. 스페인 내전이 그의 눈에 단지 '거대한 진보의 움직임' 속에서 벌어진 비극적 사건 정도로 비친 것도 바로 이러한 관점 때문이었던 듯하다. 이 이론적 관점은 현실이라는 전선戰線을 벗어나야 비로소 가능해진다. 이 전선의 어느 한 점에 자리 잡고 있을 때에는 전선 전체에 대한 조망이 어렵기 때문이다. 이는 곧 블런트가 1920년대 말까지만 해도 아직 신봉하고 있던 미학적·지적 확신에 작별을 고했음을 의미하기도 했다. 이때까지 그는 쇠라Georges Seurat의 작품에 열렬히 감동받던 다른 몇몇의 케임브리지 출신 엘리트와 다름없었다. 흠결 없는 순수함의 미학은 블룸스베리 그룹Bloomsbury Group(20세기 초 예술인과 지식인들이 예술의 진흥을 목표로 케임브리지를 중심으로 창설한 공동체_

역주)이 신봉하던 요소들 중 하나였다. 특히 로저 프라이Roger Fry는 '의미를 지니는 형식' 즉 그 자체로서 의미를 지니는 예술의 형식에 관한 이론적 논문을 통해 이를 전파시켰다.

이후 한동안 좌파 저술 활동에 심취했던 블런트였음에도, 후기 학술 논문들에서는 분명 '예술의 사회적 임무'라는 숭고한 인식을 위해 전통 미학을 희생시키지는 않았다. 블런트의 미술사 저작이 특히 그가 일생에 걸쳐 수행한 니콜라 푸생Nicolas Poussin의 작품 연구에서 절정을 이루었다는 사실도 이를 검증한다. 블런트는 수없이 많은 논문들을 통해 푸생 연구에 헌신했다. 푸생에 관한 한은 이데올로기나 관념의 변화도 영향력을 행사하지 못했으며, 그에게 푸생의 예술은 다른 모든 예술의 우위에 서 있는 존재였다. 왜냐하면 이는 "깊은 숙려를 거친 윤리적 시각, 종교를 향한 단호한 자세, 그리고 그의 삶 마지막에 이르러서는 다층적이고 거의 신화적이기까지 한 우주관"을 체현하고 있기 때문이다. 당대 예술(정치적으로 사용될 만한 것을 제외하고)을 다룰 때 그는 이론적 의례를 신봉했다. 그의 아카데미 저작들에 드러나는 고전 양식을 향한 그의 신비주의적 사고는 바로 이것에 부응하는 것이라 할 수 있다. 이는 바로 현실과의 관계 설정에 서툰 한 지성인이 보다 우월한 입지를 갈구하는 열망의 표현이었다. 즉 그러한 지위를 점함으로써 모든 방면에서 권위를 얻고자 한 것이다.

블런트는 학문과 정치 사이의 관계를 놀라운 방식으로 뒤집어 놓았다. 그의 예술 비평 기사들에는 전체주의 독재 체제에서와 마찬가지로 '방법'(유물론적 변증법을 지칭_역주) 및 '새로운 믿음'(마르크스주의를 지칭_역주)이 숭앙되는 반면에, 학술 논문들은 그러한 '믿음'의 어떠한 흔적으로부터도 자유로웠다. 기껏해야 정직함과 도덕에 관한 형식적 단어들을 몇 개 사용해 말로만 신의信義 서약을 했을 뿐이며, 이는 서약의 대상이나 겨우 인지할 수 있는 정도로 눈에 띄지 않았다. 두 가지 요소 사이의 관계는 체슬라브 밀로츠Czesław Miłosz가 자신의 저서《사로잡힌 영혼Zniewolony umysł, 1953》에서 극적으로 묘사한 어느 무시무시한 실존적 긴장 관계와 관련시켜 생각할 수 있다. 이 긴장감의 한편에는 내면 깊숙이 숨어 있는 의혹 및 '변증법'으로부터 어떠한 영향도 받지 않는 인식과 통찰력이 사리 잡고 있는 반면, 나른 한편에서는 '변증법'이 끊임없이 공공연하게 등장한다. 앤서니 블런트의 경우, 정치적 압력이나 박해를 받지 않고도 자신의 행위가 특정한 권력 즉 마르크스주의에 의한 '지성의 희생sacrificium intellectus'인 양 주도면밀하게 가장했다. 이러한 행동은 소름이 끼칠 만큼 괴팍스러운 행동이라는 인상을 줌으로써, 그의 본심이 무엇이었는지에 관해 주위 사람들에게 혼란을 불러일으킨다. 하지만 이는 결국 블런트의 진짜 확신에 대한 자발적이면서도 그럴 듯하게 가장된 자백이었으며, 그 진지함에 비하면 학문이란 그저 말뿐인 신앙과도 같았다.

그러나 이 모든 것은 위험요소가 없는 단순한 비행에 그치지 않고 위험을 동반한 속물적이고 엘리트주의적인 도박으로 발전했다. 왜냐하면 영국 정보기관 MI5에 채용되었을 때에는, 블런트가 자신의 이데올로기적 입지 및 공모자들과의 관계를 숨기고 있음이 드러날 위험성도 존재했기 때문이었다. 놀랍게도 결과는 정반대였다. 그러나 이 속임수의 대가가 진실 전체를 은폐하기 위해 그 진실의 일각을 활용한 것이라는 추측도 가능하다. 말하자면 이는 가시적인 트릭을 제시함으로써 증거를 은닉하는 에드거 앨런 포Edgar Allan Poe 식 수단이라 할 수 있다. 그가 한 모든 자백에는 바로 이러한 전략이 숨어 있었다. 그는 많은 것을 진술하되 모든 것을 드러내지는 않았으며, 그의 진술은 정작 중요한 것을 은닉해 두기에 충분한 정도의 양이었다. 1969년의 자수를 근거로 면죄부를 받은 그가 1979년 공개 석상에 등장할 때도 이런 전략이 사용되었다. 자발적으로 자수를 택함으로써 그는 앞으로 일어날 수도 있는 모든 일들에서 주도권을 획득할 수 있었다. 이처럼 솔직함은 앤서니 블런트가 쓰고 있던 가면이었다.

그러나 전략의 성공이라는 말만으로는 그에게 베풀어진 놀라울 정도의 관용을 설명하기에는 아직 역부족이다. 더구나 1950년대 초 이래로 그의 이름은 KGB의 서구 정보기관 내 잠입과 관련해 몇 번이고 다시 거론된 적도 있었다. 그러나 아직 발각되지 않은 스파이가 더 있을 것이라는 근거 없는 추측만으로도 당시 서구 정보기관들 사이의 신뢰가 무너지고 상호 협력 관계에 금이 가기에는 충분했다. 하물며 이제 와서 전직 정보기관 근무자들을 들추어내 재검토하는 일은 결코 가벼운 사안이 아니었다. 전직 근무자들이 첩보행위를 했다는 일이 발각되면 더 큰 문제가 유발될 수 있기 때문이었다. 어쩌면 앤서니 블런트도 이런 분위기 덕분에 이득을 본 것인지 모른다. 여기에 권위 있는 미술사학자에 대한 존중이 관용의 근거가 된 것은 아니었을까? 혹은 그가 영국 왕실의 친족이라는 사실이 고려되었던 것일까? 그것도 아니면 앤서니 블런트의 범법 행위가 형사법상 정의내리기 어려웠던 탓이거나, 딱히 어디까지라고 경계선을 긋기는 어렵지만 어찌되었든 첩보활동도 일종의 기사도 정신에서 비롯된 행위라는 낭만주의적 견해 때문이었을까? 1979년에 이미 이러한 의문들과 관련해 나돌았던 뜬소문을, 존 코스텔로는 블런트 전기에서 새로운 증거들을 내놓으며 다시 논의에 올리고 있다.

블런트기 수많은 비밀을 간직하고 있었을 것이라는 추측은, 그가 여러 차례에 걸친 심문에서 남들이 눈치 채지 못하는 사이에 주도권을 쥐고 있었을지도 모른다는 사실을 시사한다. 이 비밀들은 특히 영국 왕실과 관계되는 것으로 추정된다. 예컨대 앤서니 블런트는 전쟁이 종료되기 바로 전의 몇 달 동안 왕실의 명을 받아 여러 차례 독일을 방문했다. 전쟁 중 5년간 영국 비밀정보국 MI6(혹은 SIS)에서 킴 필비와 같은 부서에 소속되어 근무한 경력이 있는 역사학자 휴 트레버-로퍼Hugh Trevor-Roper는 1979년에 〈선데이 타임스 The Sunday Times〉 기자들 앞에서 블런트의 독일 방문과 관련된 언급을 한다. 그에 의하면 블런트는 조지 6세George VI에게서 영국 왕실과 독일에 거주하는 왕실 친척들 간의 우편물 전달 경로를 확보하라는 명을 받았다.

1936년 조지 6세 즉위 이후 에드워드 8세Edward VI는 헤센Hessen 의 필립Philip 왕자 및 작센-코부르크-고타Sachsen-Coburg-Gotha의 칼 에두아르드Carl Eduard를 통해 아돌프 히틀러와 비공식 연락망을 형성하고자 했다. 헤센 왕자는 1930년 이래 국가 사회주의 당원이었다. 칼 에두아르드는 히틀러와 영국 왕실 사이의 중재자로서 영국으로 건너가 가능한 한 자주 히틀러와의 접촉 기회를 만들어 달라는 임무를 부여받는다. 에드워드 8세는 두 번의 이혼 경력이 있는 심슨Simpson 부인과의 관계 때문에 왕위를 포기해야 했지만, 그 이전부터 이미 "내 몸에는 마지막 한 방울까지도 독일의 피가 흐르고 있다"고 피력해 왔다. 독일과 영국 귀족 사이의 정치적 단면은 에드워드 왕 부부가 1936년 독일에 초청되었을 때에도 다시 한 번 부각되었다. 이들은 독일에서 국빈으로 영접 받음으로써 영국 언론을 놀라게 했다. 따라서 그가 왕좌에서 물러나 윈저Windsor 경으로 명칭이 바뀐 일은 영국 왕실 내 친독파의 패배를 의미하는 것이었다. 존 카스텔로는 어떤 의미에서는 윈저 경의 행동에서도 반역적 요소를 발견할 수 있다고 확신했다. 윈저 경 부부와 아주 친밀한 사이였던 미국인 엔지니어이자 당시 매우 비중 있는 인물이기도 한 샤를 브도Charles Bedaux가 한편으로는 독일 정보기관을 위해 일했다는 사실이 카스텔로가 내세우는 근거였다.

연합군은 1945년에 독일 외무부에서 윈저 경과 관련된 광대한 분량의 서류를 발견했다. 그 내용에 관해서는 온갖 추측이 난무했을 뿐 아니라, 공개된 것 외에 훨씬 더 많은 비밀이 거기에 담겨 있을 거라는 소문과 의혹은 오늘날까지도 잦아들지 않고 있다. 앤서니 블런트가 독일 내에서 수행한 임무 또한 아직까지도 완전히 밝혀지지 않은 상태인데, 그가 극비리에 전달한 서신에도 절대로 미국이나 소련의 손에 들어가서는 안 되는 중요한 내용이 포함되어 있을 것이라는 게 일반 여론의 추측이다. 앤서니 블런트는 당시 자신이 지니고 있던 문서들을 읽었다는 사실을 휴 트레버-로퍼와의 어느 대화에서 내비친 적이 있다. 그러나 지나가는 말로 언급한 것이었을 뿐, 사람들이 추측하는 결정적인 문구에 관해서 진술한 것은 아니었다.

1989년 런던 국립극장에서 성황리에 연출된 알란 베넷Alan Bennett 주연의 연극에는 미술사학자로서의 앤서니 블런트가 등장한다. 연극에서 그는 영국 여왕에게 '펜티멘티pentimenti' 즉 '미술작품에서 덧칠된 부분이 두드러지는 현상'에 관해 강의하거나 티치아노Tiziano Vecellio의 작품을 촬영한 뢴트겐Röntgen 사진을 소개하기도 한다. 표면상으로는 두 남성이 그려진 이 그림을 자세히 들여다보면 배경에 제3의 인물이 덧칠되어 있음을 알 수 있다. 또한 그림의 뒷면에서는 네 번째 인물의 머리 부분도 눈에 띈다. 진품 숭배와 위작의 적발, 작품의 가치에 대한 인정이나 취소를 결정짓는 미술사학적 작업, 제작일 추정, 제작자 감정鑑定, 전문가의 미학적 감정 등 미술사학자로서 필요한 자질은, 자칫 그와 비슷한 작업방식을 사용하는 간첩행위와 연관되기 쉽다. 조지 슈타이너는 이미 자신의 평론에서 그러한 유혹을 이기지 못하고, 앤서니 블런트가 학술 저작들을 통해 보여주고 있는 섬세함에 간첩의 특성을 억지로 짜맞추려고 했다.

1980년대 초까지도 이러한 시도로부터 나오는 반향은 크지 않았다. 세기말에 이르러 하이데거와 칼 슈미트의 지적 상호관계에 관한 논의가 다시 한 번 신선한 열풍을 몰고 왔을 때, 그리고 정치적인 것을 이론으로 덧칠한 장본인인 폴 드 망Paul de Man이 사람들에게 깊은 인상을 주며 등장했을 때에서야, 지식인으로서 블런트가 행한 모험의 도덕성 여부에 대한 평가도 커다란 반향을 불러일으켰다. 빈틈없이 짜인 그의 이론은 그 불투명성 때문에 호기심을 넘어 불신의 대상으로까지 발전했다. 슈타이너는 또 미술사학자 블런트가 지닌 언어학적 자질에까지 의혹의 그림자가 덮치게끔 만들었다. "원고들을 조사하거나 오래된 그림의 표면에 드러나는 무늬를 검토하며 오랜 시간을 보내는 일. 명확한 설명을 어렵게 만드는 난제들, 고작해야 전문 분야의 몇몇 경쟁자들이나 접근할 수 있는 난해한 문제들을 푸는 데 모든 꿈을 집중시키는 훈련. 이 모든 일들에 몰두하다 보면 이러한 행위들 특유의 '독소'가 정신으로부터 분비되게 마련이다." 이 '독소' 즉 '학문적 혐오odium philologicum'를 슈타이너는 지식인의 자기혐오로까지 고양시켰다. 이와 관련해 그는 "스파이는 거짓과 부패를 통해 그 혐오감에 대한 보상 및 조소적 적개심을" 획득하고자 한다고 밝혔다.

지식인의 행위에 담긴 이중성을 윤리적으로 다루는 일은, 얼마 전 〈저널 오브 아트Journal of Art〉의 어느 기사에 달린 제목에 적나라하게 표현되었다. "미술사 학문이 KGB에 의해 통제될 것인가?" 이러한 종류의 질문은 1950년대 초반의 매카시즘McCarthyism(냉전 초기에 미국 사회를 지배했던 극단적 반反공산주의_역주)의 악몽을 상기시 킨다는 이유로 수십 년 동안 금기시되어 왔다. 영국 정보기관의 스 파이 적발 사건이 보여주고 있는 것처럼, 냉전 초기의 반공주의적 이데올로기 탐색전은 오히려 스파이들을 가장 효과적으로 보호해 준 장치였다. 그들의 주변에서는 누구도 공산주의자 사냥꾼이고자 하지 않았던 것이다. 우선적으로는 서로를 보호하려는 지식인들 사 이에서 충성심이 한층 더 확고해졌기 때문이다. 다만 학문 기관들이 소속 멤버들의 강력한 연대감을 산출해낼 권위를 잃었을 때 형세는 딘숨에 뒤바뀐다. 학문 영역의 권위 있고 엘리트적인 이해관계는 곧 상식적 이상理想이 지배하는 밀고의 장場으로 변모해 버렸다.

지식인들이 갖는 자기 회의는 오래된 이야기이다. 그러나 이 회 의가 극복될 수 있고 또 극복되어야만 한다는 믿음은 20세기에 와 서야 허황된 것으로 판명 났다. 에른스트 융어는 이 세기를 '거대 한 착취의 세기'라 명명했다. 이상을 믿는 사람일수록 착취당하기 쉽다는 것이 그의 견해였다. 앤서니 블런트는 1935년, 의미심장 한 문체로 쓴 소련 여행 보고서에서 이상과 착취가 하나 되는 순 간을 포착한다. 그는 지식인들이 세속적인 문제에 관심 갖는 일을 더 이상 꺼려해서는 안 된다고 피력했다. "공산주의 역시 큐비즘 Cubism(20세기 초 프랑스에서 확산된 서양미술의 사조_역주) 만큼이나 흥 미로울 수 있다." 블런트가 공산주의자가 된 것이 이미 히틀러의 권력 장악 이전의 일이었음은 최근에야 알려졌다. 케임브리지 공산주의자 집단의 형성은 블런트의 학문 동료들 중 다수의 '넘치는 열정과 지식을 지닌' 젊은이들 간 의견일치를 통해 이루어진 일이었다. 블런트와 마찬가지로 이들은 반反파시즘 활동에 참여하기도 했다. 블런트는 자신의 '자백'에서 이들에 관해 언급한 적이 있다.

그는 1930년대 초반에 공산주의자, 아니, 그가 자백할 때 언급한 말을 인용하자면 "더 정확한 표현으로는 마르크스주의자"가 되었다. 그 동기는 그 자신이 소속된 체제에 대한 혐오 정도라고 하는 편이 맞을 것이다. 그의 행동은 마르크스주의적 역사 분석의 정당성에 입각해볼 때 논리적이고 도덕적인 결과였다는 인상을 주지만, 이는 결국 의도된 착각이었다고 평가할 수 있다. 그와 같은 시기에 케임브리지에서 수학한 노엘 애넌Noel Annan은 블런트가 런던 커톨드 연구소Courtauld Institute에서 한 고별 강연의 내용에 강하게 반박한 적도 있다. 블런트는 이 강연에서 제자들에게, 1930년대 초반 케임브리지에 확산되어 있던 지성적 분위기에 관해 묘사했었다. 1973년 '블룸스베리에서 마르크스주의로'라는 제목으로 출판된 강연 기록물에서 블런트는 "1933년 겨울 학기에 별안간 마르크스주의가 케임브리지를 뒤덮었다"고 진술했다. 그가 그 시기에 대해 단언할 수 있는 근거는 바로, 이 학기를 휴학하고 외국에 체류하다가 1934년 1월 귀국했을 때 느꼈던 분위기 때문이었다. 거의 모든 친구들이 마르크스주의자가 되어 공산당에 가입해 있었던 것이다. "케임브리지는 하루아침에 전혀 다른 모습으로 바뀌어 있었다." 그러나 노엘 애넌은 블런트의 이러한 증언은 지식인의 오만함을 증명하는 것뿐이라고 비판한다. 그에 따르면 블런트의 주위에 지배적이었다는 마르크스주의자들은 케임브리지의 한 소수 집단에 지나지 않았을 뿐만 아니라, 이들은 자유주의자들과 학생들 가운데 상당수를 차지하고 있던 보수 세력에 의해 업신여겨졌다는 것이다. 한마디로 블런트는 이러한 상황을 인정하고 싶지 않았던 것뿐이었다. 국민 경제학자 존 메이나드 케인즈는 1930년대 초반 케임브리지에 확산되었던 마르크스주의에 세계 정치 정세에 대한 청년 지식인들의 유치한 반응이 섞여 있다고 보면서도, 이 이데올로기의 전염이 갖는 위험성을 과소평가하지는 않았다. 그 속에서 청교도직 유산이 부활하고 있다고 믿었기 때문이었다. 케인즈가 본 청교도주의는 "그저 고통을 추구하기 때문에 고통스러운 해결책을 찾아다니는 정열"에 지나지 않았다.

노엘 애넌은 앤서니 블런트의 인간상을 인상적으로 묘사하며 그를, 자신이 말하거나 행동하는 모든 것이 옳게 보이도록 유도하려는 발상에 사로잡힌 '매수자' 혹은 '협잡꾼'이라 표현했다. 소련과 모종의 관계를 맺기로 결심한 동기 역시 정치적 확신에서 나온 것이 아니라 일종의 허무주의적 태도일 뿐이라는 것이다. 간첩 행위와 같은 음모와 속임수는 지루한 학문적 삶에 자극제가 되며, 이 '게임'의 와중에 허무주의는 자못 엄숙해 보이면서도 은밀한 귀결을 낳기 마련이다. 또한 그러한 종류의 허무주의는 어떤 고유의 유형을 지니는데, 체슬라브 밀로츠는 동유럽에서 자신의 세대가 경험한 '새로운 믿음'에 비추어 이 유형을 설명한 바 있다. 교활한 술책이 아니면 죽음이라는 선택의 기로에 놓였을 때 폭발하는 정신적 생산력은, 외부 관찰자는 눈치 챌 수 없는 표면과 내면의 사이에 균열을 일으킨다. 극히 사소한 것마저도 의미 있게 만드는 이 긴장 상태는 '삶의 권태taedium vitae'를 촉발시킨다. 동유럽 지식인들의 관점에서는 바로 이 요소가 서유럽 지식인들을 괴롭히고 있는 것처럼 보였다. 밀로츠는 이렇게 적고 있다. "공산주의자로 변신한 이들은 아직은 무척이나 행복해 보인다. 그들에게 자신이 살고 있는 사회체제는 하나의 장벽이었으며, 마침내 이 장벽에 대항해 투쟁하게 된 것이다. 그리고 이 투쟁은 그들을 정화시켜주었다. 공산주의적 확신을 숨겨야 하는 입장에 있는 이들에게는 이 에너지가 더욱 폭발적이다." 비밀을 간직하는 일은 "외부적 장애물에 대항한 자아실현"의 열정을 드높이며, "입 밖으로 낼 수 없는 비밀이 숨어 있는 '비밀의 정원'"에는 마법의 힘이 존재한다. 끊임없는 긴장감과 경계심 속에 유지되는 삶은 대부분의 평범한 인간에게 고문과도 같을 터이나, 수많은 지식인들은 오히려 거기에서 피학적 욕구를 느낀다고 밀로츠는 주장한다.

앤서니 블런트가 비밀 유지를 위해 기울인 조심성, 그러면서도 그것을 끊임없이 위험수위에 노출시키던 경솔함, 그리고 누설된 비밀의 세세한 부분을 새로운 비밀로 채울 수 있었던 노련함 등은 그를 정확히 밀로츠가 설명한 유형으로 분류시키는 요소였다. 그 밖에도 밀로츠가 분석한, '새로운 믿음'에 대해 예술가와 지식인이 느끼는 매력은 앤서니 블런트에게도 예외 없이 영향을 미친 것으로 보인다. 지식인들은 누구나 두려움을 지니고 있다. 엘리트로서의 자부심과 그토록 꿈꾸어온 창조의 에너지가 실은 내면적 공허함을 감추기 위한 것이라는 진실이 탄로 날지도 모른다는 두려움 말이다. 그리고 이것은 지식인들로 하여금 '새로운 믿음'에 매혹되게 만든다. 이와 관련해 밀로츠는 "자유를 향한 두려움은 공허함에 대한 두려움 그 이상의 무엇도 아니다."라고 표현했다. 내면적 공허함은 비밀이 지닌 미묘함과 의식儀式 속으로 숨어들고자 한다. 케임브리지 엘리트들의 지식인으로서의 삶은 19세기부터 이미 비밀과 밀접한 관련을 맺고 있었다. 케임브리지 사도회Cambridge Apostles는 케임브리시에서도 손꼽히는 지식인 비밀조직으로, 매 세대마다 수많은 엘리트 스쿨 및 칼리지 출신의 가장 뛰어난 인재들을 회원으로 등용했다. 그중에서도 특히 트리니티 칼리지 출신의 인물들이 주를 이루었다. 금세기의 위인들 중 사도회 회원이었던 이들로는 철학자였던 버트란드 러셀과 G. E. 무어George Edward Moore를 비롯해 국민 경제학자 존 메이나드 케인즈, 작가 E. M. 포스터E. M. Forster 등을 꼽을 수 있다. 별로 활동적이지는 않았지만 루트비히 비트겐슈타인 역시 이 클럽의 회원이었다.

존 코스텔로는 1919~1939년 사이에 이 클럽에 가입했던 40명의 회원들 중에 영국 정보기관 MI5 직원 다섯 명과 스파이 네 명이 포함되어 있다고 밝혔다. 좌파, '중도적 마르크스주의자', 마르크스주의자 및 공산주의자들은 스물네 명이었다. 앤서니 블런트는 1928년에 이 조직에 가입한다. 사도회는 원래 1820년에 '케임브리지 친목회Cambridge Conversazione Society'라는 명칭으로 설립되었으나 곧 '그회The Society'로만 불리게 되고, 이후 잘 알려진 대로 '사도회'로 이름을 변경한다. 이는 열두 명의 창설 회원을 그리스도의 12사도에 비유해 붙인 명칭이었다. 초기에 회원들은 비밀 유지 임무를 갖지 않았고 규칙적인 참석 의무만 지녔을 뿐이었다. 비밀 유지가 의무화되면서 그전까지의 규율은 완화되었다. 이때부터 회원들은 "날개를 부여받음으로써 천사"가 될 수 있었는데, 이것은 그들의 의식儀式을 에둘러 표현하는 말이었다. 사도회라는 명칭은 복음을 전파하고 해석하는 사도의 임무를 요구함으로써 비밀을 봉인하는 수단이었다. 이처럼 그리스도의 사도를 본보기로 삼은 것은 자칫 신성모독으로 여겨질 수 있었다. 그러나 18세기에 이미 계몽주의의 핵심 공모자들의 집단인 백과전서파encyclopedist(18세기 계몽사상의 전파에 기여한 프랑스 지식인 집단_역주)가 그리스도와 열두 제자를 본보기로 삼은 전례가 있다. 그들이 성공적으로 이룬 것을 사도회 회원들은 현대적 조건에 맞추어 뒤따르려 했을 뿐 아니라, 심지어는 그들을 뛰어넘고자 했다.

사도회의 창립 역사에는 생시몽Comte de Saint-Simon주의적인 요소가 혼합되어 있었다. 사도회가 지닌 제례적인 엄숙함의 근원도 바로 생시몽주의에서 비롯된 것으로 보인다. 비록 이후에는 지속적으로 논의에 오르지 않았지만 1834년에 그들은 여성 회원을 등용할 것을 고려한 적도 있었는데, 이것 역시 생시몽주의의 제사장 격인 앙팡탱Barthélemy Prosper Enfantin(생시몽의 제자이자 생시몽주의의 지도자_역주)이 전도한 박애적인 종교와도 같은 인상에서 영향을 받은 것이었다. 조지 샌드George Sand는 앙팡탱을, 사랑을 통화通貨로 삼고 '연애편지'를 지불수단으로 쓰는 은행가에 비유하기도 했다. 그 밖에도 사도회에 특징을 부여한 요소로 1830년대에 스페인 자유주의자들을 지지했던 낭만적 급진주의, 그리고 1840년대부터 비종교적 의미에서 등장한 '비非국교도적인' 태도를 들 수 있다. 비국교도적이라는 표현은 종교적 의미를 초월해 모든 종류의 '정통파'에 의문을 갖고 회의懷疑를 양성하는 자세를 의미한다.

이윽고 19세기 중반에 이르러서는 비밀의 전조가 사도회를 감싸기 시작한다. 외부로부터의 차단 및 설대석 비밀 유지의 의부화와 동시에 사도회의 목표 설정이 급진화되었다. 그리고 이러한 경향은 마침내 학술 기관 위에 군림하는 영국 국교의 지배권을 박탈하려는 전략으로까지 발전했다. 사도회는 동료들과의 공동체 및 진리를 향한 애정에서 영감을 받은, 일종의 '반反교회' 집단으로 변신했다. 사도회의 영역 내에서 제시되고 격렬한 토론의 대상이 된 테마들에는 지식인의 속물근성, 유치하고 엘리트적인 거드름, 그리고 모든 종류의 '제도'에 대한 경멸심 등이 독특한 방식으로 혼합되어 있었다. 이 조직의 방종함이 걷잡을 수 없을 정도였던 탓에 버지니아 울프Virginia Woolf와 바네사 벨Vanessa Bell의 사촌이기도 하며 1879년에 사도회 회원이 된 제임스 케네드 스테픈James Kenneth Stephen이 잭 더 리퍼Jack the Ripper(1880년대 영국을 공포로 몰아넣었던 희대의 연쇄살인마_역주)로 지목되기도 했다. 이렇게 특정 인물에게 혐의를 돌리는 행위는 이후 하나의 게임처럼 사회 전반으로 확산되었지만, 그것을 즐기는 이들에게 정신적·도덕적 제동 장치 따위는 존재하지 않았다.

마찬가지로 병적이고 기이해 보였던 또 한 가지 특성으로, 예컨대 향후에 명성을 날리게 되는 철학자 G. E. 무어가 묘한 질문을 논의에 올렸던 사실을 들 수 있다. "월요일 아침을 토요일 저녁으로 바꿀 수 있는가?"가 바로 그것이었다. (이 질문의 이면에는 월요일 대신 토요일에 회의를 열 수도 있지 않겠느냐는 아주 단순한 발상이 숨어 있었다.) 버트란드 러셀은 이 시기에 나왔던 어느 논란거리에 관해 이야기한 적이 있는데 그 논쟁 역시도 헷갈릴 정도로 사도회의 토론 양식과 유사했다. "조지 엘리엇George Eliot이 F. W. H. 마이어스Frederic William Henry Myers에게, 신은 존재하지 않지만 그래도 우리는 성실한 태도를 유지해야 한다고 말했다. 반면에 마이어스는 신이 존재할 가능성은 매우 크지만 그렇다고 해서 사람이 반드시 성실할 필요는 없다는 쪽으로 결론 내렸다." 파격적인 질문들에 가벼운 옷을 입혀 논의하는 뻔뻔스러운 이 놀이는 공신력 있는 헤겔주의자 존 맥태거트John McTaggart가 '오랑캐꽃 혹은 오렌지꽃'이라는 명제를 논할 때 사용한 방식이기도 하다. 이 제목 뒤에는 이 비밀 공동체의 존재에 관한 질문으로 발전한 동성애 관련 테마가 숨어 있었다. 1920년대에 그들은 자신들의 활동을 '숭고한 남색男色'으로 표현하기도 했다. 단순히 흥미에 그치지 않고 보다 '숭고한' 것에 대한 요구까지 충족되는 한은 모든 것이 허용되었다. "궁극적 목표로서의 자학이 반드시 나쁜 것인가?" "성교는 꼭 즐길 수 있는 것이어야 하는가?" "사람이 신을 선출해야 하는가?" "아버지는 수염을 기르는 편이 좋은가?" "현재는 나쁜 시대인가?" 따위가 그들의 전형적인 토론 주제였다. "그리스도, 혹은 칼리반Caliban(셰익스피어의 희곡 《태풍》에 등장하는 반인반수_역주)?"이라는 질문에, 수십 년간 영국 사회를 떠받치는 기둥이자 프로이트 저서의 영어판 번역가였던 제임스 스트래치James Strachey는 칼리반의 편을 들었다. 이유인즉 칼리반은 모든 제한요소로부터의 해방을 상징하기 때문이다. 영원불멸성과 종교와 제국주의에의 대항, 이것이 바로 사도회가 행한 교리 문답의 핵심이있다.

재능 있는 시인이었던 루퍼트 브룩Rupert Brooke은 '품위 있는 몸가짐과 무례함'에 관한 강연에서 "우리의 부모들은 우리가 실제로 어떤지를 안다면 죽고 말 것이다."라고 언급했는데, 이는 옳은 말이었는지도 모른다. 버트란드 러셀이 평화주의에 관한 자신의 진지하고 공식적인 신념에 적용시킨 '양심의 명령에 거역하지 않는다'는 원칙을, 사도회의 몇몇 회원들은 세상 돌아가는 정국을 보는 익살스러운 시각에 적용하기도 했다. 우정과 신의는 특히 다른 무엇보다도 중요시되었다. 작가 E. M. 포스터가 쓴 다음 문장은 무척이나 유명하다. "조국을 배반하거나 친구를 배반하는 일, 두 가지 중에 하나를 택해야 하는 상황에 처했을 때, 나는 주저 없이 조국을 배반할 수 있기를 소망한다." 이 문장은 곧 영국 상류층 출신 회원들과 몇몇 스파이가 포함된 이 '동성애적 마피아 집단'의 표어가 되었다. 물론 E. M. 포스터에게 이 집단의 신앙고백을 위한 구절을 작성하려던 의도가 있었던 것은 아닐 터이다. 그의 금언은 원래 현대 사회에 만연한, 점점 더 경시되어가는 개개인 간의 관계에 대한 반응으로 나온 것이었다. 현대 사회는 "개인적 관계로부터 벗어나 대신에 무슨무슨 주의主義나 사물을 따를 것"을 강요하기 때문이다. "나는 주의주장과 관련된 아이디어를 혐오한다." 어떤 '주의'나 '사물'에 의해 개인이 굴복당하는 일을 혐오할 때, 이 혐오로부터는 비길 데 없이 강력한 지적 에너지가 산출된다. 그리고 이러한 사고 방식을 지닌 사람은 '위대한 지식이 주는 환상'에서 비롯되는 쾌락도 더 이상 추구하지 않는다. 하지만 지적 환상이 사라졌다는 것은 궤변에 지나지 않음이 곧 드러난다. 지적 환상은 사라진 것이 아니라, 그러한 '환상' 및 '환상으로부터의 깨어남'이 반복되며 얽힌 그물일 뿐이었다. 모든 종류의 환멸은 즉각 새로운 환상을 만들어내기 때문에 이 과정에서 진리는 간과되기 쉽다.

블런트는 스탈린주의의 환상에서 깨어났음에도 친구들을 배려해, 정확히 말하자면 옛 친구들에 대한 신의 때문에 첩보활동을 지속했다고 진술했다. 이러한 기만을 통해 그는 동료들이 발각되지 않도록, 그리고 '케임브리지 네트워크' 활동의 정체가 드러나지 않도록 할 수 있었다. 그러나 노엘 애넌이 증명하듯이 이는 친구들에 대한 신의가 아니라, 그 자신이 빚어낸 자기 이미지에 충실한 행위일 뿐이었다. 케임브리지의 코민테른Comintern(국제 공산당_역주) 그룹-가이 버지스, 도널드 맥클린, 킴 필비, 그리고 앤서니 블런트로 구성된-에 소속되었던 일이 그의 진술을 통해 지성인의 모험으로 변형된 것도 그러한 이미지를 은닉하기 위한 작전이었다. 블런트의 말에 따르면 반역은 1930년대의 반군국주의적·평화주의적 시대정신에 동참하기 위한 행동이었다. 따라서 이는 객관적으로 볼 때 당시의 그에게 그다지 중대한 죄는 아니었을 터였다. 코스텔로는 자료 조사를 통해, 앤서니 블런트가 시대정신이라든가 혹은 가이 버지스 등의 인상적인 지식인들에게 매혹당한 것이 아님을 추측하게 만드는 증거를 확보했다. 보기 드문 성공을 거두어낸 이 이중간첩단에서 블런트는 실상 제4서열이 아닌 제1서열이었던 것이다. 코스텔로는 자신이 이 신실을 확실히 증넝해냈나고 생각했나. 블런트는 틀림없이 제1서열이었으며 가이 버지스에게 소비에트를 위해 일하도록 권고한 장본인이었다. 그가 버지스에 의해 매수당했다는 공식적인 발표와는 정반대의 가설이다. 킴 필비가 가장 성공적인 소련 첩보원이라 할 때, 코스텔로의 가설이 맞는다면 블런트는 소비에트 정보기관에서 최고로 성공적인 선전원이었을 것으로 보인다. 킴 필비는 심지어 'C'(영국 비밀정보국장을 지칭하는 표현으로, 초대 국장이었던 맨스필드 커밍Sir Mansfield Cumming의 머리글자에서 유래_역주)의 자리에까지 오를 수도 있었으나, 오로지 나쁜 상황이 연속된 탓에 기회를 잃은 인물이었다.

그렇다면 앤서니 블런트를 조종했던 권력에의 환상은 무엇이었는가? 혹은 이 모든 것이 단순히 극단적인 권태, 즉 인위적인 긴장감으로 채워진 내면적 공허함의 표출이었는가? 마르크스주의와 '유물론'이 행사했던 강력한 매혹의 힘은 오늘날까지도 명확히 설명할 수 없는 현상이나, 이 이데올로기의 추종자가 실제로 그것의 방법(유물론적 변증법_역주)에 대해 숙고한 후 그 매력에 이끌린 경우는 매우 드물었다. 다시 말해 그러한 이념들은 현실적인 검토 가능 여부를 떠나, 당시의 '사회학적 상황'(밀로츠의 표현에서 인용)에 대한 해결책만을 약속할 뿐이었다. 20세기의 첫 3분의 1에 해당하는 시기를 살면서, 모든 종류의 안정성이 해체되는 것을 직접 경험한 사람들은 자신들이 이 '사회학적 상황' 하에 살고 있다고 믿었다. 당시의 사회 상황을 관찰하는 일은 마치 끊임없이 새로운 형상들이 서로 얽히고설키는 만화경을 들여다보는 것과도 같았다. 1930년대 중부 유럽에서 성장하던 세대는 전혀 새로우면서도 지속적인 정치 권력의 재배치 현상이 막 시작되는 모습을 직접 목격했다. 바야흐로 극우 민족주의가 대두되고 전체주의가 실체를 드러내고 있었던 것이다. 이는 중부 유럽인들뿐 아니라 영국 지식인 엘리트에게도 등한시할 수 없는 현상이었다. 그러다 보니 새롭게 탄생한 질서 내에서 지도적 역할을 하려는 꿈을 누구나 쉽게 꾸게 되었다. 이러한 꿈은 아직 어떤 종류의 유보, 즉 이미 자신이 충성을 맹세한 구질서를 대하는 은밀한 신중함 속에 감추어져 있었으나, 동시에 사람들은 이 구질서 속에서 자신이 꿈꾸는 존재가 되기를 이미 추구하고 있기도 했다. 그러나 이들의 역사적 운명은 벌써 결정지어져 있었기 때문에 그러한 노력조차도 실은 허상에 불과했다. 1930년대의 지적 상황은 과연 어땠을까? 전체주의의 지배하에 있던 중부 및 동부 유럽에 한해서만 암흑기였던 것은 아니다. 전체주의 국가 기구의 압력에 노출되었던 지식인들이 가졌던 사상은 오늘날 거의 매장된 것이나 다름없을 뿐만 아니라, 점점 더 파악하기가 어려워지고 있다. 그러나 당시 이들의 발상 못지않게 영국 엘리트 지식인들의 사고방식도 환상에 빠져 있었던 것이다.

또 한 가지 수수께끼와 같았던 점은 바로 이 지식인 엘리트들의 환경이었다. 그들의 환경과 관련된 사항은 이 첩보원들이 속한 세대에 관한 논의를 통해 뒤늦게야 대중에게 인지되었다. 이들이 나고 자란 환경은 유럽의 다른 어떤 엘리트의 그것보다도 세기의 이데올로기 진쟁으로부터 동떨어져 있있다. 또한 이들은 유럽 대륙에서 새로운 권력의 복합체가 형성되는 모습을 아직 그 움직임의 영향권 밖에 있던 조망 지점(영국을 지칭_역주)에서 관찰하는 중이었다. 자본주의의 중심부에서는 사회주의가, 보다 예술적인 책 표지라든가 고급스러운 형태를 추구한 19세기의 '미술공예 운동' 사조나 다를 바 없는 하나의 유행일 뿐이었다. 특히 런던은 전 유럽에서 모여든 사회주의자나 무정부주의자, 정치적 몽상가들에게 은신처를 제공하면서도 그들의 공상으로부터 전혀 감흥을 받지 않던 도시였다. 유명한 아나키스트였던 표트르 크로포트킨Pyotr Alekseyevich Kropotkin은 1881년 런던에서 열린 무정부주의자 대회에 참가했는데, 그가 사회주의가 뿌리내릴 수 있을지 모른다는 희망을 본 유일한 장소로 지목한 곳이 바로 케임브리지였다. "(런던이 아닌) 케임브리지가 영국의 수도였다면, 그리고 현대의 사도들이 되고자 하는 케임브리지 지식인들이 적극적으로 정치에 참여한다면, 그때는 영국의 사회주의가 지금의 안타까운 모험담에서 벗어나 전혀 다른 모습으로 변모할 것이다." 그러나 그의 바람은 그로부터 50여 년이 지나서야 비로소 이루어질 기미를 보이기 시작했다. 1930년대 사도회 회원들이 좌파 정치에 참여하기 시작한 것이다. 하지만 그나마도 여전히 비밀이 보호되는 범위 내에서만 이루어졌다.

그러나 비밀은 그들로 하여금 "엄격한 사전적 의미에서의 비도덕주의자"(케인즈)가 될 것을 이미 허용하고 있었다. 바로 이 구호가 그들로 하여금 소련 정보기관의 가입 권고 대상이 되게끔 유도했을 가능성도 무시할 수 없다. 지식인들이 사상적으로 전염되기 쉬운 특성을 지녔다는 동유럽 공산주의자들의 직감은 동유럽에서 이미 옳은 것으로 증명된 후였는데, 이는 결국 영국인들에게도 맞아떨어지는 것으로 드러났다. 마르크스주의와 스탈린주의에 대한 영국 학자들의 강력한 신봉은, 공산주의가 영국에서 누린 보잘것없는 정치적 지위와 극단적인 불균형을 이루고 있었다. 예를 들어 중국학자이자 학문사가였던 조셉 니덤Joseph Needham은 1937년, "위대한 문화적 자율성에 관한 구상이 경제적 단일체에 대한 구상과 더불어 수많은 민족들에게" 갖는 의미가 얼마나 큰지에 관해 언급하며, 이 구상에 대해 "우리는 다른 누구에게보다도 천재적인 발상을 이끌어낸 이오시프 스탈린에게 감사해야 할 것이다."라고 피력

264

했다. 그 밖에도 마르크스주의와 스탈린주의에 매혹된 영국 학계의 입지가 한층 가시적으로 나타난 것은, 1931년 7월 런던에서 열린 '학문·기술 역사 회의'에서였다. 훗날 스탈린에 의해 숙청되는 니콜라이 부카린Nikolai Ivanovich Bukharin은 이때 소련 대표로 참석했었다. 이 회의에서는 무엇보다도 '소련 지성·학문 문화'를 본보기로 삼는 경향이 매우 뚜렷이 나타났으며, 앞서 언급한 조셉 니덤을 비롯해 잭 홀데인Jack Haldane, 줄리안 헉슬리Julian Huxley, 랜슬럿 혁벤Lancelot Hogben 등의 주요 학자들이 대거 참여했다.

정치 문화와 학문 문화 사이에는 메울 수 없는 간극이 존재했다. 임의적으로나마 이 틈을 메워줄 수단이 있다면, 고작해야 앤서니 블런트가 행한 것과 같은 충성심의 성신병석 분배, 즉 이숭간접 행위나 지성의 희생 정도였다. 이러한 갈등을 은폐하도록 허락하는 동시에 스파이들에게 은신처를 제공한 것은 바로 지식인의 괴팍스러움을 감싸는 전통이었다. 이는 상류층이 수 세대에 걸쳐 즐겨온 전통이기도 했다. 그런 의미에서 앤서니 블런트는 이 전통의 보호를 더없이 노련하게 활용한 경우였다. 블런트 세대의 쪼개진 충성심이 불러온 비극이라 묘사할 만한 이 사건은, 블런트의 오만한 태도 속에서 암시적이고 점진적으로 수면 위로 드러나게 되었다.

10

'군중과 권력'을 파헤치다
엘리아스 카네티

Elias Canetti
1905.7.25-1994.8.14

오로지 혼자서 고대 그리스를 발견했음에도

카네티는 자신의 이론서인 《군중과 권력Masse und Macht, 1960》을 발표하면서 문학작품에서나 실현 가능한 성공을 기대했다. 그도 그럴 것이, 카네티는 이 작품에 30년이라는 세월을 투자했다. 마치 이 작품이 시대의 서사시, 예컨대 현대판 《적과 흑》이나 현대판 《전쟁과 평화》라도 된다는 듯한 태도였다. 《햄스테드 선집Nachträge aus Hampstead, 1994》이라는 비망록에 기록되어 있는 바에 의하면, 그는 탈고가 끝난 작품을 마주하고 그 책에 대해 어떻게 생각하는지 스스로에게 질문한 적이 있다. 그러고는 그것을 집필하며 보낸 시간들이 별안간 악몽처럼 스쳐 지나갔다고 회상했다. 그 노고란 다른 책 대여섯 권을 집필한 것과 맞먹는 수준이었기 때문이다. "내가 이 책을 썼다는 게 얼마나 자랑스러운지!" 그러나 과연 그 만족감이 실제로 인생의 절반이라는 시간을 투자한 데 맞먹는 정도로 큰 것이었을까? "그 책을 쓰는 데 이토록 긴 세월이 필요했다는 사실은, 탈고 후 이를 되돌아볼 때 새삼스러운 충격과 동요를 내게 안겨주었다." 전설적인 백 년의 세월을 뛰어넘는 데 성공한 작품이자 '행복을 만드는' 힘을 증명해 보인 명작, 스탕달Stendhal의 《파르마의 수도원》이 문득 그의 머릿속에 떠올랐다.

어쨌거나 그가 그토록 《군중과 권력》에 커다란 기대를 걸게 된 이유는 무엇일까? 유난히 길었던 준비 및 집필 시간 중의 대부분은 얼핏 보기에는 민족학적 자료를 수집하고 소화해내는 데 쓰인 것으로 보인다. 하지만 정작 카네티는 그 자료를 정리하는 데보다 읽는 데 많은 시간을 보내며, 이를 시대적 경험이 점차적으로 집결되는 저장고로 활용했다. 이 저장고에서는 다른 시대, 다른 상황에서 유래한 자료들에 카네티 자신의 시대적 경험이 반영되고 축적됨으로써 과거와 현재가 서로 교차된다. 이처럼 이 작품의 기저에는, '현재'가 인류의 원시적 체험을 다시 끄집어내 실험하는 장이리는 카네티의 확신이 깔려 있었다. 나아가 현재는 그 실험의 결과를 평가하기까지 한다. 그러나 이러한 가정은 《군중과 권력》에서 거의 표출되지 않는다. 이 작품의 실질적 핵심은 다른 데 있기 때문이다. 카네티의 원래 의도는 '현재'와 '원시' 사이의 관계를 뒤바꾸어 원시시대를 현재의 평가기준으로 삼는 데 있었다. 예컨대 특정 민족의 특정 전통을 '구시대적인 원시성'이라고 단정 지을 때, 그 원시성은 우리 시대의 인류가 아직 인간성을 간직하고 있는지 검토하는 잣대가 될 수 있다.

실제로도 《군중과 권력》의 내부에는 일종의 편협한 오만함이 존재한다. 카네티는 오로지 사라진 옛 민족들의 흔적에서 그들 고유의 유물을 찾아 실증적으로 밝혀내고자 한다. 다시 말해 그가 작품을 통해 기대한 바는 사상적·문학적 성취도를 인정받는 일뿐만이 아니었던 것이다. 무엇보다도 작가는 자신이 탁월하다고 판단한 것의 가치를 남들도 인정하게 만들려는 의도를 지녔다. 바로 이 점에서 작가의 오만함이 발견되는 것이다. 따라서 이 책이 발간 초기에 별다른 반향을 일으키지 않았을 때 카네티의 실망도 그만큼 컸을 것임이 틀림없다. 하지만 이는 명성을 날리지 못한 데서가 아니라, 아직 남아 있는 원시 부족들을 세상에 알리는 데 실패했다는 자책감에서 비롯된 사심 없는 실망이었다. 마치 누군가 전적으로 혼자서 그리스 고대문화를 발굴해냈는데 아무도 거기에 관심을 보이지 않는 것과도 같았다. '성과 없이 시간과 노력만 허비했다는 느낌'은 바로 여기에서 나온 것이었다. 이 밖에도 카네티에게는 완성된 저서가 여러 의미에서 '시간을 거역한 죄악'으로 여겨졌다. 이 책을 집필하는 데 너무 많은 시간을 무의미하게 낭비했기 때문이다. 이 책은 한편으로 시간의 흐름에 대한 냉담함, 나아가 그것을 아예 거부하던 그의 태도를 반영했으며, 다른 한편으로는 그가 시간의 무궁무진함을 지나치게 신뢰했음을 뜻하기도 한다. 더불어 의미 없는 영원불멸성을 찾아 헤매며 원시 부족들의 재래신앙 연구에 몰두했던 일 역시 뒤늦게야 죄악으로만 느껴졌다. 완성된 작품이 별다른 반향을 얻지 못한 지금에 와서 그는 처음으로 스스로가 오만하게 시간에 대항했음을 깨달았다. 그가 허비해온 긴 세월이 결국 그 세월을 투자한 책이 동시대로부터의 거부됨으로써 인과응보로 되돌아온 것이다. 수십 년 동안 그의 모든 것을 좌우했던 집필 준비 과정이 결국 한 권의 책으로 끝나버렸다는 사실은 엄청난 실망감을 불러일으켰다.

아직 미완성이었을 때 이 책은 마치 온갖 흥미진진한 이야기가 넘치도록 담겨 있는 단지와도 같았다. 그러나 정작 완성작으로 세상에 나왔을 때는, 그 실패 때문에 침묵하는 것과도 같이 여겨졌다. 카네티는 언젠가 오스트레일리아 원주민이 사용하는 기억을 돕는 성스러운 돌 '츄링가'에 대한 글을 쓴 적이 있었는데, 그는 이 무렵 그 돌들을 떠올렸다. 마치 이 책이 츄링가의 도움으로 자신의 뇌리 속에 깊이 뿌리 박혀버린 것만 같았기 때문이다. 흡사 과거에 저지른 끔찍한 행동에 대한 기억이 잊히지 않고 머릿속을 채우고 있는 것과도 같았다. 그 기억으로부터 벗어나는 일, 그리고 그것을 잊고 그 흔적마저 모조리 제거하는 일이 카네티에게 남겨진 과제였다. 여기서 우리는 그가 애초에 완성작에 얼마나 큰 기대를 걸었는가를 짐작할 수 있다. 기대가 너무도 컸던 나머지, 완성된 책이 실망으로 끝난 일은 그에게 커다란 굴욕감을 안겨준 것이다. 게다가 그는 원시 부족 연구를 핑계로 '부시맨들'의 영역을 침범해 해만 끼쳤다고 느꼈다. 나아가 집필에 길잡이가 되어준 블릭Wilhelm Bleek 과 로이드Lucy Lloyd의 《부시맨 민속 전승 사례Specimens of Bushman Folklore, 1938》를 욕되게 만들었다고 여기기까지 했다.

《군중과 권력》의 불행에 기여한 요소는 한 가지 더 있다. 카네티에게는 자신의 글이 인쇄되어 나오면 그것을 가지고 사유를 계속해 나가는 일이 절대 불가능했다. 뿐만 아니라 그것은 더 이상 그의 글이라고도 할 수 없었다. 남의 글도 그의 글도 아닌, '어중간하고 불쾌한 그 무엇'일 뿐이었다. 게다가 그는 자신이 생각해낸 착상들을 향후 생각난 또 다른 사항과 연관시켜 생각하는 일을 싫어했다. 차라리 남의 것과 연관 지을지언정 자신의 것끼리 서로 연계하지는 못했다. 그 자신으로부터 나온 발상은 인쇄된 종이 위에서는 전혀 낯선 것이 되어버렸다. 따라서 그가 자신의 작품에 관해 사유를 지속해 나가려면 그 작품은 또 한 번 낯선 존재로 변모해야 했던 것이다. 다시 말해, 자신이 쓴 것이라는 사실이 그의 머릿속에서 완전히 지워져야만 비로소 그 작품에 다시 손을 댈 수 있었다. 하지만 카네티는 이렇게 자문했다. '그 작품을 어떻게 잊을 수 있단 말인가?' 그리고 그것을 잊는 방법을 찾는 데 골몰하며 스스로에게 이렇게 말했다. "작품의 흔적을 없앨 방법은 또 무엇이란 말인가? 어쨌거나 그 책은 끔찍한 과거의 행위와도 같아 머릿속에서 몰아낼 방법이 없다. 나는 그와 관련된 모든 것을 오랫동안 감추어둘 수 있다. 하지만 그것은 마치 독충과도 같이 나에게 달라붙어 있고, 나의 내면과 외면은 어떤 고질병에 시달리고 있다. 저 책을 잊기 위해 나는 어쩌면 내 지난 인생에 관해 전혀 새로운 이야기를 궁리해내야 할지도 모른다. 나는 그대로 나 자신이어야 하지만 다른 모든 것은 예전과는 전혀 다른 모습이어야 한다. 지금까지 내가 살아온 것과 다른 장소에 있는 나, 내 실제 인생사와는 전혀 다른 인생을 꾸며 내야 한다. 또한 그것은 실제로 존재했을 가능성이 아주 희박한 것이어야만 한다. 가능한 한 이전까지 전혀 일어나지 않았던 일을 찾아 나서라. 그럼으로써 너를 그 책으로 이끈 수백 개의 길로부터 벗어날 수 있을 것이다. 다른 시대에 태어났다고 생각하는 것은 어떤가? 혹은 전혀 다른 장소에서 태어났다는 것만으로도 충분하지 않을까? 나에게는 새로운 기억을 내게 주입시켜 줄 새로운 츄링가가 필요하다. 새로운 가계도家系圖, 새로운 운명, 새로운 기억이 필요하다.〞《군중과 권력》이 출간된 지 십 년째 되던 1970년-이 책은 이토록 오랫동안 그의 머릿속에서 서서히 잊혀가던 중이었다-에 이르러서야 그는 이 작품을 다시 들추어내고 스스로 반론을 제기할 수도 있었다. 그는 이렇게 언급했다. "역사적으로 우리 자신보다 더한 야만인은 존재하지 않았다. 우리는 과거로부터 인간성을 찾아야 한다." 이 반론은 카네티가 최초의 집필 시에 가졌던 원래 의도와 관련된 것이다. 그런데도 이 언급은 마치 그 자신이 이 작품에서 전혀 그것을 수행하지 않았다는 듯이 들린다. 원시로부터 인간성을 되찾으려 한 것이 작품의 목적이 아니었단 말인가? 원시의 인간성을 방어한 것이 아니라 그저 야만의 계보를 쓴 것에 지나지 않았단 말인가? 이 작품을 회고하며 카네티는 자신이 단순히 현재의 야만성에 대항하는 무기로서 원시사회에 이끌렸다는 느낌을 받았다.

완성된 저서가 충격으로 다가온 이유는 아마도 실은 자신이 역관점을 지닌 채 원시부족의 인간적인 면을 현대의 야만성에 팔아치운 것에 지나지 않음을 뒤늦게 깨달았기 때문이었는지 모른다. 바로 이 점이 '부시맨들을 욕되게 만들었다'는 카네티의 불쾌감을 설명해준다. 그래서 1960년, 이 작품에 대해 어떻게 생각하는지 자문하면서 그가 무척이나 동요한 것이다. 그래서 그는 자신이 선망하는 유일한 인물인 스탕달을 향해 흠모를 표시함으로써 이에 대답한 것이었다. 카네티 자신은《군중과 권력》을 오로지 야만성과 종교로 채워 넣은 반면에 스탕달은 이 두 요소와 거리가 먼 인물이었다. 바로 이 점이 카네티가 그를 정신적 지주로 삼은 이유이다. 그가 보기에 스탕달은 모든 종류의 강박관념으로부터 자유로운 사람이었다. 예외적으로 그가 가진 강박관념이 있다면 오로지 열정에 대한 집요함뿐이다. 이를 바탕으로 스탕달은 자신의 시대, 자신의 집이라는 한정된 시공간 내에서 '영원성'을 창조해냈다. 야콥 부크하르트는 후에 이러한 작업을 '영원화 하기'라 명명했다. 이것은 영원이되 '일시적인 영원'을 말한다. 따라서 이것의 내부에 존재하는 요소들도 이중성을 지녔다. 즉 그것들은 시대를 초월한 것처럼 보이는 동시에 그것이 창조된 시대 고유의 것이기도 하다. 카네티는 스탕달과의 사이에 놓인 극심한 간극을 선망이라는 다리로 연결했으며, 본질을 희생해서라도 스탕달과 닮고자 했다. 이는 거의 불가능해 보이는 일이었으나, 그는 "내가 지금의 내가 아닌 전혀 다른 인물이 된다면 그와 비슷해지는 일이 가능할지도 모른다."라고 말하기도 했다. 무척이나 독특한 발상임에 틀림없다. 그러나 이런 발상을 서술하는 그의 말투는 일견 기이하게 보일 정도로 사무적이었다. 그는 또 다음과 같이 기록하기도 했다. "나는 내 실제 출생 기록과 전혀 다른 배경을 가졌더라면 하고 소망한다. 그런 적은 이번이 처음이다. 이는 오로지 스탕달에 대한 연모에서 비롯된 것이다."

그러한 숙고는 카네티에게 하나의 '탈출구'와도 같았으며, 이것은 《군중과 권력》에서 이미 그 모습을 드러냈다. 이 책은 '군중'에 관한 내용과 '권력'에 관한 내용으로 이분되는데, 이 두 가지 테마의 중간 지점에 "불멸에 관하여"라는 제목의 장이 등장한다. 바로 여기에 스탕달의 이름이 거론된다. 그러나 스탕달이라는 인물에 관한 내용에 그치지 않고, 생존을 둘러싼 인간들 사이의 투쟁을 초월하는 일, 그리고 상호 살육의 충동을 극복하는 일도 스탕달의 이름을 빌려 논의되고 있다. 이러한 초월과 극복은 인간 생존의 무대가 현재로부터 후세로 전이될 때 성취된다는 것이 그의 생각이었다. "스탕달과 같은 인물을 기준점으로 삼을 수 있다는 것은 매우 다행스러운 일이다." 그의 견해에 따르면, 스탕달의 감각은 특정 종교의 자질구레한 속박이나 약속들로부터 완전히 자유로운 상태에서 오로지 삶을 향하고 있다. 또한 그는 인생을 가장 올바른 방식으로 느끼고 음미한다. 그는 개별적인 요소들을 있는 그대로 둘 뿐, 이들을 억지로 끌어 모아 단일한 무언가를 형성하려 하지 않는다. 그렇게 탄생한 단일체는 허술하기 짝이 없기 때문이다. 그는 또한 이 요소들을 '특정한 체제를 위한 도구'로 사용하려 들지도 않았다. 카네티는 스탕달의 이러한 점을 본보기 삼아 자신의 문학적 이상향을 그렸다. 어떤 일에도 조건을 두지 말 것, 모든 상황에 스스로 부딪쳐 볼 것, 모든 사건의 중심에 설 것, 오로지 혼자 힘으로 언어를 순화할 것. 하지만 무엇보다도 중요한 사항들은 다음과 같다. 문학의 불멸성에 대한 신념 속에서, 타인을 대할 때 불쾌한 태도를 취하지 말 것. 아울러 그들과 투쟁하려 들지 말 것. 지금껏 존속해 왔으며 앞으로도 스스로 생존의 길을 찾을 줄 아는 이들의 공동체를 택할 것. 이 모든 것은 훗날 삶으로 충만한 작품 속에서 완성될 것이며, 그러한 삶의 모습에 고군분투란 존재하지 않는다.

카네티에게 《군중과 권력》은 지나간 사고들이 침전되고 굳어진 화석과도 같았다. 특히 앞서 언급한, '불멸성'에 관해 고찰하는 장은 자기 작품의 '껍질'로부터 탈피하는 출구가 되기도 했다. 그 밖에도 위기의 순간이 오면 그는 체사레 파베세Cesare Pavese의 일기 《삶이라는 직업Il mestiere di vivere, 1952》을 읽었다. 이 일기는 자살을 결심하는 내용으로 끝을 맺는다. 즉, 파베세와의 만남은 곧 죽음과의 만남이었다. 파베세의 자살을 카네티는 오히려 죽음의 극복으로 간주했다. 그의 죽음은 얼핏 자연사처럼 보인다. 마치 파베세가 자신의 죽음을 온전히 자기 것으로 만드는 데 성공함으로써, 죽음이라는 권능에 굴복하지 않고 오히려 그것을 지배한 것과 같다. 카네티는 유일하게 이 죽음만을 구원의 죽음으로 인정했다. "어젯밤 깊은 굴욕감에 젖어 죽음을 갈구하던 순간 나는 그의 일기장을 손에 들었고, 그는 나를 대신해 숨을 거두었다. 믿기 어려운 일이지만 나는 그의 죽음을 통해 오늘 새로 태어났다." 이러한 경험은 카네티의 정신을 맑게 깨워, 1942~1950년까지 자신이 기록한 비망록이 파베스의 일기와 동시에 쓰였다는 사실까지 깨닫게 만들었다.

동시성의 우연이 카네티에게 그토록 커다란 경탄을 안겨준 일은 이제껏 없었다. 파베스의 일기에는 당시 그가 블릭과 로이드가 쓴 '부시맨 민속 전승'에 관한 책을 찾아다녔다는 일화도 기록되어 있었다. 이는 앞서 언급했듯이《군중과 권력》의 핵심 참고 서적이자, 카네티가 '인류 역사의 위대한 기록물'이라고 극찬하는 작품이기도 하다. 자신과 파베스의 관심사가 같다는 사실은 그를 동요시켰다. 심지어 카네티는《군중과 권력》이 파베스의 손에까지 들어갔더라면 그의 목숨을 구할 수 있었을지도 모른다고 믿기에 이르렀다.

《군중과 권력》이 출간된 지 5년 뒤에는 카네티의 비망록 선집이 간행되었는데, 이 저작의 머리말에서 그는 전쟁 발발 직전에 결심했던 바를 회고하고 있다. 그 결심이란 군중(이는 그가 1925년부터 쫓던 테마였다)과 권력(이 테마는 1930년대에 추가된다)에 관한 문제를 자신의 유일한 연구 주제로 삼을 것이며, 그밖에는 어떤 문학적인 작품 활동도 금하겠다는 것이었다. 그러나 전쟁의 발발과 더불어 그러한 결심은 필요 없게 되었다. "이때는 스스로를 다른 사람인 양 위장하는 일이 어차피 불가능했다. 아주 잠깐 동안이라도 그렇게 할 수 없었다. 특정한 삶의 방식을 전유하는 일은 오로지 그 삶을 정확히 파악했을 때에만 가능하기 때문이다." 전쟁이 일어남으로써 카네티는 군중이나 권력과 관련된 현상을 직접 체험하게 되었고, 다른 연구를 애써 금할 필요 없이 자동적으로 이 테마에 집중할 수 있었던 것이다. 카네티는 또 이때부터 1948년 말《군중과 권력》을 집필하기 시작했을 때까지 자신은 '진정한 학구열'에 사로잡혀 있었다고도 언급했다. 어떤 관점에서 이 작품은 생존의 무의미함에 대항해 투쟁해 나가는 과정을 기록한 것으로도 평가할 수 있다. 왜냐하면 카네티는 시대에 동참하는 극적인 긴장감 속에서 이 작품을 탄생시켰기 때문이다. 다만 그는 이 과정에서 자신의 시대적 상황으로부터 최대한 거리를 유지하고 있다.

《군중과 권력》을 집필하기 시작하면서 단편적인 비망록의 시대도 서서히 끝이 났다. 이때부터 비망록이란 지극히 사사로운 메모로 쓰였을 뿐이었다. 카네티는 1962년이 되어서야 이때의 기록으로부터 첫 선집을 발표했는데, 《기록 1942–1948Die Aufzeichnungen 1942–1948》이라는 이 얇은 책 속에는 앞서 언급한 '학구열'에 관한 내용과 더불어, 이 기간 동안 문학적 집필활동을 엄격히 금지한 그의 자기 원칙까지 엿볼 수 있다. 중심 작품에 집중하기 위해 스스로 정한 시간관리 규율이었던 셈이다. 비망록에 담긴 기록들은 《군중과 권력》과 같은 시기에 집필되었으며 따라서 이 작품의 주변에 항상 존재했다고 할 수 있다. 그럼에도 이것은 《군중과 권력》의 연장선상에 있지 않다. 오히려 그것과는 전혀 다른 원칙에 근거해 탄생한 창작물이다. 간단히 말해 비망록은 엄격한 시간관리 규율이 버거워질 때 그것으로부터 잠시 벗어나게 해주는 도피구였던 것이다. 카네티의 말에 따르면 그는 대작의 집필에서 오는 부담감을 더 이상 견뎌낼 수 없을 때 비망록 기록에 몰두했다고 한다. 첫 선집의 머리말에도 언급되어 있듯, 카네티는 잠시라도 여유가 생기는 날이면 한두 시간쯤 책상 앞에 앉아 즉흥적으로 머릿속에 떠

278

오르는 것을 글로 적어내려 가곤 했다. "계획에 없이 충동적인 발상에 의해 이루어진 작문 활동인 한, 그리고 (비망록에 쓰인 내용을) 후에 다시 들추어내 고민하지 않는다는 규칙이 지켜지는 한" 비망록을 쓰는 시간은 그에게 모든 것이 허락되는 '해방의 시간'과도 같았다.

그중에서도 핵심적인 조건은 어떤 이유에서든 이때 쓴 내용을 다시금 들춰내서는 안 된다는 것이었다. 즉흥적인 작문이어야 한다는 나머지 조건도 그로써 유지될 수 있었다. 하지만 '즉흥성'이라는 말을 '솔직함'이라든가 '사적인 기록'을 뜻하는 표현으로 오해해서는 안 된다. 그의 단편적 비망록은 오히려 비非개인성으로 특징지어진다. 어떤 객관적 내용을 쓸 것인지 사전에 숙고하는 일도 없었다. 비망록은 아무것도 증명하려 하지 않으며, 새로운 발상을 자극하지도 않을 뿐만 아니라, 일기와 같이 사적인 기록의 성격을 갖지도 않는다. 그 밖에도 이 작문 활동에는 전적인 자유가 부여된다. 이것은 "짧아도 좋고 길어도 상관없으며, 정열적이거나 냉정할 수도 있고, 악의를 지닐 수도, 선의를 지닐 수도 있다." 이와 같은 원칙이 손상되는 일을 막기 위해 그는 자신이 쓴 것을 다시 읽는 일조차 금했다. 카네티에 따르면 이것은 온전히 자기 자신만을 위해 쓰인 그의 '정직한 확신'이었다. 그는 이것을 "단순하고 일상적인 삶으로부터 완전히 차단되지 않기 위해, 그리고 대작을 집필하는 데 따르는 부담에 질식당하지 않기 위해" 썼다고 말한다. 왜냐하면 "원대한 목표를 달성하기 위한 배움과 엄격히 제한된 지식만

가지고는 어떤 영혼도 숨을 가다듬을 만한 여유를 가질 수 없기” 때문이다. 이는 그의 비망록에 직접성을 부여하는 요소였다. 카네티는 “이 작문들을 다시 꺼내어 보거나 그중에서 뭔가를 수정함으로써 이를 위조하려는” 의도를 한 번도 가진 적이 없었다. 그리고 점차적으로, 자신의 인생에서 특별한 부분이 이 비망록에 스며들기 시작했음을 깨닫게 된다.

이처럼 비망록의 글들은 ‘의도성’을 지니고 있지 않다. 그러나 그것이 곧 ‘기계적인 글쓰기’를 의미하지는 않는다. 그보다는 비망록을 작성할 때는 ‘글이 곧 의도’였다고 하는 편이 옳다. 비망록의 작성은 숨 쉬는 일과 마찬가지로 무의식적이고 자연스럽게 행해져야 했다. “마치 그 글을 쓰게 된 동기도 목적도 존재하지 않는 듯 자연스러워야 한다. 그리고 비망록에 쓰인 대부분의 글은 번갯불이 번득이듯 순간적으로 머릿속을 스쳐가는 생각을 기록한 것이다. 또한 시험을 거치지 않은 것이어야 하며, 완성된 것이어도 안 되고, 자부심에 넘쳐서도 안 된다. 마지막으로 어떤 의도도 내포해서는 안 된다. 평소에는 군대처럼 경직된 명령체계를 지휘하는 사람이라 할지라도, 이러한 글을 쓸 때만은 잠시 자유로운 발상의 세계에 머무를 수 있을 것이다. 그리고 이전까지 단 한 번도 생각하지 못했던 것을 쓰게 될 것이다. 그러한 이가 쓰는 글은 평소에 그가 견지해오던 일반적인 삶의 모습이나 신념, 나아가 그 자신의 인간상과도 상충하며, 그가 이전에 가졌던 수치심이나 자부심, 그때까지 믿어오던 진리에도 반하는 종류의 기록이 된다.” 글의 주제는 글을 쓰기 위한 매개물에 지나지 않는다. 이러한 즉흥성은 적극적이라기보다 수동적으로 보일지 모른다. 하지만 이후에 카네티는 오로지 감수성에만 의존해 생각나는 대로 쓴 기록이 '아무것도 의도하지 않는 수동적 태도' 덕분에 오히려 뭔가 전달할 만한 내용을 갖추었다고 말했다. 어쩌면 이 비망록 선집의 발행을 정당화하기 위한 언사였는지도 모른다. 글쓴이 자신뿐 아니라 "타인에게도 가치 있다"고 그가 주장한 이 내용들은, 그가 기록한 수많은 비망록 중에서 골라낸 것이다. 하지만 카네티는 헤아릴 수 없이 많은 기록들 중에서 쓸모 있는 내용을 선별하는 데 아무런 수고도 들이지 않았다고 덧붙였다. 아무런 규칙도 없이 쓰인 글의 모음이기 때문에, 독자들은 이 비망록 선집이 어수선한 사고의 난편이 모인 것처럼 보인다고 생각할지도 모른다. 그러나 이는 틀린 추측이다. 이 책에 실린 발상들은 각각 독자적일 뿐 아니라 각 테마는 서로 명확히 구분된다. 각 발상들의 공통점이라고는 오로지 그것의 유래, 즉 한 사람의 작가에게서 나왔다는 사실뿐이다. 각 항목에는 그것이 작성된 연도가 기록되어 있지만, 이 숫자 역시 특별한 의미를 지니지 않는다. 해당 연도에 독자가 체험한 바를 작가의 경험과 비교할 수 있도록 삽입한 작가의 배려일 뿐이다.

1962년에 출간된 카네티의 첫 비망록 선집에는 그가 비망록을 처음 작성하기 시작한 첫 일곱 해, 즉 1942~1948년의 기록으로부터 선별된 내용이 담겨 있다. 1972년에는 그보다 훨씬 광범위한 두 번째 선집이 나왔는데, 이 책에는 첫 번째 선집의 내용도 포함된다. 그 밖에 1973년부터 1985년까지의 기록은 《시계의 비밀 심장Das Geheimherz der Uhr, 1987》이라는 제목으로 1987년에 출판되었다. 한편 《비상飛上의 고뇌Die Fliegenpein, 1992》는 시간적 순서와 상관없이 엮인 최초의 비망록 선집이다. 여기에 담긴 글들은 아홉 개의 장으로 나뉘어 있으며, 소수의 다소 긴 문단(예컨대 이삭 바벨Isaak Babel이나 소포클레스Sophocles에 관한)들을 제외하면 각 단락은 눈에 띄게 짧게 쓰였다. 1992년에 발행된 이 얇은 책에는 이전에 나온 선집들의 분위기가 희미하게만 남아 있을 뿐이었다. 이전에 나온 선집들에는 특정한 테마를 집중해서 이해하려 하는 습관적 훈련으로부터 벗어나려는 노력이 깃들어 있었다. 그가 남긴 마지막 저서 《햄스테드 선집》은 형식의 측면에서 볼 때 특히 흥미롭다. 마침내 《군중과 권력》을 집필하던 기간에 쓴 비망록의 형식, 즉 그가 최초에 시도한 비망록 작성 형태로 되돌아가고 있기 때문이다. 드디어 원점으로 돌아간 것이다.

비망록의 형식 변화는 1960년 《군중과 권력》의 발간과 더불어 최초로 이루어졌음이 틀림없다. 이때가 바로, 애초에 다시 읽어서는 안 될 글로 규정했던 비망록에서 첫 번째 선집에 수록할 글을 선별하던 시기였다. 그는 이때 비망록들을 다시 읽고, 선별하고, 구성하고, 아마도 수정까지 가하는 작업을 했을 가능성이 크다. 첫 번째 선집의 발행 이후 이루어진 모든 기록에는 이전과는 다른 규율이 적용되었다. 카네티의 비망록은 시간이 흐를수록 고전적 도덕론에 가까워져 갔다. 그의 글에 도덕론적 금언, 일화, 성찰들이 담긴 것이다. 그렇다고 해서 비망록이 문학작품을 대체하거나 주요 문학작품에 대한 보충의 의미를 지니지는 않았다. 카네티의 일상에 관해 일기 형식으로 쓰인 것은 더더욱 아니었다. 그보다는 사유의 과정으로부터 나온 고립된 결정체였으며, 다른 무엇도 아닌 그 자체를 위해 존재하는 글이었다. 이와 가장 유사한 기록물로는 주베르Joseph Joubert의 비망록을 들 수 있다. 이 역시 예기치 못했던 순간에 즉흥적으로 떠오르는 생각들이 담긴 저장소이자 결정체였다.

고전적인 금언문학 분야는 분명 고독한 사유의 세계임에 틀림없다. 그러나 그중에서 가장 고독한 성찰의 영역에조차 나름의 사교적인 공간이 존재했다. 고독한 성찰에도 타인과의 담화를 가능하게 만드는 사안이 내포되어 있기 때문이다. 혹은 성찰 자체가 사실은 사교적 특성을 지니고 있는 것일 수도 있다. 카네티의 비망록도 성찰의 형태를 띤다는 점에서 외관상 금언문학과 유사한 특성을 지닌다. 하지만 이 두 가지를 비교하는 데에는 다소 무리가 있다. 카네티의 비망록은 불특정한 대상이라든가 고작해야 상상 속의 정신적 교류를 다루는 데 그쳤기 때문이다. 혹은 그러한 대상조차도 염두에 두지 않을 때도 있었는데, 그의 비망록에는 애초부터 사교적인 요소가 결여되었기 때문이다. 다시 말해 여기에는 오로지 타인과 '교류'하는 공간에서만 살아나는 고유의 '정신esprit'이 빠져 있었다. 그러한 점에서 볼 때 카네티의 비망록은 고전적인 도덕론보다는 여전히 개인적인 일기문에 가까웠다.

결국 이것은 이해하기에 따라 매우 다양한 어조로 들리는 독백이라고 정의내릴 수 있다. 이러한 다음성多音聲은 매우 모호한 개념이다. 우연히 주어진 테마 하나가 얼마나 다양하게 변신할 수 있느냐와 관련된 문제이기 때문이다. 섣불리 일기라고 단정 짓기에도 무리인 것이, 카네티의 비망록에는 개인의 사건이 완전히 배제되어 있었다. 일기라면 개인적 사건에 대한 보고가 기본이 되고 또 지속적으로 등장해야 했다. 카네티 본인도 일기와 비망록에 관해 다음과 같이 고찰했다. "일기의 기능은 바로, 한 개인의 지속적인 삶의 역사를 보여주는 것이다. 대부분의 경우에 일기에는 글쓴이와 친밀한 특정 주인공들이 지배적으로 등장한다. 요약하자면 일기에는 실제 사건이나 인물에 대한 '보고'가 주를 이루는데, 이러한 '보고서'는 들쑥날쑥하지 않고 처음부터 끝까지 일정한 문체를 지니고 있어야 한다. 이에 반해 비망록을 좌우하는 것은 '모순과 돌발성'이다. 비망록에는 사전 예측이나 기대란 것이 아예 존재하지 않는다. 완성되거나 다듬어져서도 안 된다. 무엇보다도 중요한 것은 각각의 항목들 사이에 존재하는 '균열'이다. 말하자면 비망록에 실린 각각의 항목들은 일관성을 지니기보다 각기 독립되어 있다. 각 항목은 글쓴이의 내면에 존재하는, 다양하면서도 이질적인 특성들로부터 탄생하는 것이다. 따라서 이 글들이 지향하는 목적점도 다양하다. 비망록은 이처럼 통합 불가능성을 핵심으로 한다." 즉 이들은 이질성 및 '어디로부터도 유래하지 않았고 어디로도 향하지 않는다는' 점을 특징으로 한다. 그러나 독자가 비망록을 읽는 동안 이 같은 이질적 특성이 사라져버릴 가능성이 있다. 독자는 독서를 통해 작가와의 일관성 있는 의사소통이 지속되기를 기대하기 때문이다. 따라서 비망록에 실린 각각의 항목이 다양성을 잃지 않으려면 그 근저에 하나의 토대가 마련되어야 한다. 여기서 토대란 이질적이고 다양한 소재를 다루고자 하는 확고한 결의를 의미한다. 그러한 결의는 비망록에서 지대한 의미를 갖는다. 고전적인 일기에서 '솔직함'과 '지속성'이 핵심이 되어야 하는 것과 마찬가지이다. 카네티는 다양한 면모를 갖춘 듯 보이는 인생이 "실상 단일성을 지니며" 그 단일성은 보통 감추어져 있는 것이라고 주장했다. 하지만 단일성이 가장 큰 영향력을 발휘하려면 그것이 "의도적으로 감추어져야만" 가능하다고도 말했다. 은폐하고자 하는 의도는 자신을 드리내 보이고 모든 깃을 말하고자 하는 의도를 대신하며, 그럼으로써 이 글은 '일기'가 아닌 '비망록'이 될 수 있었다.

《햄스테드 선집》이 출판된 이래로 독자들은 카네티가 1960년 이래로 쓴 비망록을 두 가지 형식으로 나누어 비교할 수 있게 되었다. 뿐만 아니라 그 속에서 글쓴이가 보여주는 다양한 면모들 사이에 어떤 균열이 존재하는지 어림할 수도 있었다. 《햄스테드 선집》은 특히 매우 개인적일뿐더러, 때로는 친근함도 엿보이며 이전의 비망록들보다 일기문에 가까운 형태를 취하고 있다. 특히 여기에는 카네티가 《군중과 권력》으로부터 자신을 분리하는 데서 오는 충격이 명료하게 드러나 있다. 이전의 선집에서는 거의 감지할 수 없던 것이었다. 예컨대 이는 다음과 같은 문장에서 잘 나타난다. "내 저서에 아무런 불만이 없는데도 불구하고 그로부터 멀어지는 일. 사람들은 자신이 무엇을 읽는지도 모른 채 이 책을 읽는다. 책 속에서는 냉기가 흘러나온다. 마치 기울어버린 태양이 뿜어내는 것 같은 차가운 냉기가.” 이 마지막 문구를 통해 우리는 카네티가 얼마나 고뇌해야 했는지 어렴풋하게나마 짐작할 수 있다. 자신의 자부심에 얼마나 깊은 상처를 입었는지를 엘리아스 카네티가 사람들에게 인식시킨 것은 세월이 한참이나 흐르고 나서였다. 그만큼 그는 확고한 의지를 지닌 채 모든 정력을 이 책의 집필에 쏟아 부었던 것이다. 일기문에 관한, ‘잔인한 파트너와의 대화’라는 제목의 평론에서 카네티는 자신이 쓴 비망록의 특성에 대해 다시 한 번 반복했는데, 여기에는 새로운 강조점이 등장한다. 무엇보다도 그는 ‘숨’이라는 모티브를 한 단계 발전시켰다. 수년을 하루같이 매달려야 했던 것은 물론이고 작업이 진전되지 않을 때는 금방이라도 숨이 멎을 것만 같은 대작의 집필 기간 동안, 비망록은 어깨를 짓누르는 부담으로부터 유일하게 숨을 가다듬게 해주는 존재였던 것이다. 비망록에는 절망에 빠지고 지체되었을 때의 느낌, 세상사로부터 차단되었다는 느낌이 고스란히 담겨 있다. 그럴 때면 카네티는 별안간 다른 모든 것을 제쳐 놓고 몰두하던 대작보다도 비망록이 인간적으로 훨씬 더 중요한 것처럼 여겨지곤 했다.

바로 이 순간 착상은 곧 해방구로 변신했다. “스스로가 오직 한 가지 목표에 얽매인 노예로만 보일 때 도움이 되는 것은 단 한 가지뿐이다. 자신의 다재다능함을 바탕으로 그저 머릿속에 떠오르는 것을 여과 없이 기록해 나아가는 것이다.” 1942~1972년까지의 기록 선집, 즉《군중과 권력》발간 이후까지를 포괄하는 선집에 쓴 머리말에서 카네티는, '주어진 임무를 돌파'하고 나자 자신의 비망록이 '탈출구의 기능'을 잃었다고 강조했다. 비망록은 이제 부수적 존재로서가 아닌, 그 나름의 '고유한 지위'를 누리고 있었다. 이전에는 비망록이 전적인 자유를 지녀야 하며, 어떤 일이 있어도 특정 목적으로 쓰여서는 안 된다는 규칙이 존재했으나 이러한 규칙에도 변화가 생겼다. 예전과는 달리 비망록이 책으로 출판될지 모른다는 생각도 굳이 감추지 않았다. 이전에는 그러한 강박관념으로부터 자유로워야 한다는 것이 그의 철칙이었음을 감안하면 이는 커다란 변화이다. 글의 선별도 특정한 기준 없이 이루어질뿐더러 출판되는 깃은 어차피 기록 진체를 통틀어 보잘것없는 빙산의 일각일 터이기 때문이었다. 비망록을 쓰면서부터 독특하면서도 완고한 문학적 양식이 눈에 띄게 발전하기 시작해, 서서히 작품의 중심부를 차지하기 시작했다. 그의 소설 작품 및 '군중과 권력'에 관한 방대한 논문은 비망록보다 훨씬 엄격한 규율 하에 쓰인 것이었으나, 이제 비망록과 비교하면 오히려 그의 무한한 지적 가능성이 억압된 것으로밖에 보이지 않았다. 카네티도 자신의 재능이 통일성보다는 다양성을 통해 더 잘 표출될 수 있다고 믿었다. "많은 사람들이 자신의 인생을 그것에 내포된 정신적 맥락을 통해 이해하려 노력한다. 그리고 이를 성취한 이들은 정신적으로 늙지 않는다."

무엇보다도 카네티는 역사적으로 전해 내려오는, 정신적 활동보다는 단순한 '행위'를 통해 이루어진 업적을 불신했다. 검증이 불가능하기 때문이다. 우리는 이것을 검토하지 않은 채 있는 그대로 받아들인다. 또한 우리 자신조차도 역사적으로 위대한 인물들이 일궈낸 업적의 일부로 간주해버린다. 이에 반해 정신적 창조물, 즉 “문헌으로 남아 있는 위대한 인물들의 작품은 나 자신은 물론 다른 누구라도 검토할 수 있다.” 예컨대 마키아벨리Niccolò Machiavelli의 작품은 단순히 권력에 대해 서술한 책 이상의 의미를 갖는다. 마키아벨리는 글을 통해, 독자가 일반적으로 권력에 대해 품고 있는 적대감을 잠재우는 힘마저 발휘한다. 마키아벨리의 저서에 ‘권력을 향한 갈망’ 이상의 무언가가 표출되고 있다는 사실도 점차적으로 증명된다. 결국 그는 권력에 관한 설명을 통해 아이러니하게도 독자로 하여금 ‘권력’을 잊도록 만드는 정신적 힘을 발휘하는 것이다.

“나는 역사를 증오한다. 그러나 한편으로는 내가 역사만큼 기꺼이 읽고자 하는 것도 없다. 나를 있게 한 모든 것은 역사로부터 비롯되었기 때문이다.” 이는 카네티가 역사를 대하는 자신의 태도를 간추린 바이다. 반면에 신화는 인간을 친근하게 포용하는 동시에 행복을 주는 존재로 특징짓고 있다. 신화는 행복을 준 뒤에, 마치 아무것도 아니었던 것처럼 사람의 머릿속에서 잊힐 수도 있다. 역사에 대한 카네티의 불신은 발레리Paul Valéry의 그것에 비할 만하다. 전혀 상반된 이유에서 비롯되었다는 것이 유일한 차이점일 뿐이다. 발레리가 역사에 반감을 가진 이유는, 근거 없는 의견이 난무하는 와중에 역사적 사건이 불분명해진다는 사실 때문이었다. 역사에 대해 왈가왈부하는 사람들에게 판단을 내맡기는 이들은 틀림없이 역사를 존중하는 마음이 결핍되었을 것이라고 발레리는 생각했다. 반면에 카네티에게는 역사가 문자화되지 않았을 때 증오의 대상이었다. 역사가 문자로 쓰인 '이야기'의 형태를 취할 때에는 역사적 사건이 아닌 문서에만 준거해 평가할 수 있기 때문이다. 특히 카네티에게 이상적인 역사란 신화와도 같이 창작이 가능한 '미래의 역사'가 아니었을까 싶다. 카네티에게뿐 아니라 모든 현대인에게 미래란 시간의 신화적 단면이다. 그러나 언제부턴가 사람들은 역사를 스스로 창조할 수 있다고 믿기 시작했고, 이때부터 역사는 목표의 성공 여부를 평가해 주는 도구로 전락했다. 사람들이 위안 삼을 수 있는 단 하나의 사실은, 그럼에도 불구하고 미래란 예견할 수 없는 것이라는 사실뿐이다.

카네티의 작품은 그야말로 열정적인 독서의 흔적이다. 독서 역시 거대한 경험의 집합체, 즉 책 속에 담긴 다양한 목소리를 체험하는 기회이다. 독자는 책 속에 든 것을 흡수하는 동안 자기도 모르게 낯설고 다양한 목소리들이 담긴 단지로 변신한다. 즉, 책 속의 다양한 경험을 기억하고 자기 것으로 만드는 것이다. 카네티는 이러한 독자를 가리켜, 수없이 많은 목소리들에 혼을 빼앗긴 정신병자와 같다고 묘사했다. 반면, 글 쓰는 행위는 '정신병자의 극단적인 피암시성suggestibility'과 정반대되는 상태, 다시 말해 내면의 목소리들이 명령하는 대로 행동하는 것과는 반대되는 행위라고 표현했다. 독서하는 동안 사람은 무의식중에 그처럼 수동적으로 내면의 목소리에 감응하게 되나, 작문 시에는 그와 반대로 독립성을 유지할 수 있다. 그렇다고 작문이 독서로부터의 즉각 해방을 의미하는 것은 아니다. 다만 이 과정을 거치는 동안 작문은 처음과는 전혀 다른 새로운 종류의 작문 행위로 발전해 나아가며 점차 해방을 맞고, 수동적인 독서 행위에도 대항하게 되는 것이다. 작문 활동을 거치는 동안 사람은 내부에서 우글대는 수많은 목소리들을 극복하고 그것들을 하나둘 줄여나가거나 자신에 맞게 변형시킬 수도 있다. 글 쓰는 행위는 독서에서 얻는 체험을 극복해 나가려는 노력과도 같다. 독서를 통해 읽는 이의 내면에 생성되는, 혼을 사로잡고 경직시켜버리는 목소리들을 하나하나 타파해 나가는 것이다. 독서에만 매달리는 자가 내면에서 웅성대는 낯선 목소리에 자신을 내맡기고 이 과정에서 그릇된 해방을 찾는 데 반해, 작문은 이 목소리를 극복하고 제압함을 의미한다.

11
옥스퍼드 학자들마저 '베를린 시민'으로 만들다
이사야 벌린
Isaiah Berlin
1909.6.6-1997.11.5

역사에는 대본이 없다

　풍부한 지식을 습득하고 수용해 자기 것으로 소화하는 활동은 우리 시대를 특징짓는 요소들 중 하나이다. 그럼에도 20세기 유럽의 지식인 문화에는 여전히 완전히 정복되지 않은 미지의 영역이 존재한다. 오늘날에는 지적 혁신을 다루는 데 있어 알렉산드리아니즘Alexandrinism(학문을 영역에 따라 세분화하는 경향을 지칭_역주)의 학문 경향이 엿보이는데, 이것은 애초부터 학자들을 언어 형식에 얽매이게 만듦으로써 지적 혁신을 저해한다. 아카데미 연구의 특징인 '세분화하기'로부터 독립된 영향력을 행사할 수 있는 분야는 소수에 불과할 것이다. 그나마 그 소수가 일으키는 혁신적 움직임도 기존의 학문 궤도 속으로 침투함과 동시에 그 독자성을 잃어버리게 마련이다. 이처럼 혁신적이며 섬세하고 남다른 통찰력이 보수적인 학문적 운영 체계 속에서 유실될 위험은 항상 존재한다. 하지만 오늘날 대부분의 학자들은 현실에 안주하는 편을 택할 뿐, 자기만의 독특함을 잃을 위험을 기피하려 노력하지 않는다.

　지성의 역사를 파고들어가다 보면 오랫동안 모습을 감추고 있던, 잘 알려지지 않은 인물들을 발견할 수 있다. 이들은 자신의 이론을 학문적 논의에 올림으로써 학계와 타협하는 일을 거부했다. 불가피한 타협을 통해 그 경직된 형식에 흡수되어버릴 위험을 기피한 것이다. 말하자면 이는 최후에 자기만의 독특한 업적을 보이고자 한 의지의 발로였다. 반면에 드문 경우이긴 하지만, 자신의 연구 업적이 유행이나 추세와는 동떨어져 있는 것을 알면서도 결단성 있게 그것을 대중 앞에 내놓은 인물들도 존재한다. 그 대표적인 인물로 이사야 벌린Isaiah Berlin을 들 수 있다. 옥스퍼드의 정치학자인 그는 영·미권 학계에서 지대한 영향력을 행사하며, 이른바 '독립적인 지성'으로 불린다. 그 밖에도 유럽 지성의 역사에서 다방면에 통달한 지식인, 명민한 소실가이자 만담꾼 등 그를 시징하는 수식어는 헤아릴 수 없이 많다. 게다가 고무적이고 지칠 줄 모르는 대화 상대로서의 명성은 아마도 이제껏 출판된 그의 저작들을 능가할 것이다. 그의 고결한 지성은 종종 벌린 자신이 즐겨 묘사하던 알렉산더 헤르첸Alexander Herzen의 인물상과 비교된다. 알렉산더 헤르첸은 19세기의 정치적 행동주의자로, 벌린에 따르면 한 번 토론을 시작하면 결코 제어할 수 없는 탁월한 달변가였다. 그는 모스크바의 살롱에서 러시아어와 프랑스어로 동료들과 대화를 나누곤 했는데, 끊임없이 흘러나오는 그의 발상들 덕분에 대화는 잠시도 끊기는 일이 없었다고 한다. "후세의 관점에서 볼 때 그의 사망은 헤아릴 수 없이 큰 손실이었음이 틀림없다."라는 말로 벌린은 아쉬움을 표현했다.

대화에 시간과 정력을 쏟는 일은 당시의 살롱문화에서 당연한 것으로 받아들여졌다. 담화는 학술토론에서 흔히 볼 수 있는 논증이나 논리적 의견의 개진보다도 우위에 있다. 번득이는 지적 현재성과 기지機智, 찰나성이 주는 자극적 측면 등은 담화만이 갖는 매력이다. 그럼에도 학문의 세계에서 담화의 기회는 논리적 토론회에 밀려 예외적으로만 열릴 뿐이다. 급진적인 회의주의자들의 영역이라든가, 혹은 확고히 자리 잡혀 있던 기존의 이론적 확신이 붕괴하는 순간이 그 예외적인 경우이다. 이사야 벌린은 후에 명성을 날리는 철학자이자 옥스퍼드 언어분석학파의 수장이었던 존 L. 오스틴John Langshaw Austin에 관한 평론을 통해 이러한 상황을 묘사했다. 후세에 지대한 영향력을 발휘하는 오스틴의 후기 저서들은 문자화하기 어려운 미묘한 언어 사용에 관해 철학적으로 고찰하고 있다. 1930년대 중반 오스틴을 둘러싼 논쟁에 관해 벌린이 묘사하는 바를 좇다 보면, 당시 새로 형성되고 있던 옥스퍼드 철학이 얼마나 회의에 찬 폭동과도 같았는지가 분명해진다. 이 폭동은 모든 형태의 정통성과 학술기관에 정면으로 대항하는 것이었다. 그러나 그중에서도 오스틴처럼 완전무결하게 회의적인 제스처를 보였던 인물은 극히 드물었다. 그는 비할 데 없이 파괴적인 통찰력으로 토론을 압도하곤 했다. 이 논의에서 논리적 낙관론의 입장을 대변한 알프레드 J. 에이어Alfred Jules Ayer는 벌린과 완전히 대비되는 토론 스타일을 보여주었다. 그는 오스틴을, 본인은 달리고 싶어 하지 않으면서 남들마저 달리지 못하도록 물어뜯는 그레이하운드greyhound(속도가 무척 빠른 사냥개의 일종_역주)에 비유했다. 매 주마다 열린 이 토론회에 대해 벌린은, 여기에서는 특정한 논점을 고수하는 진영이란 형성되지 않으며, 토론자들은 토론 사안에 대한 자신의 견해를 매주 변경했다고 설명했다. 카프카의 《변신Die Verwandlung, 1915》이 당시에 철학의 예시로서 그토록 애호된 것도 우연은 아니었던 듯하다. 이 작품에서 현실에 대한 감각은 가혹한 시험대에 놓이는데, 이는 옥스퍼드의 토론장에서도 마찬가지였다. 토론자들은 현재 검증된 것을 고수하는 논의에 거침없이 스스로를 내맡겼다. 이 논거들이 어디로 발전해 나아갈지는 부차적인 문제였다.

외부 관찰자에게 그 모습은 마치 매우 어수선한 연극처럼 비쳤을 것이다. 이사야 벌린 스스로도 그것이 사실임을 인정했다. 벌린 스스로도 당시의 옥스퍼드 철학계의 구성원들이 수년간 얼마나 '극도로 자아도취적'이었는지, 얼마나 자부심에 넘치고 광기를 띠었는지 언급한 적이 있었다. 그들에게는 자신이 속한 집단 외에 다른 철학의 세계란 존재하지도 않았으며, '세계에 대한 포괄적인 인식'이라는 철학의 전통적 해석은 이미 이들에게서 멀어지고 없었다. 그러나 이들은 섬세한 '철학적 논증'이라는 도구를 사용해 부단히 새로운 길을 찾아 나서고 있었다. 다만 그 길이 어디를 향하고 있는지는 그들 스스로도 알지 못했다. 이러한 환상의 세계에 매혹되는 일은 더없이 특별한 경험이며, 이를 직접 겪어 보지 못한 이들은 진정한 지식인의 행복이 무엇인지 알지 못한다는 말로 벌린은 자신의 인생에서 가장 인상적이었던 시기에 대한 회상을 끝맺는다. 바로 그러한 시기를 벌린은 추상철학이나 음악예술의 연구에 몰두하며 보냈다. 하지만 그 이후 지속된 지식인으로서의 인생길에서 그가 취한 현세적인 태도는 이전과 극명한 대조를 이루었다.

벌린이 진로를 바꾸기 전과 후의 세계는 전혀 달랐다. 따라서 그 사이에 존재한 균열도 매우 급작스럽고 깊었을 것임에 틀림없다. 이사야 벌린이 초기의 추상철학으로부터 등을 돌리기로 결심한 이유는, 추상철학에 매혹되는 일만으로는 어딘가 불충분하다는 숙려 때문이었다. 추상철학이라는 학문 영역의 주요 연구 사안들은 훗날 인류에 이바지할 긍정적 지식이라고 하기에는 미흡한 데가 있었다. 인생의 막바지에 이르렀을 때 더 실용적이고 풍부한 지식의 소유자가 되어 있고자 하는 소망은 마침내 사상사와 정치 이론사, 역사철학을 비판적으로 다루고자 하는 결심으로 그를 이끌었다. 이러한 맥락에서, 옥스퍼드의 철학 토론에 참석하던 시기에도 그는 이미 마르크스 평전을 집필하는 중이었다. 1939년 출간된 이 책은 오랫동안 그의 유일한 독립 출판물이라는 자리를 지켰다. 벌린의 마르크스 평전에 드러나는 기본 취지는 당대의 옥스퍼드 토론회들의 분위기와도 대체로 맞아떨어졌다. 이들 토론회가 추구한 바와 같이 벌린도 학문적 겉치레를 타파하고자 했으며, 그가 마르크스 교의로부터 받은 인상도 그것과 일치했기 때문이었다. 마르크스주의적 역사 진단이 가진 강압적 특성 및 역사적 '숙명론'에서 나오는 후광을 벌린은 옥스퍼드 회의주의 정신과 조화시키고자 했다.

현실세계와 동떨어진 학문에 거리를 두는 벌린의 특성은 일찍부터 부각되고 있었다. 이는 특히 역사적 위인들의 삶을 조명하는 그의 스타일에서 잘 드러났다. 그는 특정 인물의 삶을 지성의 드라마가 펼쳐지는 역동적인 현장으로 변신시키고자 했다. 그 자체만으로는 명확히 파악하기 힘든 역사적 사건들은 이렇듯 특정 인물의 삶에 이입됨으로써 생동감을 얻는다. 정치의 체험은 이러한 입지에 더욱더 힘을 실어준 듯하다. 정계에 발을 들여놓은 이래로 그는 다양한 정치 인사들을 관찰하고 묘사하는 일을 즐겼다. 특히 전쟁 기간 동안 워싱턴에 있는 영국 대사관에서 근무하면서 윈스턴 처칠Winston Churchill과 정기적으로 교류하게 된다. 이때 처칠에게서 무척이나 깊은 인상을 받은 그는 이후 처칠이라는 인물의 연구에 몰두했는데, 연구의 중심 주제는 1940년의 국제정치에서 처칠이 차지하는 역사적 비중에 관한 것이었다. 이 영국 수상의 비범한 인성을 관찰하고 묘사하며 벌린은 회의론자답게 관점의 '전환법'을 사용했다. 우선 그는 처칠이 영국 민족의 집단적 에너지를 성공적으로 끌어 모았다며 칭송한다. 그러고 나서, 다만 이것은 정치적 '환상'에 동참할 것을 촉구함으로써 이루어졌다는 약점을 지님을 지적한다. 다시 말해 처칠의 행동은 '대영제국의 위대한 과거'와 '몽상적인 미래의 목표'를 선전하며 국민의 감정에 호소하는 것이었다. 다분히 낭만주의적인 서약으로 국민을 동원하는 이런 행위는 바로 전체주의적 체제가 즐겨 사용하는 방식이기도 했다. 하지만 벌린은 마지막에 이르러 또 한 번 관점의 전환을 이끌어낸다. 즉, 처칠의 경우 전체주의 독재자와는 구별되는 능력이 있다는 것이었다. 영국의 자유주의적 정치 기구들이 전체주의에서처럼 장기적으로 손상을 입는 일 없이 국민의 단합을 이루어내는 능력이 바로 그것이었다. 처칠이 지닌 '자유를 향한 자유주의적 관념'은 결국 전체주의와 같은 망상에 대항해 승리하게 되며, 따라서 그 유혹에 뒤따를 인과응보로부터도 자유로울 것이다.

벌린의 글 모음집《퍼스널 임프레션Personal Impressions, 1980》에는 처칠에 대한 인상 외에도 미국 대통령인 프랭클린 루스벨트Franklin D. Roosevelt와 이스라엘의 건국자 챔 바이츠만Chaim Weizmann에게 받은 인상이 묘사되어 있다. 역사적으로 큰 과업을 달성한 인물들에 대한 베를린의 생각을 그의 사고방식이 지닌 특별한 뉘앙스를 통해 파악하려면 바로 이 글 모음집을 참고해야 한다. 이러한 인물들이 달성한 위업은 언제나 강력한 역사적 환상의 산물이면서도, 헛된 망상과는 달리 거창한 미래의 목적에만 초점을 맞추고 있지는 않았다. 이러한 위인들은 편협하게 말로만 미래상을 제시하는 방법에서 탈피했다. 실현 가능성이 없어 보이는 과업조차도 확고한 현실감각의 힘을 빌려 관철시킨 것이다. 벌린의 견해에 따르면, 이들의 위업은 '비관적인 역사적 숙명론을 극복하려는 자유의 힘'을 보여주는 증거였다. 예컨대 챔 바이츠만이 시온의 땅에 대한 약속을 천명했을 때, 이는 단순히 허황된 미래상으로밖에 여겨지지 않았다. 사실 시오니즘도 본래 극단적인 숙명론적 회의로부터 탄생한 것이었다. 그러나 바이츠만은 미래에의 비전을 망상으로만 내버려두지 않고 여기에 인간의 능력에 걸맞은 척도를 제시함으로써, 마침내는 이스라엘 국가 건설이라는 목표를 실현시켰다. 초기에 바이츠만의 극단적 미래상은 현실의 벽에 부딪쳐 부서져 버리거나, 나아가 현실로부터 점점 더 괴리될 위험성도 지니고 있었다. 그러나 처음부터 끝까지 현실성을 잃지 않음으로써 그는 결정적인 순간에 허황된 궤변의 속박에서 벗어날 수 있었다. 바이츠만의 실용적인 정치 및 인간에 대한 침착한 통찰력 덕분이었다.

벌린이 특히 바이츠만에게 관심을 갖게 된 것은 유대 혈통 때문이었던 듯하다. 이사야 벌린은 청년 시절부터 시오니즘의 신봉자로 그것의 역사 및 시오니스트 사상가(예컨대 마르크스의 동시대인이었던 모세스 헤스Moses Hess도 그 중 하나였다)들에 관해 세심히 탐구했던 것이다. 하지만 그럼에도 시오니즘 정책이 유대인에게 촉구하는 바를 거부하고 개인적 결정권을 수호했다. 1919년 리가Riga(라트비아의 수도_역주)를 떠나 런던으로 이주한 부모의 결정을 물려받기라도 하듯, 그도 이스라엘로 이주하지 않고 그대로 영국에 남은 것이다. 2차 세계대전 중 영국의 정책이 챔 바이츠만의 결정과 충돌을 빚었을 때에도 벌린의 소신에는 변함이 없었다. 벌린이 종사하던 외교 분야에도 이중적 충성심에 대한 논란이 일었지만, 영국 자유주의에 대한 그의 열정에는 한 치의 의혹도 끼어들 틈이 없었다.

비판에 둘러싸여서도 꿋꿋이 의지를 관철하는 일, 특히 추상적이고 허황된 유일무이의 해결책을 약속하는 궤변론자들에게 속지 않는 일은 이사야 벌린의 사상사 논문에서 핵심적인 주제였다. 그의 논문들은 하나같이 극적이고 전기적인 서술 형식을 취하고 있었으며 암시적인 힘을 지니고 있었다. 따라서 논문들마저도 특정 동시대인에 대한 인상을 묘사한 평론과 마찬가지로 인물과의 대면에 근거하고 있는 듯 보였다. 이 저작들이 지닌 독특한 묘사 형식은 물론, 작가 자신을 묘사되는 대상에 이입시킴으로써 주인공이 당면한 문제들을 극적으로 강조하려는 시도는 벌린만의 전매특허라고 할 수 있었다. 이러한 통찰력을 그는 그토록 인상적이고 강렬한 방식으로 다룰 줄 알았다. 뿐만 아니라 글의 무게중심이 지나치게 한쪽으로만 쏠리지 않도록 균형을 유지하는 기술 역시 터득하고 있었는데, 적절한 거리두기는 해당 인물의 현실관이 어느 선에서 한계에 부딪치는지 알 수 있게 해주었다. 즉 벌린은 단순히 추상적인 사상체계나 세계관을 묘사하고자 한 것이 아니라 과거의 사상가가 세계를 보는 관점, 그리고 그의 사상과 현실 사이에 자리한 긴장감을 보여주려 했던 것이었다. 마키아벨리나 비코Giambattista Vico, 몽테스키외Baron de Montesquieu, 흄David Hume, 하만Johann Georg Hamann 등을 다룰 때에도, 19세기 러시아의 지성인 마르크스나 디스랠리Benjamin Disraeli, 소렐Georges Sorel 등을 대상으로 삼아도 결국 이론적 환상과 현실 사이의 갈등에 관한 새로운 논문의 탄생으로 귀결되긴 마찬가지였다.

1980년 사상사에 관한 그의 글 모음집이 《시대의 조류를 거슬러Against the Current》라는 제목으로 출간되었다. 이 작품은 마키아벨리부터 소렐에 이르기까지의 반反계몽주의적 사상을 책 한 권에 모아 놓았다는 인상을 준다. 모든 종류의 낭만주의적 환상과 감각을 동원함으로써 유럽의 근대를 지배하던 합리주의를 거부하고 있는 듯하다. 이 작품에 등장하는 모든 내용은, 과거의 전통에 싫증난 현대인이 마침내는 비합리주의로 도피하기 위한 도구를 고안해낸 것이라는 의혹마저 증폭시켰다. 그러한 도피 수단의 첫째는 이 책에 등장하는 독일 및 러시아 사상가들이었다. 둘째로, 데이비드 흄의 형이하학적 회의주의가 독일인 후계자인 하만과 야코비Friedrich Heinrich Jacobi에 의해 자의적으로 해석된 것을 들 수 있다. 이 부분은 특히 영국의 대중에게는 매우 놀랄 만한 부분이었을 것이다. 마시박으로 니스랠리를 바르크스와 내걸 구도에 놓았다는 사실을 지적할 수 있다. 칼 하인츠 보러Karl Heinz Bohrer는 이때 벌린을 향한 의혹에 강하게 맞선 인물이었다. 그는 이 저서에 드러나는 것이 이론 및 합리적 분석에 대한 혐오가 아니라고 주장했다. 그보다는 벌린의 여러 가지 미덕이 서로 결합된 결과였다. 벌린은 "서로 모순되는 문제들을 다루는 데 주저하지 않는 명철함을 지녔으며, 그의 숭고하면서도 통찰력 있는 정신은 '개인의 자유와 존엄성이라는 신성불가침의 가치'를 수호하고자 했다."

단정적이고 보편적인 해결책에 반론을 제기하는 것은, 알고 보면 개개인의 행동 영역을 넓히기 위한 변론과도 같다. 인간이 지닌 모든 문제들에는 저마다 수많은 해결 방법이 존재하며, 자신이 선택한 방법을 실천할 줄 아는 의지로부터 인간성이 증명된다. 이

때 중요한 것은 자신이 선택한 길 못지않게 가치 있는 다른 해결책도 존재한다는 사실을 명심하는 일이다. 벌린은 그처럼 다른 방식들에 대한 자각을 잃지 않으면서도, 자신이 택한 방식이 추상적이거나 상대적이라는 인상을 줄 정도로 우유부단하게 그것을 이끌어 나가는 일이 없었다. 다양성을 존중하되 확고한 신념으로부터 멀어지는 일이 없다는 점이 벌린의 다원주의가 지닌 특별한 열정을 특징짓는다. 노엘 애넌은 이사야 벌린을 칭송하며 벌린의 다원주의는 '우리가 다원주의적 사회에 살고 있다'는 오늘날의 상투적 표현과는 근본적으로 구별되는 것이라고 언급했다. 현대 사회에서 국가는 모든 소수 공동체의 이익을 보장한다는 임무를 맡지만, 여기에는 '심각한 갈등이 유발되지 않는 경우에 한해서'라는 조건이 붙는다. 벌린은 테크노크라시technocracy(기술 및 지식의 소유가 결정권의 기반이 되는 권력의 형태_역주)적 해결 방식을 불신했다. 여기에는 수많은 개인이나 집단의 차이와 특성과 개별적 이해가 고려되지 않은 채, 모두에게 일괄적으로 적용되는 해결책만이 마련되어 있기 때문이다. 벌린의 다원주의는 행위의 최종적 목표와 고정된 세계관 사이의 피할 수 없는 갈등을 다룬 이론이었다. 그가 마키아벨리를 다원주의의 창시자로 천명해 주위를 놀라게 한 것도 바로 여기에 근거한다. 마키아벨리에 대한 벌린의 그러한 해석은 심지어 마키아벨리 자신이 스스로를 이해하던 방식과도 정면충돌하는 파격적인 것이었다. 마키아벨리는 기독교적 이상과 고대 국가의 미덕은 서로 화합이 불가능하다는 가설을 내세웠는데, 벌린의 견해에 따르면 이 가설은 유일한 지상선至上善이 존재한다는 믿음에 결정적인 타격을 가하는 것이었다. 그러한 관점에서 본다면 마키아벨리의 가설은, 보편성에 반대하고 다원성을 추구한 벌린의 입지와도 맞아떨어지는 것이다. 이와 같은 통찰력을 지녔을 때 사람은 비로소 경험론과 관용과 화합 등 세계를 보는 현실적인 시각을 갖게 된다.

벌린은 유럽 사상사에서 비주류에 속하던 인물들까지도 공평하게 다루었는데, 여기에는 일종의 시詩적인 감상도 작용했다. 이 태도는 특히 그의 사상사 저술에 잘 드러난다. 하지만 그의 목적은 반계몽주의적 · 반근대적 사조의 강화가 아니라, 지배적이고 보편적인 추세에 가려진 존재에 주의를 환기시키는 일이었다. 그중에서도 빅토리아 시대의 영국 수상 벤자민 디스랠리를 칼 마르크스와 성공적으로 대비시킨 것은 매우 주목할 만하다. 두 사람은 현실적으로 서로 극단을 달리는 인물들이었다. 전자가 순수한 몽상가적 기질을 지녔다면 후자에게서는 이론적 에너지가 넘쳐났다. 디스랠리는 귀족적 유대 혈통을 허위로 꾸며낸 뒤, 영국 귀족층으로 하여금 그 혈통이 지닌 허황되고 동양적인 이미지를 진짜인 양 믿게끔 만들었다. 뿐만 아니라, 스스로도 자신의 환상에서 나온 결과물을 절대적으로 신봉했다. 반면에 마르크스는 유대 혈통을 비롯해 자신의 어떤 개인적 요소도 요주의 대상이 되는 것을 엄격히 금했다. 나아가 디스랠리의 역사적 환상 만들기를 가능하게 한 낭만주의적 사고 자체를 허상으로 단정 내린 장본인이기도 했다.

이상에서 보이듯이, 디스랠리와 마르크스는 연관성은커녕 서로 극과 극을 이루는 인물이었다. 그런데도 벌린은 이들을 하나의 영역 내에서 다룬 것이다. 벌린은 역설적이게도 바로 이 극단성을, 당시에 특히 유대인이 경험해야 했던 극적인 자아 정체성 문제에 대한 반응으로 해석했다. 이 시대는 민족적인 소속감이 다른 모든 충성심을 압도하던 민족주의의 시대였다. 민족주의는 끝내 그릇된 방향으로 흘러감으로써 19세기 역사에 오점을 남기기도 했다. 민족주의의 내부에 쌓여 가던 공격적인 에너지를 미처 감지하지 못했던 것이다. 역사와 사회에 대한 사상적 고찰을 통해 이론적 발전을 일구어 내려던, 사상 유례없는 19세기인의 노고에도 그렇게 흠집이 났다. "어떠한 역사서도 읽지 말라. 오로지 전기만을 읽으라. 그것만이 이론 없는 삶이기 때문이다." 허황된 자아 정체성을 발명해낸 디스랠리만이 그러한 시대상을 이토록 극단적인 방식으로 표명할 수 있었다. 그러나 추상적인 공식으로 압축되지 않는 고유의 법칙을 추구한다는 점에서, 즉 정해진 '이론이 없는 삶'을 지향한다는 점에서 특수성은 보편성으로부터 자유로울 수 있을지 모른다. 이러한 의미에서 이사야 벌린도 디스랠리의 견해에 공감할 것이 분명하다. 왜냐하면 체험을 거친 이론으로서 전기는 사상의 투쟁을 전하는 현장이기 때문이다. 19세기 지식인 중에서 이사야 벌린이 가장 선호하는 인물로 알렉산더 헤르첸을 꼽은 것도 괜한 이유에서가 아니었다. 혁신적인 언론인으로서 헤르첸은 공론에 휩쓸리는 무리들이나 특정 주의主義의 광신자들에 대항해, 사물을 보는 개인적 관점에 있어 독립성을 견지했다. 뿐만 아니라 그는 개인의 행복에 관한 낙관론적 믿음 역시 고수할 수 있었다. 그 이유는 그 자신의 표현에 의하면 "역사에는 대본이 없기" 때문이다.

좀 더 허공에 머물지 않겠는가?

1997년 11월, 이사야 벌린이 여든여덟 살로 사망했을 때 그를 회고하던 영국의 주요 일간지들은 적어도 한 가지 점에서 의견의 일치를 보였다. 이 옥스퍼드의 사상가가 20세기 영국 지성의 역사에 있어 단연 돋보이는 인물이라는 점이 바로 그것이었다. 〈타임The Times〉은 한 면을 가득 채운 찬사문을, 이사야 벌린은 "이 나라 지식인의 역사에서 가장 영향력 있는, 그리고 그중에서도 독창적인 인물들 중 한 사람"이라는 화려한 수식어로 시작했다. 〈가디언The Guardian〉은 그를 전후 가장 명망 있는 영국인 학자이자 뛰어난 강연자, 누구도 뛰어넘을 수 없는 담론의 대가이자 탁월한 평론가라 칭했다. 마지막으로 미국의 주간지 〈뉴스위크Newsweek〉는 서로 비슷하게 들리는 칭송의 문구들을 다음과 같이 하나로 엮었다. "그는 20세기 가장 빛나는 지성인이었음에 틀림없다." 이사야 벌린이 생전에 영미권 국가에서 이미 신화적 인물로 자리 잡고 있었음을 명백히 보여주는 표현들이다.

위인들의 신화가 흔히 그렇듯, 벌린의 명성이 언제 시작되고 어떻게 대중들 사이로 퍼져 나갔는지도 쉽게 알 수 있다. 그가 외교 분야에 종사하던, 종전 직후를 포함한 전쟁 기간 중의 몇 년이 바로 그때였다. 벌린은 이때를 제외하고는 어차피 여론에서 눈에 띄는 역할을 수행하지 않았다. 그보다는 생애의 대부분을 옥스퍼드의 칼리지에서 보낸 학자였다. 학자로서 상아탑의 영역을 초월하는 명성은 대부분의 경우 세인의 주목을 끄는 지식이나 저술을 통해 획득되게 마련인데, 벌린은 그때까지만 해도 여기에도 속하지 않았다. 저술이라고 해봐야 청년 시절에 집필한 칼 마르크스 평전이 전부였던 것이다. 저술가로서의 명성은 전쟁 중에 얻은 명성보다도 훨씬 늦게, 그리고 서서히 이루어졌다. 전후에 계몽주의 사화집詞華集과 비코에 관한 저서, 마지막으로 《사유에 관한 네 가지 고찰Four Essays on Liberty, 1969》을 내놓았고, 이들은 마침내 대학의 담을 넘어 점차 대중에게도 알려졌다. 발간 직후부터 커다란 주목을 받은 경우는 단 한 번 예외적으로 존재했는데, 그의 인물 평론집이 그것이었다. 여기에 실린 글들은 벌써 주요 언론지, 그중에서도 〈뉴욕 리뷰 오브 북스New York Review of Books〉에 실려 전 세계 지식인들이 읽었다.

세상에는 니체나 발터 벤야민과 같이 난해한 사상으로부터 비롯된 명성도 존재한다. 그러나 이 역시 이사야 벌린에게 해당되는 경우는 아니었다. 그가 남긴 반향은 사상가라기보다 문학적 명성에 비유할 만하다. "나는 벌린주의자이다I am a Berliner."(Berliner는 원래 '베를린 시민'을 지칭하나 여기에서는 동일한 철자의 우연성을 빌려 '벌린주의자'라는 의미로 사용됨_역주)라는 문구는 옥스퍼드의 학자들 사이에서 즐겨 사용되던 표현이다. 벌린의 영향력을 간결하면서도 명확히 나타내는 문구이다. 벌린이 관심을 갖던 주제나 인물들이 영어권의 지식인계에서 별로 관심을 끌지 않던 소재들이었음을 생각해 보면, 이렇듯 뒤늦게나마 확산되어 나간 명성은 무척 놀라운 현상이다. 물론 이사야 벌린이 흥미 없는 테마만을 다룬 것은 아니고, 자신과 동일한 세대 및 출신에 속하는 모든 이에게 가장 큰 의미를 지닌 정치가들, 즉 처칠이나 루스벨트, 챔 바이츠만과 같은 인물에 관해 흥미진진한 평론을 쓰기는 했다. 그 밖에도, 영·미인들에게는 잘 알려져 있지 않았던 유명한 작가와 철학자들에 관해서도 탁월한 인물평론을 썼다. 벌린의 논문에 주로 등장한 인물은 러시아 사상가 벨린스키Vissarion Belinsky나 투르게니에프Ivan Turgenev, 알렉산더 헤르첸 등이다. 또한 이사야 벌린은 헤르더Johann Gottfried Herder, 하만, 모세스 헤스 등 별로 알려지지 않았던 독일인 사상가들을 무척이나 열정적인 태도로 영미권에 최초로 소개한 장본인이기도 했다. 그 밖에 비코, 드 마이스트르Joseph Marie de Maistre, 조르쥬 소렐 등 기타 유럽인들도 마찬가지로 벌린이 영국에 소개한 경우이다.

그러나 벌린이 가장 좋아했던 비평 대상은 뭐니 뭐니 해도 알렉산더 헤르첸이었다. 벌린은 특히 관련 논문들을 통해, 영미권뿐 아니라 그 이외의 지역에서도 잊혔던 헤르첸의 명성을 되찾는 데 일조했다. 이 논문들이 그토록 매혹적인 이유는 아마도 저자가 헤르첸의 영혼에 스스로를 이입함으로써 감춰진 자화상을 찾으려 한 의도가 감지되기 때문일 것이다. 유복하면서도 비극적인 삶을 살았던 '서구인'으로서의 헤르첸의 내면에 벌린은 자기 자신을 반영시켰다. 헤르첸은 일찍이 사회주의적 신념 때문에 유럽으로 떠나 이탈리아와 프랑스, 영국에서 일생을 보냈으며, 1848년 파리에서 일어난 혁명(1848년 6월에 파리 노동자들의 봉기로 시작되어 유혈 사태로 번진 혁명_역주)을 체험했고, 결국은 잔인하게 막을 내린 혁명을 목격한 뒤 비로소 혁명적 낙관주의에서 벗어날 수 있었던 인물이었다. 그에게 있어서는 이러한 신념의 변화가 구원과도 같았다. 그는 또 완고한 마르크스 비판가이자, 정치와 관련된 모든 '주의'의 적이기도 했다. 게다가 '진정한 사회주의'가 어떤 것인가를 둘러싼 후손들의 논쟁의 중심에는 언제나 헤르첸이 거론되었다.

이 인물을 내밀하게 파악하기 위해 벌린은 특수한 방식을 사용했다. 바로 사회주의를 둘러싼 역사적 당파 논쟁으로부터 헤르첸을 끌어낸 뒤, 20세기를 체험하는 동시대인으로 변신시킨 것이다. 특히 혁명과도 비교할 만한 현대의 역사적 사건, 즉 20세기 전체주의에 헤르첸을 가상 체험인물로 대입시켰다. 헤르첸 본인도 이미 1848년 혁명 이후의 상황에 관한 저술에서, 유럽에 새로운 종류의 '희생자'가 탄생할 것임을 예고했었다. 그 희생자란 바로 '개인'이다. 말하자면 헤르첸이 예견했던 것은, 1848년 이후 형성된 사회 체제 속에서 사람들이 추상적인 가치들―민족, 계급, 진보, 역사―을 추앙하며, 이 가치들을 위해 '개인'을 희생시키는 현상이었다. 이는 민족과 국가를 내세워 개인의 희생을 강요하던 전체주의와 정확히 일맥상통한다. 그만큼 헤르첸은 선견지명을 지닌 인물이었다. 하지만 그의 예측은 전체주의가 대두하고 난 후에야 주목을 끌게 되었다. 그리고 벌린은 바로 그 점을 정확히 지적해냄으로써 자신이 영웅으로 떠받들던 인물에게 예언자적 지위를 부여하는 데 성공한 주인공이다. 토크빌이나 톨스토이와 교류하기도 했던, 19세기 중반의 위대한 인물들 중 하나인 헤르첸을 다시금 사람들의 의식 속으로 불러온 것은 결코 과소평가할 수 없는 벌린의 업적이었다. 헤르첸뿐 아니라 그가 묘사한 다른 인물들도 모두 마찬가지였다.

이사야 벌린이 독자들에게 선사하고자 한 것은 단순한 지식에 그치지 않았다. 그보다는 인물평론가로서 자신이 인물 묘사에서 사용하던 관점을 독자들에게 확고히 심어 주고자 했다. 이 관점은 벌린이 말한, "하나의 특수한 상황에는 거의 모든 것이 담겨 있다."라는 짧은 문장 안에 명료히 압축되어 있다. 전후 맥락이 분명한 상황에는 자의적인 해석의 여지가 존재하지 않기 때문이다. 따라서 사람들은 특정한 상황들을 통해 모든 일에 결정을 내리는 것이 보통이었다. 벌린이 취하던 방식도 바로 '특정 상황으로의 자기 이입'이었다. 이때 도덕적 위험을 감수하는 일이 불가피할 수도 있다. 각각의 결정에는 특정 목표 및 가치 판단이 관여하는데, 그 때문에 다른 목표와 가치를 외면하는 일이 발생하기 때문이다. 모든 가치를 똑같은 정도로 반영한다거나 심지어 실현시킨다는 것은 불가능하다. 한 가지 가치를 안전한 위치로 옮겨 놓을 때 자동으로 위험에 노출되는 다른 가치가 있게 마련이다. 그야말로 안전과 위험 사이를 넘나드는 도박이라 할 수 있다. 이때 우리가 할 수 있는 일은 단 하나, 가치 판단 시에 포괄적인 시각이라도 견지할 수 있기를 희망하는 것뿐이다. 그러한 시각일 잃지 않을 때, 우리가 하는 모든 일들이 어떤 과정을 거치며 점차 하나의 '삶'을 이루어 나가는지도 볼 수 있게 된다. 인물평론가 벌린은 자신의 인물묘사에서 바로 이러한 철학을 견지했으며, 덕분에 각 인물의 가장 세밀한 부분까지도 포착하는 데 성공했다. 이러한 인식력은 오로지 사실적 자기 이입을 통해서만 가능하다.

예긴대 이사아 벌린이 일렉산더 헤르첸의 화술을 묘사하는 경우를 보자. 외관상으로는 헤르첸이 주인공이지만, 의심할 여지없이 여기에는 벌린의 자기 묘사가 내포되어 있다. 다음의 문장들이 바로 그러한 사례이다. "(헤르첸의) 묘사문들은, 부수적이지만 사소하지 않은 여러 요소들이 하나로 녹아들어 맑고 투명하고 곧게, 넘치는 생명력을 지니고 흐르는 물줄기와 같다. 이것은 곧 하나의 테마를 다양한 문체와 익살스런 표현과 신조어를 통해 변형시킨 것이자, 현실적이거나 가상적인 인용문들이기도 하며, 언어적 발명품이고, 그(헤르첸)의 민족주의적 러시아 친구를 혼란스럽게 만들던 프랑스어식 문체이며, 개인에 대한 신랄한 관찰의 결과물이자, 생기 넘치는 비유적 표현과 빼어난 경구의 폭포수이다. 이 문장들은 독자를 결코 지루하게 만들지 않으며, 독자의 주의가 딴 데로 돌아

가지 않도록 교묘히 조종한다. 이 달변의 언어가 가진 힘은 줄어들
기는커녕 점점 더 증폭될 뿐이다." 묘사 대상인 헤르첸에게 글쓴이
자신이 완전히 이입되어 있다는 사실이 이러한 문장들에도 잘 드
러난다. 실제로 두 인물 사이에는 유사성이 존재한다. 헤르첸의 화
술이 그랬듯이 이사야 벌린의 어휘와 문장 역시 점점 더 대담한 구
성을 이루어 가다가, 그 끝에 이르면 명료한 사상 체계가 홀연히
등장한다. 독자는 오랜 시간 동안 수수께끼와도 같은 작업 과정을
거치는 점묘법 화가를 주시하는 듯한 느낌을 받게 될지도 모른다.
처음에 관찰자는 오로지 임의로 찍은 것 같은 물감자국만을 볼 수
있지만, 어느 순간에 이르면 하나의 선명한 그림이 그 속으로부터
갑자기 떠오르는 것을 보게 된다. 이사야 벌린의, 불안정한 동시에
낭랑한 화술도 이와 유사하게 완성된다. 이처럼 벌린은 자신이 가
장 큰 관심을 가진 인물인 알렉산더 헤르첸과 커다란 공통점을 지
니고 있었다. 언어 사용에서뿐 아니라 사상에서도 두 사람은 유사
성을 보였다.

벌린이 알렉산더 헤르첸과 공유한 또 다른 요소는 바로 담화에
대한 애착이었다. 헤르첸의 동시대인들 및 친구들이 증언하는 담
화에서의 헤르첸의 모습은 그의 어떤 저작에서도 흔적조차 볼 수
없는 새로운 단면이다. 이사야 벌린도 마찬가지였다. 그는 어떤 학
술 강연이나 평론에서보다도 담화에서 훨씬 자유롭고 역동적인 모
습을 보였다. 반면에 벌린의 강연을 듣거나 그가 쓴 평론을 읽는
이들은 벌린이 절제되고 억압된 정신적 긴장 상태에서 이야기를

늘어놓는다는 느낌을 받았다. 그는 헤르첸이 지닌 담론적 재능이 사라진 것은 후세에게 커다란 손실이라고 말하기도 했다. 고갈되지 않는 헤르첸의 열정을 조금이나마 느끼게 해주는 것은 어떤 학설이나 교의도 아니고, 손에 꼽힐 정도로 남아 있는 평론들 및 중요한 서간문, 회고와 관찰, 도덕적 정열, 심리분석, 정치묘사 등이 혼합되어 있는 글 모음이라는 것이 벌린의 주장이었다. 이것이야말로 진정 탁월한 헤르첸의 유산이자, 그의 독특한 문학적 재능을 보여주는 증거라는 것이다. 하지만 벌린이 이를 직접 자기와 연관시킨 것은 아니었다. 설령 그가 헤르첸의 어떤 점을 자신에게 적용하려 했을지라도, 헤르첸의 저작들 중에서 극히 일부분만을 사용했을 것이다. 헤르첸에 관한 글을 쓰며 의도적으로 자신의 모습을 투영시키려 한 것도 아니었다. 그가 쓴 헤르첸 관련 평론에서 벌린의 모습을 찾으려 한 것은 벌린의 지인들이었는데, 그렇게 한 것도 무리는 아니다. 동시대의 러시아인들 중에서 가장 유럽적이었던 헤르첸을 묘사한 모든 표현은, 그 글을 쓴 벌린 자신과도 큰 부분에서 맞아떨어지기 때문이다. 다만 벌린이 지닌 특성 중에서 헤르첸에게는 결여된 것이 있었으니, 이는 바로 '중용'이었다.

이사야 벌린은 자신에 대해 사람들이 늘어놓는 찬사를 믿은 적이 한 번도 없었다. 자신의 작품이 커다란 의미를 지녔다는 남들의 칭송조차 거부할 정도였다. 그는 자신이 그토록 큰 명성을 누린다는 사실에 어린아이처럼 순진한 놀라움을 표시하며 그에 대해 확고한 회의를 표명했다. 너무나 확고한 태도 때문에 사람들은 이 회의에도 동조할 수밖에 없었다. 지식인이 이토록 허영심으로부터 자유로울 수 있다는 사실은 무척이나 보기 드문 일이다. 겸손함이라는 미덕은 그가 실제로 겪은 참된 정신적 체험으로부터 부수적으로 파생된 요소였다. 이사야 벌린 생전의 명성 및 사후 명성은 그가 피력한 특정한 철학적 관념보다도 바로 이러한 인간적 미덕에서 비롯된다. 그 밖에 벌린의 사고체계가 지닌 또 다른 매력으로 그의 화법을 꼽을 수 있다. 벌린을 실제로 알던 이들 역시 사상적 측면보다는 그의 화법과 담론이 지니던 명확하고 강렬한 인상에 더 매료되곤 했다. 그는 대강 짜 맞춰지거나 궤변적 성격을 지닌 모든 것에 반박을 표명했으며, 구체적인 상황이라든가 특정한 삶의 처지에 대입해 보지 않고는 어떤 사상을 막론하고 자신의 글에 적용하는 법이 없었다. 이처럼 명확성을 추구했기 때문에, 아이디어의 세계에서도 특정 '상황'은 가장 중요한 요소였다. 오랜 시간을 두고 그의 작품에 익숙해진 후에야 비로소 독자는 이사야 벌린에 관해 평가를 내릴 수 있게 되는데, 이는 바로 벌린이 헤르첸에 관해 내린 평가와도 일치한다. 격정적이되 숨 가쁘지 않은 열정, 사물의 움직임에 대한 감각, 그리고 이들이 지닌 예측 불가능한 가능성이 바로 그것이다. 알렉산더 헤르첸은 "그의 독특하고 풍부하면서도 유연한 산문에서조차 이것을 드러내기에는 모자랐을 정도로" 고도의 감각을 지니고 있었다고 벌린은 평가했는데, 앞서도 언급했듯이 이것은 벌린 자신에게도 해당되는 이야기였다.

이사야 벌린은 자신만의 독특한 사상을 섬세하면서도 강압적인 방식으로 헤르첸의 사상과 연결시켰다. 사후 명성도 이와 유사한 양상을 띠게 될지에 관해서는 아직 더 두고 봐야 한다. 어쨌든 간에 두 사람이 담론에서 보여주던 비범한 모습을 후세 사람들은 더 이상 볼 수 없다는 점만큼은 일치한다. 그 외에도 유럽의 변방으로부터 유럽의 중심부로 파고들었다는 점, 그리고 망명지에서 비로소 자신의 삶을 완성시킨 '아웃사이더'였다는 것도 같다. 그러나 사교적인 자리에서 발휘하던 훌륭한 재능에도 불구하고 헤르첸이 큰 명성을 누리지 못한 데 비해, 벌린은 자신의 삶을 하나의 예술품으로 완성시킬 수 있었다. 외부인으로서 영국 사회의 중심부로 흘러 들어온 벌린은, 처음에는 단지 이국 출신의 동료를 얻는다는 의미에서 현시 시식인들로부터 받아들여졌을 뿐이었다. 그러나 종국에는 버트란드 러셀이나 서머셋 몸Somerset Maugham, 그레이엄 그린Graham Greene 등을 이어 유럽의 전통적인 양식을 대변하는 인물들 중 마지막 주자였다고 할 수 있을 정도로 이 분야에서 중요한 입지를 차지하게 되었다. 이렇듯 이방인으로서 '영국 지식인'을 대표한다는 그의 명성에는 다소 아이러니한 면이 존재한다.

어쨌든 부인할 수 없는 사실은, 벌린이 영국 자유주의의 현신인 동시에 '냉철함'과 '전통 의식'이 독특하게 결합된 인물이라는 점이다. 그러나 그는 자신의 특성을 대중 앞에 스스로 선전한 적이 단한 번도 없었다. 그럼에도 벌린이 영국 지식인들에게 그토록 강렬한 인상을 줄 수 있었던 이유는, 영국 자유주의의 몰락이 가시화되고 자유주의에 대한 믿음조차 사라져가던 때, 그가 영국 전통이 지닌 미덕을 향해 변함없는 신뢰를 보였기 때문인지도 모른다. 모두가 영국의 결정에 반대하던 1940년대의 "고통스러운 시간"(유럽의 거의 전 지역을 장악한 독일군이 영국 침공을 목전에 두었을 때, 아무런 연합 세력도 없이 진퇴양난에 빠져 있던 영국의 상황을 지칭. 그럼에도 불구하고 처칠은 유명한 취임 연설을 통해 영국 국민에게 항전을 촉구한다_역주)에 처칠이 가졌던 의지 역시 그와 같은 종류의 믿음이었음에 틀림없다. 요컨대 이사야 벌린은 민족주의의 진정한 의미를 증명해보인 것이다. 한 사람의 개인은 그의 존재가 지닌 최후의 한 부분까지도 하나의 민족에 속하기 마련이다. 개개인으로 하여금 자신이 속한 민족을 위해 헌신하게 만드는 근거도 바로 이 점이다. 그러나 이는 민족 자체에 대한 맹목적 헌신이어서는 안 된다. 그보다는 자신이 속한 민족으로부터 어떤 미덕을 이끌어낼 수 있는가가 중점이 되어야 한다. 예컨대 프랑스인들이 상상하는 '정겨운 프랑스la douce France'라든가, 자신들이 부여받은 천혜의 자연에 한 치의 회의조차 보이지 않는 이탈리아인들의 태도가 그런 것이다.

이사야 벌린은 1909년에 러시아 제국의 변방이었던 리가에서 태어났다. 부친인 멘델 벌린Mendel Berlin은 부유한 목재 상인이었다. 이사야의 부모가 이미 유대교의 속박으로부터 완전히 벗어난 데 반해 조부모 세대는 아직 신실한 유대교도였다. 이사야 벌린은 유년기에 이미 상트 페테르스부르크Saint Petersburg에서 차르Tsar 제국의 종말을 체험하게 되는데(1917년 2월과 10월 두 차례에 걸쳐 일어난 러시아 혁명으로 공산주의 정권이 들어선 사건_역주), 이때 그는 아직 어린 나이에도 불구하고 명민한 지각력으로 모든 상황을 받아들인다. 특히 10월 혁명이 일어나고 가족 모두가 상트 페테르스부르크로 이사하던 해의 일은 후일까지도 이사야 벌린의 기억에 또렷이 남아 있었다. 아버지는 혁명 이후 점점 가족에게 불리한 쪽으로 사회적 정세가 바뀌자 1921년 마침내 가족들을 데리고 영국 이주 길에 올랐다. 그의 아들은 이렇게 영국의 교육 체제에 편입함으로써 훗날 영국 사회에 지도적인 역할까지 수행하게 된다. 벌린은 옥스퍼드에서 고전어학과 철학을 전공한 뒤 1932년에는 올 소울스 칼리지All Souls College의 연구원 자격을 획득하고, 연이어 1938년에는 뉴 칼리지New College에 영입되었다. 벌린은 훗날 분석철학파를 탄생시킨 당대 옥스퍼드의 지적 환경에 깊이 빠져들어 있었다. 이 사실을 그는 나중에 쓴 존 L. 오스틴에 관한 인물평론에서도 스스로 밝히고 있다. 오스틴은 옥스퍼드 철학자들 중에서도 가장 냉정하고 영국적이었던 인물로, 훌륭한 젊은 학자들을 자신의 주위로 끌어들여 교류했다. 벌린은 1939년까지만 해도 알프레드 J. 에이어와 더불어 그 엄선된 학자들 중 한 사람이었다. 에이어 역시 훗날까지 커다란 영향력을 발휘하게 되는 영국인 철학자이다.

벌린을 명망 있는 인물로 만드는 데 일조한 담론 재능도 바로 이러한 학구적 환경 속에서 양성되었다. 번득이는 지적 능력, 넘치는 기지, 그리고 즉흥성의 마술은 이때 길러진 재능이었다. 이러한 특성을 내세우는 학자들과 합리주의 철학의 논리적 토론 스타일을 지닌 학자들 사이에 조성된 팽팽한 긴장감은 주목할 만했다. 그러나 벌린은 이 토론에 참가해 눈에 띄는 역할을 담당하는 대신에, 거기에서 분출되는 긴장도를 예리하게 관찰하고 효과적으로 묘사했다. 이때 그가 사용한 방식은 즉흥적인 착상들이 갖는 섬세함을 이성적 논쟁이 갖는 엄격함과 대비시키는 것이었다. 그럼으로써 그는 서로 상반된 두 가지 학문 스타일을 글을 통해 서로 연계시킬 수 있었다. 특히 1930년대 중반 오스틴을 중심으로 열린 학자들의 토론을 묘사한 글들에는, 당시에 근본부터 새로 형성되고 있던 옥스퍼드 철학이 얼마나 커다란 혁신이었는가를 실감하게 해준다. 이는 전통적 학술기관 및 모든 종류의 정통성에 반하는 것이었다.

그중에서도 오스틴은 다른 누구와도 비교할 수 없는 혁신적 간파력으로 무장한 채 토론을 주도했다. 논리적 낙관주의를 영국의 토론장에 도입한 알프레드 J. 에이어는 그의 토론 스타일을 두고, 스스로 달릴 마음은 없으면서 다른 개들마저 달리지 못하도록 물어뜯는 그레이하운드와 같다고 비아냥거렸다. 매 주마다 열린 이 토론회에서는 어떤 논쟁 진영도 고정적으로 형성되지 않았으며, 토론자들은 토론 사안에 대한 자신의 견해를 매주 변경할 수도 있었다. 이 토론에서 현실 감각은 가혹한 시험대에 놓인다. 토론자들은 당면한 시점에 옳은 것으로 검증된 논거를 거침없이 지지했다. 이 논거들이 어디로 발전해 나아갈지는 부차적인 문제였다. 이사야 벌린이 이 토론에서 어떤 역할을 담당했는지에 대해서는 자세히 알려진 바가 없기 때문에 오로지 추측만이 가능하다. 다만 참고할 만한 사실은, 이 무렵 그에게서는 전통적 옥스퍼드학파의 합리주의 논쟁 스타일을 띠는 일련의 철학 논문들이 탄생했다는 사실이다. 훗날 그의 평론을 특징짓는 자유로운 특성들이 이때는 아직 분명히 드러나지 않은 것이다. 특히 묘사에 있어서의 율동감 및 인간적인 온정이 드러나는 문체가 결여되어 있다. 이러한 요소는 학술 논문을 벗어나 특정 인물들 및 그들의 사상을 묘사한 평론에 이르러야 비로소 빛을 발한다.

벌린이 이 혁신적 조류로부터 이탈할 것을 결심한 일은 당시 그가 마음 한구석에 느끼고 있던 불편함에서 비롯된 결과였다. 이는 이 무렵에 나온 그의 철학 논문을 보면 쉽게 감지된다. 벌린은 훗날에 가서야 당시 옥스퍼드의 철학자들이 얼마나 '극도로 자아도취적'이었는지, 얼마나 자부심에 넘치고 광기를 띠었는지를 언급했다. 그들에게는 전통적 철학은 물론, 자신이 속한 집단 외에 다른 철학의 세계란 존재하지도 않았다. 물론 이러한 점이 이 사조의 매력이었음은 벌린도 수긍했다. 학자들은 자기 자신 및 자신의 견해 외에는 그 무엇도 신뢰하지 않았고, 오로지 주관에만 자신을 내맡기고 있었다. 철학의 가상세계라는 이 독특한 경험을 해보지 못한 이들은 지식인의 행복이 무엇인지도 알지 못한다고 벌린은 당시를 회상했다. 하지만 전적으로 추상철학적인 문제들에 몰두하던 시대를 보내고 난 뒤, 벌린은 마침내 추상철학의 세계와 결별하고 보다 현실적인 특정 인물과 이념의 숙명 연구에 몰입하기 시작했다. 그는 이전처럼 열정적으로 이 새로운 화두에 매달렸다.

학자로서의 입지 전환이 얼마나 극적으로 이루어졌는지는 상상을 초월한다. 여전히 오스틴이 이끌던 토론회에 참여하던 시절에 벌린은 어느 발행인으로부터 마르크스 평전을 써 달라는 제의를 받는데 그는 이전까지 마르크스를 단 한 줄도 읽어 본 일이 없었음에도 제안을 수락했다. 1939년 간행된 이 전기는 그가 사상사에 관심을 갖게끔 다리를 놓아준 존재였다. 그러나 이때만 해도, 훗날의 벌린이라면 지체하지 않고 사용했을 혁신적인 방식보다는 아직 전통적이고 관례적인 마르크스 전기의 경향이 짙게 남아 있었다. 후일의 벌린이었다면 마르크스를 신화적인 인물로 추앙받게끔 만든 당대 지성계의 상황과 분위기부터 탐색했을 터였다. 마르크스는 이사야 벌린 세대의 여러 핵심 지식인들마저 여전히 사로잡고 있었다. 그러나 정작 벌린 자신은 마르크스주의의 유혹에 전염되지 않았는데, 여기에는 그의 가족이 러시아의 혁명적 사건들로부터 받은 인상이 적지 않은 영향을 미쳤음에 틀림없다. 그러니 벌린이 마르크스 평전 집필을 수락했던 것은 이념보다는 인물 자체에 대한 관심에서라고 해야 옳을 것이다. 어쨌든 이 저서를 쓴 이후 벌린의 학문 스타일이 변하기 시작했다. 1930년대 말경에 이르러서는 그가 원래 지녔던 특성에 더해 러시아적 특징과 유대적인 특징이 명료하게 부각되고, 이후 새로운 스타일에의 학문적 적응 단계가 마무리된다.

그에게 옥스퍼드의 담장을 넘어서는 시각의 필요성을 깨우쳐준 것은 특히 당시 국제무대에서 일어나던 정치적 사건들이었다. 그리하여 영국 애국주의자이자 단호한 반나치주의자였던 벌린은 상

아탑을 벗어나 정보부에서 일함으로써 전쟁에 기여하게 된다. 그가 처음 맡은 일은 미국에 파견되어 미국 지식인들에게 참전을 촉구하는 일이었다. 이어서 그는 외무부로부터 워싱턴의 영국 대사관에 근무하며 미국의 정치적 여론을 매주 보고하라는 임무를 받았다. 이 시절 그가 작성한 보고서의 문체는, 누군가의 표현에 의하면 "오토바이를 탄 긴팔원숭이"를 보는 듯 박진감 넘치는 문체를 지니고 있었다. 처칠에 관한 인물평 역시 이 무렵에 탄생했는데, 처칠을 대하는 벌린의 남다른 열정으로 인해 동시대인에 관한 다른 어떤 평론보다도 눈에 띈다. 여기에서 처칠은 강한 결단력을 지닌 동시에 굽힐 줄 모르는 완고한 정치인으로 묘사되고 있다. 그러나 이는 단순한 인물평을 넘어, 글쓴이가 처칠의 정치에 얼마나 큰 공감을 가지고 참여했는지를 보여주고 있기도 하다. 뿐만 아니라 벌린은 처칠의 신화에 흠집을 내려는 모든 이들에게 맞서 처칠을 엄호한 장본인이었다. 1940년 처칠이 등장했을 때 벌린은 이미 그의 강렬한 인상에 사로잡혀 그것을 독특하게 묘사해내는 데 치중했다. 벌린을 매혹시킨 또 한 가지는, 세기를 삼켜버릴 듯 위협을 가해 오던 전체주의의 어떤 유혹에도 처칠이 굴하지 않았다는 사실이었다. 벌린은 처칠이 '대영제국의 위대한 과거'와 '몽상적인 미래의 목표'를 강조하며 영국 민족의 집단적 에너지를 하나로 끌어모으는 데 성공했다고 칭송했다. 그가 위대한 이유는 무엇보다도, 영국 사회의 자유주의적 정치 기구들이 손상되는 일 없이 이를 성취해 냈다는 데 있다고 피력했다. 그가 보기에는 처칠이 지닌 '자유를 향한 자유주의적 관념'이 전체주의라는 망상에 대항해 승리한 것이었다.

다른 두 명의 정치 지도자, 전 미국 대통령 프랭클린 루스벨트와 이스라엘 건국자 챔 바이츠만에 관한 인물평들은 이사야 벌린이 지닌 정치적 관점을 더욱 명확히 알 수 있게 해준다. 역사적 위업은 언제나 역사적 환상으로부터 탄생하기 마련이지만, 이들의 경우 허황된 미래의 환상에만 머물러 있지는 않다는 것이 벌린의 주장이었다. 앞서 처칠의 경우에도 마찬가지였다. 역사적 위인들은 궤변으로부터 탈피해 실현 불가능해 보이는 목표, 심지어는 남들이 이미 불가능하다고 단정 내린 목표조차도 달성할 줄 알고 있었다. 그러나 이들은 극단적인 목적을 추구하느라 현실감각까지 유기해 버리지는 않는다. 그 반대로, 현실에 대한 확실한 직관의 힘만을 빌리는 것이다. 역사적 위업—처칠, 루스벨트, 바이츠만의 경우와 같이—은 벌린에게 있어 자유의 현실적 힘을 보여주는 증거이자, 모든 것의 운명은 이미 결정되어 있다고 믿는 침울한 숙명론에 대한 반박이었다. 챔 바이츠만이 시온의 땅에 대한 약속을 천명했을 때도 마찬가지로 숙명론자들은 이를 허황된 환상으로 받아들였다. 사실 시오니즘도 본래 극단적인 숙명론적 회의로부터 탄생한 것이었다. 그러나 바이츠만은 여기에 인간의 능력에 걸맞은 척도를 제시함으로써, 마침내는 이스라엘 국가 건설이라는 목표를 실현시켰다. 여기에는 자유의 희생이라는 대가도 필요 없었다. 초기에 바이츠만의 극단적 미래상은 현실의 벽에 부딪쳐 부서져 버리거나, 나아가 현실로부터 점점 더 괴리될 위험성도 지니고 있었다. 그러나 처음부터 끝까지 현실성을 잃지 않음으로써 그는 결정적인 순간에 허황된 궤변의 속박으로부터도 벗어날 수 있었다. 바이츠만의 실용적인 정치 및 인간에 대한 침착한 통찰력 덕분이었다.

벌린이 외교 분야에 종사하던 몇 년은 지적인 측면에서도 그에게 매우 깊은 흔적을 남긴 시간이었다. 왜냐하면 그의 철학—비록 그 자신은 자신이 철학을 가졌다는 말을 반박했으나—을 특징짓는 활력은 전체주의적 적국과의 대결 및 전쟁 경험을 사상사적 관점으로 수용함으로써 얻어낸 것이었기 때문이다. 특히 여기에는 그가 '소극적 자유negative freedom'라 명명한 요소가 포함된다. 이는 여러 가지 가능성 중에서 하나를 택할 수 있는, 그리고 저해 요소를 거부할 수 있는 기본적인 자유를 의미한다. 사람들은 소극적 자유가 중심이 되는 이사야 벌린의 자유 이상을 '논쟁적 자유주의'라 칭했다. 이는 두말할 것 없이 정확한 표현이다. 벌린의 경우를 제외하고, 20세기에 나온 '자유'의 개념에는 전반적으로 투쟁적 열정이라든가, 자유를 향한 전적인 신뢰가 결핍되어 있었다. 자유는 장난삼아, 혹은 자의적으로 남용될 위험에 처하거나, 그렇지 않으면 희생자를 야기할 것이 분명한 야망의 실현을 위해 악용되는 일이 고작이었다. 벌린의 자유사상은 바로 그러한 경향에 대항하고자 했다. 자유란 선택을 통한 자아실현인 동시에 개개인의 기본적 자유 공간을 확보하기 위한 투쟁적 입지를 관철하는 일임을 벌린은 항상 강조했다. 이러한 자유는 얼핏 '소극적'일 뿐 아니라 속빈 강정처럼 보이기까지 한다. 그러나 이를 과소평가하거나 업신여기거나 억압하는 태도는 양차 세계대전 사이의 시대적 경험에서도 잘 드러나듯이 유럽을 비롯한 전 세계를 거대한 불행으로 몰아갔다. 일찍이 이 점을 간파한 벌린은 기초적인, 자칫 공허해보일 수도 있는 '선택의 자유'를 수호하며 평생을 보내게 된다. 그리하여 그가 '사상사'로 명명하며 마키아벨리에서 톨스토이까지, 하만에서 디스랠리까지, 그리고 흄에서 투르게니에프에 이르기까지의 수많은 인물평을 통해 표현한 것은 결국 자유에 대한 핵심 사상이라는 공통점을 지닌다. 인간을 파악하는 데 명철함을 보였던 이들의 깨우친 삶을, 자유사상을 표명하는 도구로 삼은 것이다. 이처럼 벌린은 자신의 사상을 피력하는 데 정치기구와 같은 사회 기관보다는 개인의 전기를 유용하게 활용했다.

자유에 관한 벌린의 논문들은 처음에는 옥스퍼드 취임 강연 기록물로서 발간되었다가 후에 보충된 것이다. 이들은 매우 점진적으로 세간의 주목을 얻으며 기존의 모든 자유철학에 대항하는 논쟁거리로 자리 잡았다. 기존의 자유철학은 궁극적 목표의 실현을 위해 자유가 희생당하게끔 만들거나, 대의를 위한 '자유의 자발적인 포기'를 내세우며 끝맺기 일쑤었다. 이사야 벌린은 여기에 반박했다. 그리고 철학자들에 의해 경시되는, 물질적인 비교가 불가능한 '여러 대안들 중에서 선택할 자유'를 방어했다. 사람은 주어진 재화나 가치의 틀 내에서만 선택의 기회를 가져서는 안 된다. 그보다는 스스로 선택하고 자율적으로 가치를 정립하며, 그러한 결정의 결과 내에서 스스로를 변화시켜야 한다. 이러한 인생관에는 보잘것없는 확신만으로도 삶의 굴곡을 극복해 나가려는, 그리고 달성 불가능한 허황되고 원대한 목표로부터 스스로를 제어하는 자세가 내포되어 있다. 개개인의 행동 영역을 넓힐 것을 촉구하는 태도는 또한 특정한 문제를 다룰 때 오로지 하나의 해결책만을 내세우고 다른 대안들을 무시해버리는 독선에 대항하는 의미를 갖는다. 유별난 숙명론적 광신에 사로잡혀 있던 20세기의 이데올로기들은 바로 그러한 천편일률적 해결책만을 내세웠다. 벌린은 지칠 줄 모르고 이들에게 대응했다. 인간이 지닌 모든 문제들에는 저마다 수많은 해결 방법이 존재하며, 자신이 선택한 방법을 실천할 줄 아는 의지는 인간만이 가진 특성이라는 깃이 벌린의 주장이었디. 이때 중요한 것은, 자신이 선택한 것만큼이나 가치 있는 다른 해결책들도 존재함을 잊지 말아야 한다는 점이다. 다른 의견들을 존중하면서도 확고한 신념으로부터 멀어지지 않는다는 점이 바로 벌린의 다원주의가 지닌 특별한 열정이다. 그는 결코 자신이 택한 방식이 어중간하거나 근거가 미약하다는 인상을 줄 정도로 우유부단한 태도를 보이지 않았다. 노엘 애넌은 벌린의 다원주의를 두고, '우리는 다원주의적 사회에 살고 있다'는 오늘날의 상투적 표현과는 근본적으로 구별되는 것이라고 칭송했다. 현대 사회에서 국가는 다원주의를 내세우며, 모든 소수 공동체의 이익을 보장하는 역할을 자청한다. 하지만 여기에는 '심각한 갈등이 발생하지 않는 경우에 한해서'라는 전제조건이 붙는다. 벌린은 그러한 테크노크라시technocracy적

해결 방식을 불신했다. 거기에는 아무런 차이나 특성도 고려되지 않은 채, 모든 개인과 집단의 이해에 똑같이 적용되는 해결책만이 마련되어 있기 때문이었다.

상투적 다원주의가 겉치레를 중시하는 데 반해, 벌린 특유의 다원주의는 인간 행위의 최종적 목표와 전통적인 세계관 사이의 피할 수 없는 갈등을 주의 깊게 다루고 있다. 그가 마키아벨리를 다원주의의 창시자로 천명해 주위를 놀라게 한 것도 바로 여기에 근거한다. 마키아벨리는 기독교적 이상과 고대 국가의 미덕은 서로 화합이 불가능하다는 가설을 내세웠다. 벌린의 평에 따르면, 이 가설은 유일한 최고선이 존재한다는 믿음에 결정적인 타격을 가하는 논리였다. 마키아벨리나 벌린 모두, 모든 개인의 요구를 단일화하는 일이 불가능함을 간파하는 통찰력을 지녔던 것이다. 그러한 통찰력을 지닌 사람은, 경험론과 관용, 화합 등, 사물을 대하는 현실적인 시각도 갖게 된다.

자유와 다원주의에 관한 이사야 벌린의 이론은 근대 자유주의의 창시자인 뱅자맹 콩스탕Benjamin Constant의 그것과도 일맥상통한다. 비록 벌린 자신이 그러한 사실을 직접적으로 천명한 일은 없으나, 자유 개념을 다루는 그의 입지만 보아도 이는 충분히 짐작이 가능하다. 콩스탕은 근대적인 개인의 자유란 역사적으로 존재한 예가 없는 전혀 새로운 가치이며, 고대 그리스 폴리스의 시민이 지녔던 정치적 자유와도 화합될 수 없는 요소임을 천명했다. 콩스탕의 이 위대한 발견은 프랑스 혁명을 주도했던 자코뱅당의 공포정치를 경험한 후에 나온 것이었다. 벤야민 콩스탕은 이러한 공포가 고대의 정치적 자유 개념을 근대적 조건하에 끼워 맞추려는 시도에서 비롯된 귀결이었음을 파악했다. 그리고 끝도 없이 방종한 근대적 개인의 자유를 강조했다. 근대적 개인이란 자신의 욕구 충족만을 추구하는 존재이다. 따라서 근대 사회는 자유의 상충을 조정할 국가를 필요로 한다. 문제는 개인의 자유를 어디까지 제한하느냐인데, 콩스탕은 자의적 침해로부터 어떤 일이 있어도 수호되어야 할 개인 자유의 영역에 관해 언급했다. 이것이 바로 벌린이 말한 '소극적 자유'의 영역이다. 이사야 벌린이 근대인의 '보증할 수 없는' 자유를 다시 꺼내든 배경에는 콩스탕과 마찬가지로 공포스러운 정치적 체험, 즉 20세기의 전체주의 체제regime기 자리 잡고 있었다. 즉 소극적 자유에 대한 이론은 전체주의의 대두에 대한 반응으로 나온 것이다. 이와 같은 사회적 조건에서는 개인의 판단과 자율성에만 의존하는 자유주의로는 충분치 않았다. 전체주의에 대항해 자유를 수호하기 위해서는 여기에 투쟁적 요소가 첨가되어야 했다. 이와 같은 '논쟁적 자유주의'는 원래 실재하는 극단적 사회 갈등으로부터 산출된 것이기 때문에 새로운 갈등을 두려워하지도 않는다.

벌린은 1946년에 있었던 러시아 작가들과의 만남에 관해 쓴 에세이에서 파스테르나크Boris Leonidowitsch Pasternak를 언급한 적이 있다. 파스테르나크는 1935년 파리에서 열린 유럽 반反국수주의 작가 회의에 참가해, 고작 대여섯 문장으로 구성된 짧은 연설을 발표했다. 유럽 전역의 좌파 인사들이 모여 들었던 이 회의에 파스테르나크는 스탈린에 의해 러시아 대표로 파견되었다. 벌린이 에세이에 쓴 것은 바로 이 연설에 관한 내용으로, 이것은 그가 파스테르나크에게서 직접 들은 이야기이기도 하다. 연설의 전문은 다음과 같다. "내가 알고 있는 바로 지금 이 회의는 국수주의에 대항하는 작가들의 모임으로서 조직된 것입니다. 이와 관련해 내가 하고자 하는 이야기는 단 한 가지뿐입니다. 조직하지 마십시오. 조직이란 예술의 죽음일 뿐입니다. 오로지 개인적 독립만이 가치가 있습니다. 1789년, 1848년, 그리고 1917년(이상은 모두 역사적으로 중요한 의미를 갖는 혁명이 일어난 해_역주)에 작가들은 어느 편에 찬동하거나 대항하기 위한 무엇도 조직하지 않았습니다. 부탁하건대 여러분 역시 무엇도 조직하지 마십시오." 이사야 벌린이 자유와 관련해 추구하던 것 역시 이와 같은 종류의 진리였다.

이쯤에서 우리는 벌린이 항상 반복해서 강조하던 바의 의미를 정리할 수 있다. 벌린 선집의 출판이 시작된 이래 해마다 벌린의 평론 선집이 발간되었는데, 벌린은 총 다섯 권의 선집 속에 들어 있는 수많은 평론들이 모두 '특수한 상황'의 산물이라고 말하곤 했다. 당초에 계획된 작업은 아니라는 말이다. 그는 자신이 언젠가 어떤 식으로든 작가가 될 것을 부인하지는 않았지만, 애초부터 나름의 '사상'을 만들어낼 의도가 있던 게 아니냐는 사람들의 추측에는 강력히 부인했다. 어쨌거나 주지할 만한 사실은, 이사야 벌린의 담화와 연설, 평론들에 스며들어 있는 성찰이 놀랄 만큼 단순한 특성을 지녔다는 점이다. 뿐만 아니라 이는 사상가들이 일반적으로 취하는 포괄적이고 형식적인 표현양식을 필요로 하지도 않는다. 벌린의 비결은 바로 자신이 하는 일을 남들과는 다르게, 오로지 자신에게 적합한 방식에 따라 해낸다는 데 있다. 천재가 무엇이냐는 질문에 그는 다음과 같은 니진스키Vaslav Nijinsky(폴란드계 러시아인 발레 무용수이자 안무가_역주)의 일화를 들려주며 화답했는데, 벌린의 사상이 품고 있는 비밀이 바로 그 안에서 드러난다. 누군가가 니진스키에게 그토록 높이 점프해 그토록 오랫동안 허공에 머무를 수 있는 비결에 대해 물었다. 그러자 니진스키는 자신은 거기에 아무런 어려움도 느끼지 않는다고 대답했다. 허공으로 뛰어오르는 대부분의 사람들은 곧바로 제자리로 내려오지만, 사실 그렇게 빨리 되돌아올 이유가 무엇이냐는 것이다. '좀 더 오랫동안 공중에 머무르지 않을 이유가 있는가?' 이사야 벌린도 그와 비슷한 대답을 했을 것이다. '조금 더 많은 자유를 가지면 안 되는 이유가 무엇인가?'

12
'슬픈 열대'의 냉철한 문명인
클로드 레비-스트로스
Claude Lévi-Strauss
1908.11.28-2009.10.30

이국적인 것, 그 헛된 꿈에 대하여

우리는 왜 예술가와 지식인들의 탄생일을 그들의 작가적 재능이나 작품, 인생, 업적 등에 관해 새삼 되돌아볼 기회로 삼는가? 안타깝게도 인류학자들은 아직 이 질문에 대한 답을 찾아내지 못했다. 어쨌거나 일정한 간격을 두고 여러 차례에 걸쳐 이름이 재론되는 영광은 오로지 소수만이 누릴 수 있는 특혜이다. 누구는 그것을 누릴 만큼 빨리 명성을 얻지 못하고, 누구는 그만큼 오래 살지 못한다. 그런 의미에서 클로드 레비-스트로스는 일찌감치 명성을 얻고, 또 장수함으로써 생전에 수차례나 기념일을 맞는 영광을 누릴 수 있었다.

클로드 레비-스트로스가 1968년 60회 생일을 맞아 전 세계로부터 다시 한 번 찬사를 누렸을 때, 그에게는 '구조주의의 아버지'라는 칭호가 붙었다. 그는 일찍이 다른 몇몇 언어학자 및 사회학자들과 더불어 구조주의 방법론 연구에 지대한 공헌을 했다. 그러나 정작 자신의 이론에 대중의 관심이 쏟아지는 것을 직접 보았을 때 레비-스트로스는 사람들이 뭔가 착각하고 있다고 느꼈다. 1968년의 진보적 학생운동은 이렇듯 처음에는 '구조주의'에서 희망을 찾고자 했으나, 레비-스트로스의 생각대로 이는 완전한 오판이었다. 결국 학생들이 착각을 깨닫기까지는 오래 걸리지 않았는데, 소르본의 학생들에게서 나온 "구조는 거리로 내려오지 않는다"는 표현이 이를 여실히 보여준다(1968년의 학생운동을 두고 "거리로 내려온 것은 구조"라고 말한 구조주의자 라캉Jacques Lacan의 표현에 대한 반박으로 나온 것_역주). 결론부터 말하자면 이 보수적인 인류학자에게는 진보적 학생운동에 이론적 뒷받침을 해줄 의도가 전혀 없었던 것이다. 심지어 그는 자신이 롤랑 바르트Roland Barthes나 루이 알튀세르Louis Althusser, 자크 라캉, 그리고 미셸 푸코Michel Foucault와 동등한 계열로 거론된다는 사실조차 불쾌하게 여겼다. 그래서 자신이 마르드의 저작들을 좋아하지 않으며, 알튀세르의 논의점들이 대체 어디에 쓸모가 있는 것인지도 모르겠고, 라캉과는 가끔가다 함께 산책하는 정도로 알고 있는 사이지만 이때에도 학구적인 논의는 삼가는 편임을 몇 번이고 강조했다. 게다가 별 성과는 보지 못했지만 미셸 푸코가 콜레쥬 드 프랑스Collège de France에 초빙되었을 때에는 강력히 반대하기까지 했다.

이 무렵, 혹은 훗날에 철학이라는 이름으로 등장한 모든 것에 대해 그는 이와 다를 것 없는 반감을 표출했다. 자크 데리다Jacques Derrida가 레비-스트로스의《슬픈 열대Tristes Tropiques, 1955》에 대해 상세한 분석문을 썼을 때도 마찬가지였다. 그는 이 해석을 거부하며, 자신은 철학자가 아닐 뿐더러 되고 싶어 한 적도 없다고 딱 잘

라 말했다. 데리다는 그가 직접 거명한 학생이자 그에 대한 찬미자이기도 했는데, 그런 상대에게 스승이 이토록 불쾌한 태도를 취한 전례는 역사상 찾기 어려울 정도였다. 레비-스트로스는 이처럼, 감히 구조주의를 탐내려 드는 무리들 중 누구도 자신의 작품에 함부로 접근하지 못하게 했다. 심지어 별로 눈에 띄지 않는 주석에조차 아무 학자의 이름을 실어 주지 않을 정도로 엄격했다. 예외적인 경우라면 《야생의 사고La pensée sauvage, 1968》 마지막 장에서 사르트르Jean-Paul Sartre의 이름이 등장한 것인데, 이때도 사르트르의 이론을 높이 사서가 아니라 적대감을 느끼는 대상으로 거론한 것뿐이었다. 프랑스에서 한 시대의 마지막을 장식하던 실존주의 역사의식의 신화와 승부를 가리고자 한 것이 그의 의도였다.

레비-스트로스가 70세가 되던 1978년에는 구조주의라는 사조가 내리막길을 걷고 있었다. 아울러 그가 존경하던 지성인의 대열에도 구멍이 뚫리기 시작했다. 학문적으로 같은 길을 걷던 동지들인 에밀 벤베니스트Émile Benveniste, 조르쥬 뒤메질Georges Dumézil, 앙드레 르루아-구랑André Leroi-Gourhan, 그리고 시민적 지식인의 분신으로서 레비-스트로스와 친분을 맺고 있던 레이몽 아롱Raymond Aron 등은 이미 세상을 떠난 뒤였다. 로저 카유아Roger Caillois나 미셸 레리스Michel Leiris처럼 초현실주의 반란의 시대를 공유한 동료들도 마찬가지였다. 여타 동시대인들의 가치를 인정하는 데 그토록 인색했던 레비-스트로스에게 이러한 지인들의 사망은 헤아릴 수 없이 커다란 손실이었다. 이러한 와중에 마르셀 프루스트Marcel

Proust의 소설에 나오는 "인간의 삶이 반드시 특정한 연대기 순에 따르지는 않는다."라는 문구는 그에게 크나큰 위안이 되어주었다. 그는 이 문장을 자신의 저서인《보다 듣다 읽다Regarder écouter lire, 1993》의 첫머리에 삽입해 넣었다.

평론집《보다 듣다 읽다》를 통해 그는 이제껏 고수하던, 유럽 문명에 관련된 내용과 원시사회에 관한 내용이 차지하는 비율을 확 뒤바꾸었다. 네 권으로 구성된《신화학Mythologiques, 1964~1971》에서 유럽 예술에 관한 내용이라고는 고작해야 바그너 및 유럽 음악이라는 소재가 부수적으로 등장할 뿐이다. 그에 반해 후기 작품인《보다 듣다 읽다》에서는 북유럽 인디언의 미술 이론에 잠시 한 눈을 파는 부분을 제외하고는 거의 유럽 예술만을 다루고 있다. 여기에는 프루스트의 소설과 푸생의 작품, 앵그르Dominique Ingres 와 들라크루아Eugène Delacroix의 예술, 라모Jean-Philippe Rameau의 음악, 디드로Denis Diderot의 미학적 관념, 비교적 덜 알려진 샹보르동Chamboredon의 오페라 이론, 바그너, 랭보Arthur Rimbaud 등이 등장한다. 그 밖에도 초현실주의 예술사조에 대한 회상록이 실려 있는데, 이는 그가 1941년 미국으로 향하는 '폴 르메를Campitaine Paul-Lemerle' 호에서 앙드레 브르통André Breton과 나눈 대화에 관해 기록한 것이다.

클로드 레비-스트로스는 유럽 문명에 대한 완강한 거부의 태도로 인류학 연구를 시작했다. 그런 그에게 이 저서가 '유럽으로의 귀향'을 의미하는가? 혹은 오랫동안 남몰래 간직해온 자기 문화에 대한 애정을 마침내 드러내려는 것이었을까? 클로드 레비-스트로스는 자신의 첫 번째 저서를 루소의 《고백론》을 본떠 '어느 인류학자의 고백론'이라 칭했는데,《보다 듣다 읽다》역시 고백론의 맥락에서 이해할 수 있다. 다만 이것은 자기 고백이라기보다 옛 프랑스 문명을 향한 애착의 고백이었다. 이 책에는 마치 프랑스의 옛 문화가 지녔던 고전적인 이상理想이 아직 쇠락하지 않은 것처럼 서술되어 있다. 이미 고루해져버린 고전적 전통을 이토록 열렬히, 그리고 자부심에 넘치는 태도로 높이 평가하는 예술 평론은 폴 발레리 이후 프랑스에서 찾아볼 수 없었다. 발레리와 마찬가지로 그는 예술을 '직업' 즉 수공예로 대하는 태도를 특정한 미학적 원칙과 연계시켰다. 그의 고지식한 미학적 관점은 현대 예술을 높이 평하며 고전적인 요소를 비판하는 이들과 상충한다. 그럼에도 그는 동시대인에게서 평판을 잃는 일 따위는 아무래도 좋다는 듯한 태도를 보인다. 오히려 그들의 무지함을 비웃으며 자신의 혜안을 과시하는 것처럼 보이기까지 한다.

그렇다고 해서 레비-스트로스가 고전 예술가들에게 무조건적인 경외심을 보인 것은 아니다. 그는 고전적인 작가들에 대한 관례적 존경심으로부터도 자유로웠다. 예컨대 다른 이들에게 늘 경탄과 찬미의 대상이었던 고전주의 작가 디드로에 대해서도 레비-스트로스는 거만하고 냉담한 태도를 견지했다. 다음과 같은 그의 논평은 다른 프랑스 평론가들을 경악시킬 정도였다. "디드로는 다른 이들의 발상에 너무도 쉽게 감흥 받는 인물이어서, 남들의 아이디어를 마치 자기 자신이 생각해낸 것인 양 착각하는 경우가 잦았다. 이렇게 무책임한 태도로, 이런 아이디어도 떠올려 내지 못한다며 도리어 다른 작가들을 경멸한다. 그리고 자신이 이전에 떠올렸던 별 볼일 없는 발상들은 원래 다른 작가들에게서 나온 것이라고 책임을 전가해 버리는 것이다. 이러한 행태와 관련된 사례는 오늘날에도 몇몇 작가에게서 찾아볼 수 있다." 마지막 문장에서 여실히 드러나듯이, 레비-스트로스의 존경을 사기에 디드로는 현대 문학가들과 지나치게 유사했던 셈이다. 고전적 가치를 방어하기 위해 그는 현대 예술을 비판하는 일을 서슴지 않았다. 그의 주장에 따르면, 현대 예술은 미학적으로 인정받기 위해 부단히 노력하지만, 이는 예술적으로 이미 실패한 본모습을 감추기 위한 행위일 뿐이나. 나아가 그는 현대 예술은 예술 연대표에 이름을 실어주는 것만으로도 만족해야 한다고 폄하했다. 이 부분에서도 폴 발레리의 영향이 감지된다. 그토록 확고한 경멸의 태도는, 어느 예술이 우월한지 가리는 주사위는 던져졌으므로 불필요한 논쟁은 피해야 한다는 미학적 비타협주의를 상기시킨다.

20세기는 이미 막을 내렸다. 그렇다면 우리가 이 세기의 상징으로 꼽을 만한 가치는 무엇인가? 정작 당대를 산 인물들이 강조하고자 했던 요소라든가, 다른 세기와 구별되는 독특성 등이 20세기의 상징적 요소가 될 가능성은 매우 적다. 가장 먼저 눈에 띄는 것은 이 세기에 이르러 예술적 가치들이 급속히 소모된 추세이다. 20세기인들은 원시적이고 색다른 방식으로 이러한 진가를 구석구석까지 추적하며, 파격적인 예술을 우상처럼 떠받들기도 했다. 자국 혹은 이국의 문화 내에서 보존되어온 문화적 가치들도 이 시기에 거의 고갈되어 버린 듯싶다. 이것이 우리에게 주는 교훈이 있다면, 기존의 평가기준을 깨는 혁신적 가치를 찬미하기보다 시대를 초월한 고지식한 전통을 높이 사야 한다는 것이다.

레비-스트로스가 인류학자로서 활동을 펼치던 초기에 '이국적'인 것이란, 유럽인의 것에 비해 우월함을 지니는 '실질적 반反가치'로 통했다. 그러나 오늘날 이국적인 것은 전혀 다른 의미를 지닌다. 이국 문화의 수용이란 우리 고유의 문화가 지닌 가치를 더욱 풍부하게 해 주는 부가물에 지나지 않는 것이다. 《보다 듣다 읽다》가 레비-스트로스의 이전 작품 《슬픈 열대》에 대한 거부라거나, '자기 문화에 대한 확신'으로 회귀한 증거라는 해석도 마찬가지로 명백한 오판일 뿐이다. 레비-스트로스는 그와 같은 오판을 사전부터 엄격히 거부했다. 냉정할 만큼의 명철함을 지닌 채, 이미 《슬픈 열대》에서 이국적인 것에 대한 환상이 얼마나 부질없는 것인지 꿰뚫어보았기 때문이었다. 그는 이국적인 것을 향한 환상 따위와는 거리가 먼 사람이었다. 그의 책에 대한 사람들의 오판은 현대 문명에 대한 쓸데없는 비판만을 초래할 안이한 해석이다. 그러한 비판은 그렇지 않아도 이미 넘쳐나는 터였다.

중앙 브라질 탐험 보고서 《슬픈 열대》에는 모순적인 체험의 장이 펼쳐진다. 이것은 비현실적으로 느껴지는 동시에 참된 문화 체험이기도 하고, 내용상 무척이나 빈약하기는 하지만 '나와 남이 교차되는 장소'로서의 현지에 대한 끝없는 애정이 담겨 있다. 이 보고서의 최초 독일어판에는 이러한 모순의 장을 여는 문장이 빠져 있다. 목표에 도달하기 위한 첫 출발과 동기와 불가능에 대한 성찰은 완전히 빼버린 채 순수 여행기로서 이 책을 펴내려던 의도 덕분에 편집 과정에서 희생양이 된 것이다. "나는 여행과 탐험을 혐오한다"가 바로 그 문장이다. 매우 모순적으로 들리는 이 짧은 문장은 보고서가 전개되어 가면서 다음과 같이 풀이되고 있다. "폴리네시아Polynesia의 섬들이 콘크리트에 눌려 질식당하고, 남국의 바다로 둘러싸인 섬 하나가 통째로 육중한 비행장으로 변하고, 아시아 전체가 비위생적인 오염 지대의 모습을 띠어 가고, 아프리카에는 판자촌이 번져 나가고, 미주와 멜라네시아의 원시림이 채 파괴되기도 전에 여객기와 전투기가 그 위를 날아다니며 흠집을 내는 오늘날, 우리 자신이 온갖 흉측한 형상으로 세계 곳곳에 실존한다는 진실을 대면하는 것 말고는 여행이 과연 무슨 의미가 있겠는가? 여행이 그 무엇보다 앞서 우리에게 보여주는 것은 불결함뿐이다. 우리는 인류의 모습을 바로 이렇게 더럽혀 놓았다."

이 문장을 통해 그는 근대 초기에 최초로 시작된, '참된' 여행을 향한 열망을 피력하고 있다. 그에게 있어 참된 여행이란 경험이나 정보가 전무한 상태에서의 탐험 여행을 의미했다. 그러나 해외여행이 이미 수백 년의 역사를 지니고 있는 오늘날, 이국적인 장소를 최초로 탐사하고픈 그의 소망도 실현 불가능한 것이었다. 교통수단의 지속적인 발달로 인해 우리는 이미 '해외여행 시대'의 정점에까지 다다라 있다. 1557년 신학도로서 처음 브라질 땅을 밟고, 20년 후에는 새로이 발견된 문명과의 대면에 관해 값진 보고서를 발간하기도 했던 장 드 레리Jean de Léry는, "더 많이 소유하기보다는 더 많이 보라"는 원칙을 충실히 따랐다. 이 문구는 여행자가 갖춰야 할 순수한 의도를 지시하고 있다. 동시에 이 문구에는 여행의 뒤에 필연적으로 따라올 부패에 대한 예견 역시 드러난다. 이러한 모순은 훗날 《슬픈 열대》에서 다시 한 번 강조된다.

인류의 문화가 지닌 풍부함과 다양성이 제대로 진가를 발휘하는 방법은 단 하나뿐이다. 오로지 서로 다른 문화들이 서로 접촉할 때에만 인류의 문화가 빛을 발하는 것이다. 이 원칙은 문화의 유일한 가치 척도인 동시에 모순을 내포하고 있는데, 다양한 문화의 접촉은 서로의 타락을 동반할 수밖에 없다는 사실이 바로 그것이다. 하지만 이러한 모순으로부터는 불행히도 빠져나갈 방도가 없다. "과거에 살았다면 나는 내 앞에 굉장한 연극이 펼쳐지고 있다고 느꼈을 것이다. 나는 그 문화의 어떤 부분도 이해할 수 없었을 것임이 분명하다. 그러나 그보다 더 끔찍한 사실은 내가 이 원시사회를 향해 비난과 경멸 이상의 무엇도 던지지 않았을 것이라는 점이다. 하지만 현대에 살고 있는 나는 오래전 쇠락해 버린 문명의 흔적이나 맥없이 뒤쫓고 있을 뿐이다."

《슬픈 열대》의 저자는 이국적인 것을 소유하고픈 유혹을 물리치기 위해 지성인다운 절제를 필요로 했다. 반면에 오늘날 이국적인 것에 환상을 품고 있는 이는 아무도 없다. 이국적인 것이 사라진지 오래임을 누구나 알고 있기 때문이다. 오십 년이라는 세월은 이국적인 것이란 존재하지 않는다는 사실을 깨닫기에 충분한 시간이었다. 혹은 그것의 변질이라는 대가를 치르고서야 즐길 수 있는 것이 '이국적인 것'이다. 오늘날 우리는 곳곳에서 장 드 레리의 여행 원칙이 왜곡되고 있음을 본다. 순수하게 뭔가를 '보기'도 전에 소유와 변형부터 이루어져 버리는 것이다. 사회적 진보와 더불어 탄생한 콘크리트 건물들은 극빈층이 사는 빈민가로 전락했다. 빈민층이 살고 있다고는 하나, 이것은 인류학자들이 관찰하고자 했던 '덜 문명화된 삶의 모습'이 아니라 문명의 쓰레기 더미이자 자연 파괴가 벌어지는 전투장이라고 하는 편이 옳다. 옛 인류학자들은 '참여적 관찰법'을 고집스럽게 고수하고 그에 따르는 대가도 감당했는데, 오늘날의 인류학자들에게는 이 방식을 사용해볼 여지조차 남아 있지 않다. 체험해볼만 한 것이라고는 고작해야 옛 식민 통치자들이 '원시 종족'이라 경멸했던 이들의 잔여 무리를 찾아가 그들의 기아를 체험하는 정도일 것이다. 혹은 오늘날 '박애적 제국주의'라는 비난을 받는 구호기구들의 활동에 고문으로 참여하는 방법도 대안일지 모른다.

《슬픈 열대》가 지닌 딜레마는 끊임없이 새로운 형태로 드러난다. 그러나 어디에서도 도덕적으로 만족할 만한 해답은 찾을 수 없다. 사회 참여적인 비평가들은 클로드 레비-스트로스의 인류학이 지닌 객관주의, 즉 구조를 보는 냉정한 시선에 비난을 퍼부었다. 그러나 현 시점에서 뒤돌아볼 때 이 객관주의는 이전에 시도된 다른 어떤 방식보다도 지난 세기의 실질적 사건들과 관련된 문제들을 훨씬 더 훌륭히 매듭지었다. 사라져가는 문화들을 향해 경외를 표현하려면 호기심을 배제하고 그들만의 독특한 가치를 평가하는 것 만한 방법이 없다. 혹은 세심한 지적 탐구를 통해 그들의 현존 방식을 분석하는 것도 한 방법이기는 하다. 이때 단 한 가지 조건은, 각양각색의 문화적 표현 양식을 평가하는 보편적 기준이 존재해야 한다는 것이다. 인간이 창조한 모든 것은 보편화된 틀 내에서만 소통이 가능해지기 때문이다. 보편화의 실패 사례로 빅토리아 시대의 신화 편찬자였던 제임스 프레이저James Frazer를 들 수 있는데, 그는 자신이 일생을 바친 연구에 대해 결과적으로는 혐오감만을 토로했다(그는 자신의 연구 결과를 가리켜 "인간의 착각이 빚어낸, 광기와 헛된 노고와 잃어버린 시간과 물거품이 된 희망만을 남긴 비극적 연대기"라고 표현했다). 반면에 레비–스트로스는 적어도 자신이 나름의 평가기준을 세우고 행한 연구가 원시 문화의 진가를 파괴하지는 않았다고 자부할 수 있었다.

구조적 분석과 관련된 보편주의는 트롱프뢰유trompe-l'œil(3차원적인 표현을 통해 착시현상을 일으키는 서양회화의 한 장르_역주)에 대한 애착을 통해《보다 듣다 읽다》의 관찰 방식에도 드러난다. 눈에 보이는 대상의 측면을 넘어선 공共감각적 현상 및 거기에서 느껴지는 예술적 생동감 역시 보편주의와 일맥상통하는 요소이다. 레비–스트로스는 회화와 음악, 시문학이 공통적으로 가진 미학의 원칙을 활용해 '보편성'을 이끌어내고자 했다. 이 '보편성'의 단계에 이르면 예술의 각 장르는 서로를 향해 개방되고 하나로 녹아 들어간다. 신화를 예로 들자면, 하나의 신화가 구조적인 분석을 통해 정제와 변형을 거치며, 마침내 다른 장르의 이야기로 재해석되는 과정을 의미한다. 보편주의에 대한 착상은, 마치 인간의 창조 활동이 단 하나의 '보편적 대상'을 밝혀내는 일에만 몰두하고 있다고 주장하는 듯하다. 연대나 역사적 상황은 이때 고려 사항이 되지 않는다. '보편적 대상'의 내부에서는 감각적인 것이 정신적 법칙과 조화된다. 예컨대 샤르댕Jean Simeon Chardin의 정물화에 그려진 딸기 한 조각에서 느낄 수 있는 감각적이고도 정신적인 조화가 그것이다.

평론집의 마지막 장인 '사물을 보는 시선Regards sur les objets'에서 레비-스트로스는 _의 관찰 방식과 비교아 뗄 수 없는, 북미 인디언의 예술작품 및 예술성에 대한 관점을 적용한다. 이때 레비-스트로스는 인디언과 대비되는 유럽식 발상이 시대에 뒤진 것인가를 둘러싼 끝없는 논쟁에 끼어들지 않고자 한다. 틀린키트Tlinkit 인디언의 미학자들과 조화를 이룸으로써, 예술이란 하나의 자주적인 영역이며 예술작품은 "그것의 창조자가 지닌 의도의 가시적인 측면뿐 아니라 그것을 초월해서도" 독립적인 지위를 가진다는 확신을 더욱 관철하고자 한 것이다. 예술가는 한 예술품을 완성시키는 순간 그것에 대한 지배권을 잃는다. 예술가의 작업이 끝난 후에도 예술작품은 자기 자신의 본성에 따라 지속적으로 발전해 나간다. 달리 표현하자면, 한 예술작품이 지속성을 유지할 수 있는 유일한 비결은 바로 다른 예술작품들의 탄생을 고무시키는 데 있다. 그럼으로써 이 예술은 그 이전 세대의 예술보다 동시대인의 눈에 생동감 넘쳐 보이기 때문이다.

북미 인디언의 신화를 통해 예술작품의 실체를 가르치는 겸허한 태도는 레비-스트로스가 남긴 하나의 업적이다. 니체라는 이름은 레비-스트로스의 저서 전체를 통틀어 한 번도 등장하지 않지만, 여기에서 드러나는 급진적이고 완고한 예술 형이상학은 우리가 니체를 통해 익히 알고 있는 것과 같은 종류의 사상이다. 단순한 장식품에서 시작해 앵그르, 혹은 들라크루아 세대까지의 예술만이 수천 년을 이어온 인류의 필사적인 노고를 보상해줄 수 있다. "누군가 만 년, 혹은 이만 년의 역사를 억지로 지워버린다고 해도 그것이 인간의 본성에 대한 우리의 지식을 해하지는 못한다. 인간의 역사에서 무엇으로도 대체할 수 없는 손실이 단 하나 있다면, 그것은 바로 수천 년의 역사를 거치며 탄생한 예술작품들이 손상되는 것이다. 통나무에서 탄생한 나무 조각품 같은 예술작품들만이 세월이 흐르는 동안 인류가 정말 무엇인가를 이루어 왔다는 사실을 증명해준다." 《보다 듣다 읽다》는 이 구절로 끝을 맺는다.

뒤늦게 귀향한 인종학자

레비-스트로스가 20세기의 마지막 지성인이 될 것인가? 어쨌거나 그는 이국적인 자료에 비추어 자기 문화에 대해 비판적인 상을 제시한 20세기의 수많은 철학자와 인류학자들 중 생존하는 마지막 인물임에 틀림없다. 세계의 사회 빛 문화들을 보는 네 유럽적 관점이 지배적이던 시대는 끝났다. 그러나 이는 유럽이 누리던 지위를 다른 이들이 대체할 것이라는 이유 때문이 아니다. 그보다는 이국적이고 원시적인 것에 대한 대응 수단으로 활용되던 유럽인의 '자기 성찰'이 소모되어버렸기 때문이다. 다른 문화와의 만남을 통한 유럽인의 일련의 자기 확신 과정은 '야생'에 관한 몽테뉴Michel de Montaigne의 평론 《수상록Essais, 1580》으로부터 시작되었다. 이 작품에는 이성에 대한 회의가 주를 이루고 있다. 이후로 이러한 과정은 부갱빌Louis Antoine de Bougainville, 디드로, 루소를 위시한 19세기 연구가들의 발견과 사상에 의해 지속적으로 발전했다. 그러나 이제 자기 성찰의 뒤를 잇는 것은 바로 내 것에 대한 남들의 성찰이다. "인간은 회귀해야 한다." 이것은 디드로의 말이다. 레비-스트로스는 이 말을 이미 《슬픈 열대》에서 인용했다. 회귀하지 못할 것에 대한 두려움과 함께 시작되고 회귀에 대한 강박관념에 고착되었던 레비-스트로스의 문화인류학 연구는, 원시 상태에 있던 사회가 마침내 종말을 맞음으로써 비극적으로 끝나버렸다.

20세기의 거의 모든 세대는 저마다, 자신이 이국적인 문화에 대한 지식을 적절한 사례를 통해 구체화할 수 있는 달인의 경지에 이르렀다고 여기게 되었다. 예컨대 제임스 G. 프레이저는 이국적인 신화의 세계에 매료된 인물로 유명하다. 그의 저서 《황금가지The Golden Bough, 1890》는 문학의 대열에까지 들어섰는데, 여기에는 이 작품을 근원삼아 당대 가장 영향력 있는 문학 작품들 중 하나인 《황무지The Waste Land, 1922》를 탄생시킨 T. S. 엘리엇Thomas Stearns Eliot의 공헌이 컸다. 뒤르케임Émile Durkheim과 모스Marcel Mauss가 발전시킨 사회학과 인류학이 문화 연구에 미친 영향력 역시 무시할 수 없다. 원시의 사고방식을 연구한 철학자 겸 인류학자 루시앙 레비-브륄Lucien Lévy-Bruhl은 사고방식의 차이점 및 화합을 테마로 삼기도 했다. 뒤이어 1960년대에는 클로드 레비-스트로스에 의해 전례 없는 구조주의적 인류학이 등장한다. 이 사조는 이론적으로는 인간에 관한 포괄적 학문의 정립을, 실전에서는 '원시적'이라 불리는 민족들에게 뒤늦게나마 정당한 대우를 되찾아줄 것을 목표로 했다. 레비-스트로스는 사회 참여적 태도와는 거리가 먼 인물이었음에도, 오로지 구조주의라는 업적만으로도 이후 오랜 시간 동안 대중의 칭송과 경탄의 대상으로 남았다. 그러나 그가 자신을 추앙하는 여론의 열광에 부응하지 않은 것은 시간이 지나도 매한가지였다. 더불어 자신으로부터 비롯된 커다란 유행에도 별다른 감흥을 보이지 않았다. 때문에 얼마 안 가 시들해진 사람들은 더 이상 레비-스트로스를 성가시게 하지 않았고, 마침내 그는 방해받지 않고 자기만의 인류학 연구에 집중할 수 있게 되었다. 몇몇 추종자들은 자기도 모르게 극도로 보수적인 사상가에게 매혹되었음을 어렴풋이 깨닫기도 했다.

그러는 사이에 레비-스트로스의 학술적 성과는 마침내 완성되어 하나둘 세상에 등장했다. 그의 초기 연구 주제는 친족 관계의 구조에 관한 것이었으며, 특히 이전까지 '원시적'이라 불리던 종족들의 사고 체계에 대한 분석이 주를 이루고 있었다. 레비-스트로스는 이러한 종족들을 '원시 부족'이 아닌 '무無문자 민족'으로 부르자고 제안하기도 했다. 친족 관계에 대한 연구를 뒤이은 것은 남미 및 북미대륙의 신화에 관한 방대한 연구서 《신화론Mythologiques I~IV, 1964~1971》이었다. 그는 자신이 인종학의 구조주의적 분석 과정을 통해 거둔 성과를 여기에 적용시켰다. 20세기 학문사에서 그가 차지하는 지위는 이 저서 덕분에 가능했다고도 할 수 있다. 심지어 이때 등장한 발상들은 당대 지성계의 분위기를 변화시켰을 정도였다. 또 하나 그의 대표작으로, 극도로 고상하면서도 예리한 감각으로 쓰인 평론 《야생의 사고》가 있다. 여기에는 원시 종족의 분류 체계에 관한 내용이 담겨 있으며 뒤르켐과 모스, 레비-브륄의 계통을 잇는 작품이기도 하다. 그러나 학계에서는 논란의 촉발

점이 되기도 했다. 이 책의 마지막 장에서 레비-스트로스는 서구 사회와 지식인들의 역사적 믿음에 일격을 가하며, 1960년대 초의 학자들에 의해 말도 안 되는 도발이라는 비난을 샀다. 게다가 어느 통렬한 논쟁을 통해 레비-스트로스와 사르트르의 결별이 가속화되고, 그 결과 지성계의 극단적 분열 현상이 일어나는 결과를 가져왔다. 하지만 그러한 불협화음 덕분에 레비-스트로스는 자크 라캉, 롤랑 바르트, 미셸 푸코, 그리고 자크 데리다로 대표되는 새 지식인 세대에 끼어 대중적 역할을 수행하는 일로부터 벗어날 수 있었다. 어차피 그러한 것은 레비-스트로스에게는 허영에 찬 공리공론이자 허례허식일 뿐이었으므로 그는 이런 일에 개의치 않았다.

레비-스트로스 사상에 나타나는 표현상의 엄격한 논리주의와 극도로 보수적인 사고방식 사이의 관계, 혹은 이론적 규율과 감각적 혼란 사이의 관계로부터 우리는 언젠가 한 시대를 특징짓는 양식을 발견하게 될지도 모른다. 그 밖에도 클로드 레비-스트로스의 사상에서는 이론적 연구가 예술과 친화력을 형성하는 것을 볼 수 있는데, 이러한 점은 예술이 그가 가장 선호하는-그는 마지막 저서를 제외하고는 항상 이국적인 예술을 소재로 삼았다-대상으로 발전했을 뿐 아니라 그의 사상 자체가 예술적 형태를 지니도록 유도했다. 1940년대 초반부 뉴욕에 체류한 적이 있는 이 인류학자는 문화 외교 사절로서, 그와 마찬가지로 프랑스로부터 망명한 초현실주의 예술가, 예컨대 앙드레 브르통André Breton이나 막스 에른스트Max Ernst와도 긴밀한 접촉을 가졌을 만큼 미학에 조예가 깊었다. 어떤 예술관을 가졌느냐를 떠나 그들은 미학에 대해 공통적인 태도를 지니고 있었다. 후기 간행물에 이르면 미학적인 소재는 마침내 클로드 레비-스트로스의 사상에 본격적인 테마로 등장한다. 유럽의 고전 예술품들에 관한 평론이 바로 그것이다. 실패한 화가의 아들이자 성공한 미술상의 손자였고 유명한 랍비의 후손이기도 했던 그는 그러한 혈통을 가진 인물답게 자신의 저서마다 뚜렷한 예술적 흔적을 남겼다. 이러한 특징은 첫눈에는 눈에 잘 띄지 않으며, 작품의 탄생 시기로부터 오랜 시간이 흐른 다음에야 비로소 명확히 인식할 수 있다.

한 인류학자의 연구 보고서이자 자기 탐색의 기록이라 할 수 있는《슬픈 열대》는 전통적인 견문록의 전형을 따르는 한편, 루소의 고백록과 같은 특성 또한 지니고 있다. 작품에 등장하는 이미지들은 또한 여행기를 하나의 사진첩처럼 만들기도 했으나, 이국적인 장소들을 담고 있는 그 이미지는 이국에 대한 환상을 심어주기는커녕 여지없이 깨고 있다. 20세기 가장 큰 의미를 지니는 이 인종학 저서가 정작 이국적인 환상과는 거리가 멀다는 사실은, 프루스트의 세계(프루스트의 대작《잃어버린 시간을 찾아서》를 지칭_역주)와도 일맥상통한다. 두 저서 모두에는 잃어버린 것을 향한 '향수'라고밖에 부를 수 없는 특유의 문학적 분위기가 담겨 있기 때문이다. 20세기의 어떤 작가도 영화榮華와 곤궁에 대한 진실을《슬픈 열대》에서만큼이나 열정적으로 성찰하고 있지는 못하다. 작가는 존재에 관해 쓸데없이 다변을 늘어놓는 일을 피함으로써 오히려 인간 존재 자체는 물론 인류에게 주어진 세월에 관한 궁극적 의문을 심오하게 파헤치고 있다. 레비-스트로스가 이 연구를 통해 주고자 하는 교훈이 무엇인가는 이쯤에서 이미 짐작할 수 있다. 그의 연구 목적은 인간 사회 전체를 조망하는 데서 오는 충격에 주관적 체험을 이입시키는 일, 그리고 단순한 생활양식 및 원초성을 기준삼아 현재를 평가하는 일이었다.

원시의 위대성은 레비-스트로스의 인류학적 연구 업적에 있어 근본적인 모티브였다. 그의 인류학은 기존의 가치를 재평가하려던 위대한 시도였다고 말할 수 있다. 그러나 이에 못지않게 큰 의미를 지니는 것은 바로 이 저서 내부에서 일어나고 있는 가치관의 변화 과정이다. 초반부에 요점이 되는 것은 자각적인 상대주의이다. 이는 특정한 문화에 특별히 높은 가치를 부여하는 모든 관점을 엄격히 제한한다. 로저 카유아는 이러한 의견에 절대적으로 반박했다. 그는 특정 문화에 특혜적인 가치를 부여하지 않으려는 운동이 유럽 내에 일고 있다는 견해 자체를 부정했다. 그가 내세운 논점의 요지는, 유럽의 자기 문화 비판으로부터 비롯된 '문화적 특혜 금지 운동'이 오히려 유럽의 전통적 지위를 유지하도록 돕는다는 것이다. 젊은 인류학자였던 레비-스트로스는 전 초현실주의자이자 현 환상문학 연구자인 카유아의 궤변적 논쟁을 날카롭게 반박했다. 그리고 1950년 초에는 카유아에 대항하는 평론을 쓰기도 했다. 이것은 각종 논쟁의 불씨가 되었던 레비-스트로스의 여러 평론들 중 하나였다. 레비-스트로스의 선집들에는 빠져 있는 논문

〈잠자는 디오게네스Diogenes〉에서는 이와 같은 종류의 비판이 더욱 첨예화되어 있었다. 한때 게임이론Game Theory(상대방의 행동에 대한 예측을 통해 이익의 극대화를 꾀하는 수학적 이론_역주)에 흥미를 보였던 레비-스트로스는, 사회의 통합 및 사회 통합에서 나오는 영향력을 하나의 모델에 적용시킬 수 있다고 믿었다. 수학적 영감에 의거해 고안된 이 모델은 각 문화가 나름의 저당물을 내 놓고 참여하는 하나의 게임이었다. 여기에서 각 참가자는 다른 문화들과 연계해 공동의 전략을 개발함으로써, 자기가 내놓은 담보물에 다양성을 부여할 수 있다. 이러한 구상안에서는 노련한 참가자에게 행운이 돌아가는 경우를 완전히 배제하지는 않으면서, 한편으로 모든 참가사사 동업자 판세를 맺는 일이 가능하다. 다양성이 가치 있는 것이며, 나아가 무엇으로도 대체할 수 없는 소중한 것이라는 진실도 이 게임을 통해 가시화된다.

다양성과 차이에 대한 숭배는 마침내 고전주의 시절의 프랑스 사회를 향한 충직함까지 도모하게 만든다. 열대우림의 연대기를 기록하기 위해 브라질로 떠나던 당시의 클로드 레비-스트로스는, 사실은 파리의 유서 깊은 문화 지구인 포부르 생제르망Faubourg Saint-German으로 뛰어들었던 거나 마찬가지였다. 이러한 의미에서 레비-스트로스의 연구가 유럽의 재발견에 관한 내용으로 끝을 맺는 것도 전혀 갑작스러운 일은 아니다. 다양한 문화들이 벌이는 한 판의 게임은 오직 각 문화가 지닌 가치가 공평하게 인정될 때에만 진행이 가능하다. 한 문화가 다른 문화들에 의해 따돌림 당하거나 혹은 자신의 구성원들에 의해 거부될 때 그 문화는 게임에서 아무런 기회도 갖지 못하게 된다. 레비-스트로스가 유럽 문명을 거부하던 초기의 입지를 바꾸어 유럽 문화 연구로 활동을 끝마친 것도 바로 이러한 점을 깨달았기 때문일 것이다.

레비-스트로스는 외관상 무척이나 냉정하고 이성적으로 보이는 저서에 반反근대적 숭고함의 가치를 담아내고자 했다. 레비-스트로스가 연구한 원시 종족과 그 구성원들, 예컨대 벌거벗고 헐벗은 아마존 인디언들의 모습은, 우리에게서는 이미 사라지고 없는 어떤 '감각'을 통해서 볼 때만 숭고하게 느껴진다. 이것이 바로 원초성의 숭고함이다. '인간에 대한 회고록'을 남겼다는 의미에서 레비-스트로스는 생시몽 공작Louis de Rouvroy, duc de Saint-Simon과도 비교할 만하다. 생시몽 공작이 방대한 분량의 《회고록Mémoires》에서 인간 사회의 다양한 면모 및 인간에 대한 깊은 이해를 보여주고 있다면, 생시몽 공작의 현대적 분신이라 할 수 있는 레비-스트로스는 원시 사회에 관한 포괄적 저서 《슬픈 열대》를 통해 인간을 회고한다. 이러한 의미에서 보면, 각각의 인간이 속하는 계보와 친족 관계, 혈통, 복잡한 사회체계 등에 대한 그의 집착 역시 이해할 만하다.

종국에 이 인류학자는 뒤늦은 귀향자의 모습으로 사람들 앞에 등장한다. 초기에 유럽 문명을 거부하던 그가 유럽의 정체성을 향해 열렬한 지지를 표명한 것이다. 때는 1980년대 초반에 이르러서였다. "우리 문화가 다른 문화들을 공격하는 것을 보며 나는 타 문화의 수호자이자, 그 문화가 지닌 가치를 증언하는 증인의 자리에 섰었다. 그리고 그때부터 문화에 대해 심사숙고하기 시작했다. 오늘날 나는 그러한 추세가 역행되고 있다는 인상을 받는다. 우리 문화는 이제 외부의 위협에 맞서 방어적 태도를 취하고 있다. 그리고 인류학자로서 나는, 일순간 나 자신이 속한 문화를 필사적으로 방어하는 입장이 되어 있음을 깨닫게 되었다."

메마른 시대의 살아있는 통찰

문화·예술의 중심이 신대륙으로 옮겨간 오늘날까지도 전 세계의 사람들을 유럽으로 끌어들이는 구대륙의 마력은 무엇일까? 바로 이곳에서 독특한 전통을 다지며 수백 년, 수천 년을 이어 내려온 지성의 힘이 아닐까 싶다. 유럽의 역대 사상가와 예술가, 학자들은 아직도 다양한 박물관과 건축물에, 중·고등학교 교과서에, 수많은 철학서와 전기에, 심지어 유럽 시민들이 날마다 읽는 신문과 잡지 속에도 살아 있다.

이 책에 실린 글들 역시 독일의 대표적 일간지 중 하나인 〈프랑크푸르터 알게마이네 차이퉁 Frankfurter Allgemeine Zeitung〉에 수십 년에 걸쳐 소개된 것들이다. 저자인 헤닝 리터는 20여 년이 넘는 세월 동안 이 신문의 인문학 담당자로 재직하며 독일 시민들의 지적 갈증을 해소하는 데 일조했다.

헤닝 리터는 이 책에서 철학 전공자답게 풍부한 철학적 지식을 바탕으로 유럽을 대표하는 지성을 우리에게 소개한다. 그러나 단순히 여러 사상가들의 생애와 업적을 요약해 소개하는 책이라 여긴다면 오산이다. 그런 정보를 원한다면 인터넷이나 백과사전을 찾아보는 편이 빠르다. 저자는 그와 같은 기존의 전기적 방식에서 탈피해 나름의 통찰력으로 그들의 내면을 면밀히 꿰뚫는 방식을 택하고 있다. 나아가 각 사상가의 감정에 스스로를 몰입시키기도 한다. 가령 미켈란젤로의 〈모세〉상에 대한 감상을 묘사한 프로이트의 글을 인용하면서 그는 위대한 예술품 앞에 선 프로이트만큼이나 겸허해진다. 그러나 저자의 목표는 이러한 사상가들을 무작정 신격화하는 데 있지 않다. 이는 때때로 그들의 인간적 약점을 날카롭게 지적하고 비판적으로 서술하는 데서도 짐작할 수 있다.

이쯤에서 우리는 저자가 이 책에 소개한 사상가들을 선정한 기준이 무엇이었는지 묻게 된다. 20세기를 대표하는 사상가들이라는 공통점만이 다는 아닐 터이다. 게나가 20세기 유럽의 대표직 지싱이라 할 수 있는 사르트르나 하이데거는 빠져 있지 않은가? 물론 여기에는 작가 개인의 취향이 적지 않게 작용했다. 따라서 우리는 '이 사상가들은 어떻게 헤닝 리터의 마음을 사로잡았는가'로 질문을 약간 바꾸어야 할 것이다.

이 책에 등장하는 사상가들은 19세기에서 20세기에 걸친 격변의 시대를 살았다. 이때는 산업혁명으로부터 비롯된 사회, 문화, 정치, 경제 등 모든 분야에서의 변혁이 바야흐로 정점에 도달한 시기였다. 학문도 예외는 아니어서, 철학, 종교, 문학, 예술, 사회과학, 자연과학의 경계를 넘나들던 이전의 지식인들과는 달리 이때부터는 차츰 학과의 세분화가 이루어지기 시작했다.

우리의 주인공들을 주목해야 하는 이유도 바로 여기에 있다. 18세기에 괴테는 자동차나 비행기가 아닌 두 발로 여행하며 사색에 잠겼지만 20세기에는 그러한 여유조차 점차 사라졌다. 이들은 사색적 공간이 사라지고 기계가 인간을 대체하는 냉혹한 시기에도 성찰하는 자세를 잃지 않았을 뿐 아니라, 다양한 분야를 넘나드는 '종합적 지식인'의 전통을 이어 간 대표적 인물들이다. 예컨대, 의학자였던 프로이트는 꿈을 철학적으로 고찰하여 현대 심리학의 기초를 다졌다. 앙드레 말로는 미술사학자이면서 정치가로 변신하는가 하면, 시대에 대한 고찰을 통해 사상가로서의 진면목 또한 유감없이 발휘했다. 루트비히 비트겐슈타인은 철학자이자 완벽주의 건축가이기도 했다. 저자가 이들을 '정복자들Die Eroberer'이라 칭하는 이유도 이런 맥락에서일 것이다.

그밖에도 20세기 사상가들의 삶을 재조명하는 일은 또 다른 점에서 가치가 있다. 기계의 시대를 넘어 디지털 시대를 살고 있는 우리에게 이들은 인간만이 가진 능력, 즉 '사유하고 성찰하는 능력'을 유지하는 데 길잡이가 된다. 특히 우리와 20세기를 공유한다는 점에서 이들은 이전 시대의 어떤 사상가들보다 우리에게 깊은 공감을 줄 수 있다.

물론 객관적인 전기와는 동떨어져 있다 보니 작가 개인이 선호하는 사상가에게 치우치는 경향이나 다소 보수적인 그의 사고방식이 간혹 드러난다는 약점도 있다. 그러나 세기의 지성들을 향해 아낌없는 찬사를 던지는 리터의 서술 방식은 그가 소개한 사상가들의 것 못지않게 예리하고 비판적이며 사색적이다. 이 점 역시 책을 읽으며 누릴 수 있는 즐거움 중 하나이다. 조금 과장해 생각하면 선조들에게서 이어받은 정신이 그의 몸에도 흐르고 있는 것인지도 모른다.

그것이 바로 현대 유럽의 지성인이다. 이들은 선대가 남긴 정신적 산물을 보존하는 데 심혈을 기울이되, 맹목적으로 그것을 취하는 데 그치지 않고 그 저변에 깔린 사상가 개개인의 정신 세계에까지 심취한다. 이런 습관은 학창 시절부터 시작된다. 독일 고등학생들은 프로이트를 읽고 카프카를 주제로 국어 과목 구술시험을 치르며, 잘 알려졌다시피 프랑스의 대입 자격시험 바칼로레아 Baccalauréat에서는 철학 논술이 필수 과목이다. 학자도 사상가도 아닌 언론인인 저자가 이처럼 철학적이고 추상적인 언어에 능숙해진 것도 바로 그러한 교육을 통해 선대의 사유 방식에 익숙해진 덕분이 아닐까 싶다.

이렇게 유럽의 역대 지성들은 수백 년이 지나도록 알게 모르게 후손의 정신에 깃들어 있다. 특히 현 세대와 가장 가까운 근현대 사상가들이 발휘하는 영향력은 결코 미미하지 않다.

국내 독자들이 이 책을 통해, 유럽인들이 물려받은 정신적 유산 및 성찰의 즐거움을 조금이나마 누릴 수 있었으면 한다.

2010년 8월

하이델베르크에서

주

1. 지그문트 프로이트

"현 세계의 정신적 변방에 서서" 〈프랑크푸르트 알게마이네 차이퉁〉, '영상과 시간 Bilder und Zeiten' 코너, 1999년 12월 31일.

"문화에서의 안락함" 〈프랑크푸르트 알게마이네 차이퉁〉, 2006년 5월 6일

2. 프란츠 카프카

"아버지의 편지" 〈마르바허 Marbacher Magazin〉 80호, 1997년

3. 루트비히 비트겐슈타인

"나는 거기에 머물러 있으리라" 〈프랑크푸르트 알게마이네 차이퉁〉, 1989년 4월 22일

"건축가로서의 철학자" 〈프랑크푸르트 알게마이네 차이퉁 매거진〉, 1989년 4월 21일

4. 아비 바부르크

"우표 속 하늘을 읽는 점성술가" 〈프랑크푸르트 알게마이네 차이퉁〉, 2001년 5월 31일

"타협에 거슬러" 〈프랑크푸르트 알게마이네 차이퉁〉, 2001년 3월 20일

5. 발터 벤야민

"사유의 비주류성" 〈악첸테 Akzente. Zeitschrift für Literatur〉 42호, 1995년 1권, 1995년 2월, 칼 한저 출판사 Carl Hanser Verlag, 뮌헨.

"'불가능의 철학'의 대변인" 〈프랑크푸르트 알게마이네 차이퉁〉, '영상과 시간' 코너, 1992년 7월 18일

6. 칼 슈미트

"간수를 매수하다" 〈프랑크푸르트 알게마이네 차이퉁〉, 2003년 12월 8일

"관념 속에서의 입지" 〈프랑크푸르트 알게마이네 차이퉁〉, 1991년 10월 8일

7. 알렉상드르 코제브

"민주적 스노비즘의 종착역" 〈프랑크푸르트 알게마이네 차이퉁〉, 2002년 5월 11일

8. 앙드레 말로

"판테온에서의 모험" 〈프랑크푸르트 알게마이네 차이퉁〉, 2001년 11월 3일

9. 앤서니 블런트

"소비에트로 달아나지 않은 스파이" 〈프랑크푸르트 알게마이네 차이퉁 매거진〉, 1990년 2월 23일

10. 엘리아스 카네티

"오로지 혼자서 고대 그리스를 발견했음에도" 《변화로의 초대. 엘리아스 카네티의 '군중과 권력'에 대한 평론 모음Einladung zur Verwandlung. Essays zu Elias Canettis 'Masse und Macht'》, 칼 한저 출판사, 뮌헨, 1995년

11. 이사야 벌린

"역사에는 대본이 없다" 〈프랑크푸르트 알게마이네 차이퉁〉, 1986년 6월 16일

"좀 더 허공에 머물지 않겠는가?" 《현실감각Wirklichkeitssinn》(이사야 벌린 지음) 서문, 베를린 출판사Berlin Verlag, 베를린, 1998년

12. 클로드 레비-스트로스

"이국적인 것, 그 헛된 꿈에 대하여" 〈프랑크푸르트 알게마이네 차이퉁〉, '영상과 시간' 코너, 1993년 11월 27일

"뒤늦게 귀향한 인종학자" 〈프랑크푸르트 알게마이네 차이퉁〉, 1998년 11월 28일

KI신서 2666

씽커스

1판 1쇄 인쇄 2010년 8월 30일
1판 1쇄 발행 2010년 9월 6일

지은이 헤닝 리터 **옮긴이** 이지혜 **펴낸이** 김영곤 **펴낸곳** (주)북이십일 21세기북스
출판콘텐츠사업부문장 정성진 **출판개발본부장** 김성수 **인문실용팀장** 강선영
기획·편집 박혜란 **디자인** 이재성 **해외기획** 김준수 조민정
영업마케팅본부장 최창규 **영업·마케팅** 김용환 이경희 허정민
출판등록 2000년 5월 6일 제10-1965호
주소 (413-756) 경기도 파주시 교하읍 문발리 파주출판단지 518-3
대표전화 031-955-2100 **팩스** 031-955-2151 **이메일** book21@book21.co.kr
홈페이지 www.book21.com **커뮤니티** cafe.naver.com/21cbook

ISBN 978-89-509-2619-9 03100
책값은 뒤표지에 있습니다.